Gakken

きめる！ KIMERU SERIES NR

JN041637

［きめる！公務員試験］

数的推理
Numerical Reasoning

監修＝橋口武英　編＝資格総合研究所

はじめに

　本書をご覧になっている方は、さまざまな理由で数的処理に対する悩みを抱えているものと思います。「数的処理ってどんな科目だろう？」という初学者の方から、「ある程度時間をかけて数的処理に取り組んでいるのに、いつまで経っても点数が伸びない……」という現在苦戦中の方もいるかもしれません。そのような受験生の皆さんに向けて、数的処理の「最低限必要な解法」を明示しつつ、近年の多くの問題を解くことで出題傾向を押さえていこうというのが、本書のコンセプトです。

　特に数的推理はこれまでに学習してきた数学の知識が多く登場するため、受験生が苦手意識を持ちやすい分野です。ということは、多くの受験生が悩むわけですから、数的推理ができないからといって他の受験生と大きく差がつくようなものではないのです。基本的な難易度の問題、受験生全体でも正答率が高くなるような問題を最低限得点することさえできれば、本試験の合格においては十分だということになります。数的推理が苦手な受験生はこの前提を忘れて、「またできなかった……」「なかなか点数が伸びない……」と自信をなくしてしまいがちです。くれぐれもハードルを上げすぎないでください。自分自身を苦しめることのないようにしてほしいと思います。

　私はこれまで数多くの受験生と接してきましたが、数的推理が最初からできる方は、全体の１割もいません。これは文系の受験生のみならず、理系の受験生であっても、です。というのも、数的推理と数学は別物だからです。数学ができること＝数的推理ができることではないのです。数的推理においては、中学数学レベルの知識さえあれば十分に本試験の合格ラインに乗せることができます。高校数学の知識を追いかける必要はありません。

私たちが目指す最終目標は「志望する公務員試験の最終合格」だけです。最終目標に向かって必要なことを、冷静に捉えるようにしてください。

　私は「監修者」という立場で本書に関わっていますが、「わかりやすい解説」かつ「実際の本試験で使える解説」をひたすら意識して、詳細かつ厄介な指示を数限りなく出させていただきました。その結果、数的処理をとことん苦手にしてきた受験生の、つまずきやすいポイントをふまえた記述を意識した参考書ができたと自負しています。

　本書を利用された皆さんが、公務員になるという目標を無事に達成されることを祈っております。

橋口武英

　公務員試験対策の新しい形の問題集として、「きめる！公務員試験」シリーズを刊行いたしました。このシリーズの刊行にあたり、受験生の皆さまがより効率よく、より効果的に学ぶために必要なものは何かを考えて辿り着いたのが「要点理解＋過去問演習」を実践できる３ステップ式の構成です。まずは、頻出テーマをわかりやすい解説でしっかりと押さえ、次に一問一答で、知識定着のための学習を行います。そして最後に、選び抜かれた頻出の過去問題を解くことで、着実に理解に繋がり、合格へ近づくことができるのです。

　試験対策を進める中で、学習が進まなかったり、理解が追いつかなかったりすることもあると思います。「きめる！公務員試験」シリーズが、そんな受験生の皆さまに寄り添い、公務員試験対策の伴走者として共に合格をきめるための一助になれれば幸いです。

資格総合研究所

もくじ

CHAPTER 1　　速さ

CHAPTER 6 図形

別冊 解答解説集

本書の特長と使い方

3ステップで着実に合格に近づく！

STEP 1で要点を理解し、STEP 2で理解をチェックする一問一答を解き、STEP 3で過去問に挑戦する、という3段階で、公務員試験で押さえておくべきポイントがしっかりと身につきます。

公務員試験対策のポイントや各科目の学習方法をていねいに解説！

本書の冒頭には「公務員試験対策のポイント」や「数的推理の学習ポイント」がわかる特集ページを収録。公務員試験を受けるにあたっての全般的な対策や、各科目の学習の仕方など、気になるポイントをあらかじめ押さえたうえで、効率よく公務員試験対策へと進めます。

別冊の解答解説集で、効果的な学習ができる！

本書の巻末には、本冊から取り外しできる「解答解説集」が付いています。問題の答え合わせや復習の際には、本冊のとなりに別冊を広げて使うことで、効果的な学習ができるようになります。

試験別対策

各章の冒頭には、各試験の傾向や頻出事項をまとめてあります。自分が受験する試験の傾向をしっかりと理解してから、学習の計画を立てましょう。

STEP 1　要点を覚えよう！

　基本的に１見開き２ページで、分野ごとに重要な基本事項をインプットしていきます。そのため、重要な基本事項を網羅的かつ正確に、無理なく習得できるようになっています。

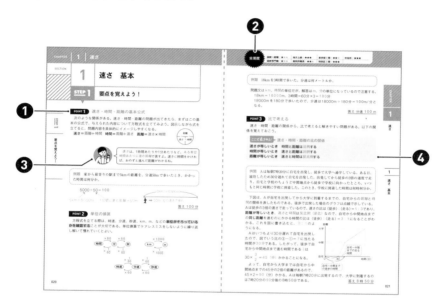

1 POINT
このSECTIONで押さえておきたいキーワードを解説します。

2 重要度
各SECTIONの試験別重要度を表しています。過去問を分析し、重要度を「★」の数で表しています。

3 キャラクターが補足情報を教えてくれます。

4 ここできめる！
最重要の知識や、間違えやすいポイントをまとめています。試験直前の確認などに活用できます。

STEP 2　一問一答で理解を確認！

　STEP 1 の理解をチェックするための一問一答形式の問題です。過去問演習のための土台づくりとして、効率的にポイントを復習できます。

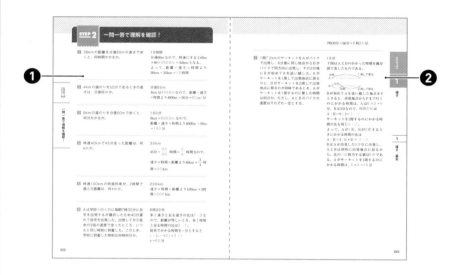

❶ 過去問演習の前に、実戦的な問題形式でSTEP 1で学んだ内容を復習できます。

❷ 解答と詳しい解説で知識の定着と深い理解に繋がります。間違いやすいポイントなども押さえましょう。

　本書には、過去15年分以上の過去問の中から、重要な基本事項を効率的に学習できる良問を選別して収録しています。

　過去問は、可能であれば3回以上解くのが望ましいです。過去問を繰り返し解くことで、知識だけでなく能力や感覚といったアビリティまで身につくという側面があるのです。

別冊　解答解説集

　STEP 3の過去問を解いたら、取り外して使える解答解説集で答え合わせと復習を行いましょう。

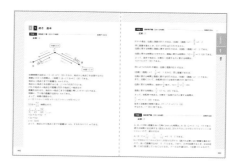

本書掲載の過去問題について
　本書で掲載する過去問題の問題文について、問題の趣旨を損なわない程度に改題している場合があります。

公務員試験対策のポイント

志望先に合わせて計画的で的確な対策を

まずは第一志望先を決めましょう。仕事の内容、働きたい場所、転勤の範囲などが志望先を選ぶポイントです。また、併願先もあわせて決めることで、試験日・出題科目がおのずと決まってきて、学習計画を立てることができるようになります。

過去問の頻出テーマをおさえて問題演習を

公務員試験合格のポイントは、1冊の問題集を何度もくり返し解くことです。そうすることで、知らず知らずのうちに試験によく出るテーマ・問題のパターンがしっかりと身につき、合格に近づくことができるでしょう。

人物試験対策の時間も確保したスケジューリングを

近年では、論文試験や面接等の人物試験が重要視される傾向にあります。一次試験の直前期に、その先の論文試験や人物試験を見据えて、学習の計画を立てるようにしましょう。人物試験については、自己分析・志望動機の整理・政策研究を行って、しっかり対策しましょう。

数的推理の学習ポイント

　ここでは、数的推理とは何か、公務員試験における数的推理のポイントについて説明していきます。本格的な学習を始める前に、まずは全体像を確認しましょう。

数的推理とは何か

　数的推理とは、数的処理の中でも数学の知識を多く使う出題分野です。「速さ」や「確率」などは、今まで多くの方が小学校や中学校の算数・数学で学習してきたはずです。これらを題材にした問題が出題されるのが、数的推理です。

　「数的処理」や「数的推理」は多くの受験生に「数学」と間違えて呼ばれがちですが、数的推理と数学は別物です。これは問われるポイントに違いがあります。数学は基本的に知識や公式を使えるかどうか、そして知識や公式を証明することに重点が置かれますが、数的推理で証明させるような出題はありません。むしろ、「知識や公式を正しい場面で適用できるか」のほうに重きが置かれています。したがって、問題のシチュエーションや設定に合わせて正しく式を立てること、正しく知識を使うことを練習しましょう。

　なお、数的推理はどの公務員試験であっても出題数が多いので、無視できない分野になります。しかし、数的推理は数的処理の中でも多くの受験生が苦手にする分野でもあります。簡単な問題を確実に得点できるような練習をしてください。

公務員試験における数的推理のポイント

①解法に必要な知識を確認する

　数的推理の得点がなかなか伸びない受験生に多いのが、「そもそも数的数理の問題を解くための知識が抜けている方」です。知識が抜けている自覚のないまま、問題と解説を丸覚えして乗り切ってしまう受験生もいないわけではないですが、やはり学習効率は悪いといえます。本書では、STEP 1で可能な限り基本知識も紹介しています。抜けている知識がないかどうか確認したうえで、忘れている知識があれば必ず補うようにしてください。本試験の問題を解く際にも、解くために必要な知識があればその都度確認するクセをつけてください。とはいっても、最低限必要なのは中学数学の知識まででOKです。高校数学の知識は一部の例外を除いて不要ですから、知識のインプットに走りすぎてはいけません。

②知識の使い方や使いどころを確認する

　基本知識を押さえたら、その使い方や使いどころを確認します。出題テーマによって、それぞれ基本的な「思考回路」が存在しますので、これを身につけていきましょう。特に地方公務員試験などであれば、難易度は全体的に低く抑えられています。基本的な解法さえ使えれば、しっかり得点できる問題が多いので、まずはそれらを確実に押さえましょう。国家公務員試験などは難易度が上がりますが、それでも基本をベースに考えていくことが前提ですから、何より基本が重要です。なお、STEP 3は近年の傾向を意識して新しい問題を優先して掲載しているため、難易度が高い問題もあります。理解が追いつかない問題は後に回して構いません。安定して解ける問題を増やしていくことが最優先です。

きめる！
KIMERU
SERIES

数的数理の学習計画を
チェック！

1
準備期

・一次方程式・不定方程式
・二次方程式・不等式
・割合、売買算、濃度算

まずは計算の復習と、
一般的な文章題を確認
します。

2
集中期

・速さ、旅人算、
　流水算、通過算
・仕事算・ニュートン算
・平均算・年齢算・時計算

文章題の中でも速さは
重要なので、しっかり
押さえます。

3
追い込み期

・整数の性質、約数と倍数、
　商と余り、n進法
・数列・規則性、
　覆面算・魔方陣
・場合の数、確率

特に出題頻度も高い
テーマなので、一通り
押さえましょう。

4
総仕上げ期

・三角形と多角形、円
・面積
・変化する図形
・立体図形

図形は特に知識の確認
が重要なテーマです。

きめる！公務員試験シリーズで、合格をきめる！

CHAPTER

速さ

1

この章で学ぶこと

○ 速さは「シチュエーションの把握」が命

　速さの問題では、最低限の知識を押さえるのは当然のこととして、問題に合わせて**シチュエーションを読み取ること**が重要です。文章題の問題では共通していえることですが、どのような「ひねり」があるかを正しく把握することが、問題を解くポイントになります。特に速さを苦手とする受験生は多いですが、正解にたどり着けない理由の大半は、問題のシチュエーションを読み取りきれていないことにあります。本試験の問題はだいたいがややこしい設定や言い回しにすることで難易度を上げていることが多いため、**問題演習を繰り返すこと**が非常に重要です。

○ 応用テーマの中では「旅人算」の攻略が最重要

　速さの基本事項だけで解ける問題も本試験では登場しますが、旅人算、流水算、通過算などの応用テーマも出題頻度はそれなりにあるので、一通り学習する必要があります。その中でも特に**旅人算**は、最優先で理解すべき内容です。広くさまざまな試験種で問われるだけでなく、例えば通過算などは旅人算とセットで登場することが多くなっています。どれも考えるポイント自体はそこまで多くないので、各テーマで**特有の解法パターン**を押さえて、問題演習に取り組みましょう。

○ 「速さ」「時間」「距離」の　　何を求めたいのかを意識する

　速さの問題を苦手とする受験生にありがちなのが、とりあえずざっくりと公式に当てはめようとしてしまうことです。この姿勢で学習していると、なかなか得点力は伸びません。まずはしっかり問題の設定を分析する必要があります。特に意識してほしいのは、速さの3要素である**「速さ」「時間」「距離」の何を求めたいのか**を明確にすることです。そもそも速さとは、この要素のどれかを求める問題だからです。また、最終的には必ず公式を使って解くことになるので、例えば「速さ」を求める問題であれば「時間」と「距離」がわかれば計算できるだろう……という指針も立てられます。このあたりを意識せずに問題をやみくもに解いてしまうケースが多いので、くれぐれも注意してください。

国家一般職

　応用テーマも含めて幅広く出題されるが、特にシチュエーションをひねった形での出題が多いので注意が必要である。回りくどい文章題になっているものの、実は解いてみたら単純というものも多いので、本試験の過去問を解いてクセを掴んでおくべきである。

国家専門職

　出題頻度がそれなりに高く、出題されるとたいてい難易度は高いので気をつけておきたい。国家一般職と同様に、ひねりのある出題が比較的多いといえる。

地方上級

　ほぼ毎年のように出題されている。応用テーマよりも基本事項だけで解ける問題であることが多いが、シチュエーションの読み取りに苦戦する出題もある。国家公務員系の試験に比べれば難易度は低いものの、しっかり対策する必要がある。

裁判所職員

　以前まではあまり出題が多くなかったが、近年は比較的出題されるようになったテーマである。応用レベルの問題もしっかり出題されているが、年によってはシンプルな出題になることもある。

東京都Ⅰ類

　文章題自体はよく出題されるが、速さに限って言うとあまり出題されていない。しかし、過去をさかのぼると定期的に出ているので油断は禁物である。難易度は極端に高いわけではないので、いざ出題されたら得点できるように準備する必要があるだろう。

特別区Ⅰ類

　まず毎年出題されると思ってよい。基本事項だけで解ける問題もあれば、旅人算や流水算などの応用テーマもまんべんなく出題されている。難易度は年によって上下しやすいので、苦手な受験生であっても簡単な問題が出てきたら確実に得点できるようにしておきたい。

市役所

　そこまで出題頻度は高くないが、定期的に出題が確認されている。シンプルな問題も多いので、簡単なものは確実に得点したい。

1 | 速さ　基本

STEP 1　要点を覚えよう！

POINT 1　速さ・時間・距離の基本公式

　次のような関係がある。速さ・時間・距離の問題が出てきたら、まずはこの基本の公式で、与えられた内容について方程式を立ててみよう。図示しながら式を立てると、問題内容を具体的にイメージしやすくなる。

速さ＝距離÷時間　　**時間**＝距離÷速さ　　**距離**＝速さ×時間

　　速さは、1時間あたりや1分あたりなど、ある単位時間あたりに進む距離で表すよ。速さに時間をかければ、おのずと進んだ距離がわかるね。

例題　家から最寄りの駅まで5kmの距離を、分速50mで歩いたとき、かかった時間は何分か。

$$5000 \div 50 = 100$$

5km＝5000m　　1分間に進む距離＝50m

5km（＝5000m）

→ 50m/分の速さで進む

答え **100**分

POINT 2　単位の換算

　方程式を立てる際は、時速、分速、秒速、km、m、などの**単位がそろっているかを確認する**ことが大切である。単位換算でケアレスミスをしないように繰り返し解いて慣れていくとよい。

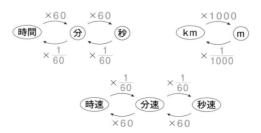

例題　18kmを3時間で歩いた。分速は何メートルか。

問題文はkm、時間の単位だが、解答はm、分の単位になっているので注意する。
　18km＝18000m、3時間＝60分×3＝180分
　18000mを180分で歩いたので、分速は18000m÷180分＝100m/分となる。

答え　分速 100 m

POINT 3　比で考える

　速さ・時間・距離の関係から、比で考えると解きやすい問題がある。以下の関係を覚えておこう。

ここで動き止める！　速さ・時間・距離の比の関係

速さが等しいとき　時間と距離は比例する
時間が等しいとき　速さと距離は比例する
距離が等しいとき　速さと時間は反比例する

例題　Aは毎朝7時20分に自宅を出発し、徒歩で大学へ通学している。ある日、寝坊したため30分遅れて自宅を出発した。出発してから徒歩の3倍の速度で走り、自宅と学校のちょうど中間地点から徒歩で学校に向かったところ、いつもと同じ時間に学校に到着した。このとき、学校に到着した時間は何時何分か。

　下図は、Aが自宅を出発してから大学に到着するまでの、自宅からの距離と時間の関係を表したものである。徒歩で出発した場合のグラフは点線で示している。Aは徒歩の3倍の速さで走っているので、速さの比は（徒歩）:（走る）＝1:3であり、**距離が等しいとき**、速さと時間は反比例（逆比）なので、自宅から中間地点までの**同じ距離**を進むのにかかる時間の比は（徒歩）:（走る）＝3:1になることがわかる。これを図に書き込むと、③:①のようになる。

　Aはいつもより30分遅れて自宅を出発したので、図でいう比の③－①＝②に当たる時間が30分である。したがって、徒歩で自宅から中間地点まで進む時間である③は

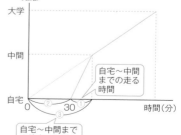

$$30 \times \frac{3}{2} = 45（分）$$かかることになる。

　よって、自宅から大学までは自宅から中間地点までの45分の2倍の距離があるので、45×2＝90（分）かかる。Aは毎朝7時20分に出発するので、大学に到着するのは7時20分の90分後の8時50分である。

答え 8 時 50 分

1 36kmの距離を分速60mの速さで歩くと、何時間かかるか。

１０時間
分速60mなので、時速にすると60m
×60＝３６００m＝3.6kmとなる。
よって、距離÷速さ＝時間より
36km÷3.6km＝１０時間

2 4kmの道のりを50分で走るときの速さは、分速何mか。

分速80m
4kmは４０００mなので、距離÷時間
＝速さより4000m÷50分＝８０m/分

3 8kmの道のりを分速50mで歩くと、何分かかるか。

１６０分
8km＝８０００mなので、
距離÷速さ＝時間より8000m÷50m
＝１６０分

4 時速40kmで45分走った距離は、何kmか。

３０km

$45分 = \dfrac{45}{60}$ 時間 $= \dfrac{3}{4}$ 時間なので、

速さ×時間＝距離より $40km \times \dfrac{3}{4}$ 時間 $= ３０km$

5 時速100kmの特急列車が、2時間で進んだ距離は、何kmか。

２００km
速さ×時間＝距離より100km×2時間＝２００km

6 Aは学校へ行くのに毎朝7時30分に自宅を出発するが寝坊したため40分遅れて自宅を出発した。出発してから徒歩の3倍の速度で走ったところ、いつもと同じ時刻に到着した。このとき、学校に到着した時刻は何時何分か。

8時30分
歩く速さと走る速さの比は1：3なので、距離が等しいとき、歩く時間と走る時間の比は3：1。
徒歩でかかる時間を x 分とすると
$x : (x-40) = 3 : 1$
$x = 60$分

7 1周7.2kmのサーキットをAがバイク
で出発し、6分後に同じ地点からBが
バイクで同方向に出発し、その3分後
にBが初めてAを追い越した。Aが
サーキットを1周して出発地点に戻る
のと、Bがサーキットを2周して出発
地点に戻るのが同時であるとき、Aが
サーキットを1周するのに要した時間
は何分か。ただし、AとBのバイクの
速度はそれぞれ一定とする。

18分

下図はAとBのかかった時間を線分
図で表したものである。

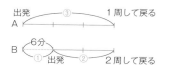

Bが初めてAを追い越した地点をP
とすると、出発地点からPまで行く
のにかかる時間は、Aは6＋3＝9
分、Bは3分なので、時間の比は
A：B＝9：3＝③：①
サーキットを1周するのにかかる時
間の比も同じ③：①。
よって、Aが1周、Bが2周すると
きにかかる時間の比は
A：B＝3：（1×2）＝③：②
BはAが出発した6分後に出発し、
AとBは同時に出発地点に戻るか
ら、比の①に相当する値は6分であ
る。Aがサーキットを1周するのに
かかる時間は、**6×3＝18分**

問題 1

特別区Ⅰ類（2017年度）

地点Ａから地点Ｂまでが上り坂、地点Ｂから地点Ｃまでが下り坂の一本道がある。地点Ａを自転車で出発し、地点Ｃで15分間の休憩後、折り返し、復路の地点Ｂで8分間の休憩後、地点Ａに戻ったところ1時間15分かかった。地点Ａから地点Ｃまでの距離はどれか。ただし、上り坂は時速6km、下り坂は時速20kmで走行する。

1　3,250m
2　3,500m
3　3,750m
4　4,000m
5　4,250m

➡解答・解説は別冊 p.002

問題 2

国家専門職（2013年度）

坂の上のＡ地点を出発して坂の下のＢ地点との間を往復する。徒歩の場合、復路の速さは往路の速さの $\frac{2}{3}$ 倍であり、自転車の場合、復路の速さは往路の速さの $\frac{1}{2}$ 倍である。また、往路について、自転車の速さは徒歩の速さの4倍である。
徒歩で往路に要する時間がちょうど10分のとき、徒歩と自転車のそれぞれでＡＢ間を一往復するのに要する時間の差として最も妥当なのはどれか。ただし、徒歩と自転車のそれぞれの速さは、往路及び復路のそれぞれにおいて一定であり、折り返しのための時間は考慮しないものとする。

1　12分30秒
2　15分00秒
3　17分30秒
4　18分30秒
5　23分45秒

➡解答・解説は別冊 p.003

問題 3

国家専門職（2016年度）

長さ50mのプールでA、B、Cの3人がプールの端にある同じスタート地点を同時に出発して往復しながらある同じ距離を泳いだ。Aは10分間でゴールし、BはAより5分遅れでゴールし、CはBより3分遅れでゴールした。

同様に、3人が同時に出発し、往復しながら泳ぎ続けたとき、再度3人が同時にスタート地点と同じ場所に到達するまでにAが泳いだ距離は最小でいくらか。

ただし、3人はそれぞれ一定の速さで泳ぐものとし、身長や折返しにかかる時間は考慮しないものとする。

1 600m
2 800m
3 900m
4 1,200m
5 1,500m

➡解答・解説は別冊 p.003

SECTION

2 旅人算

STEP 1 要点を覚えよう！

POINT 1 旅人算の出題パターン

　旅人算とは、反対向きに進む二人が**出会っ**たり、同じ向きに進む二人が**追いつ**いたり**追い越し**たりする、速さの問題のことである。主な出題パターンは以下のとおり。

A、Bの二人が逆向きに進み、出会う場合　→2人の速さの和の式になる

A、Bの二人が同じ向きに進み、一方が途中で追い越す場合

→2人の速さの差の式になる

2人の動く向きに着目しようね。

> **例題** 5km 離れた直線PQ間を、AはP地点、BはQ地点から同時に出発して、Aは毎分60m、Bは毎分40mの速さで歩きはじめた。2人は何分後に出会うか。

```
        出会う
60m/分    ☆    40m/分
A →           ← B
P  └── 5km ──┘ Q
```

・2人の間の距離：直線PQ＝5km＝**5000**m
・Aは**60m／分**、Bは**40m／分**の速さで進む

$$2人が出会うのにかかる時間＝\frac{2人の間の距離}{2人の速さの和}＝\frac{5000}{60+40}＝\frac{5000}{100}＝50$$

Aが1分間に進む距離＝60m　　Bが1分間に進む距離＝40m

答え **50** 分後

> **例題** 5km 離れた直線PQで、AはP地点からQ地点の方向に毎分60mの速さで、BはQ地点から毎分40mの速さで同時に同じ方向に歩き始めた。何時間何分後にAはBに追いつくか。

```
                追い越す
60m/分    40m/分    ☆
A →       B →
P └ 5km ┘ Q
```

・1分の間にAはBに**60m**近づくが、その分Bも**40m**離れる、その差**20m**、つまり1分間に2人の距離は**20m**縮まる。

$$追いつくのにかかる時間 = \frac{2人の間の距離}{2人の速さの差} = \frac{5000}{60-40} = \frac{5000}{20} = 250$$

1分間にA、B2人の縮まる距離＝20m

250分＝4時間10分

答え 4 時間 10 分後

POINT 2　図式化する

　旅人算では、2人など複数人がそれぞれの動きをするため、問題を読んだだけでは頭に入りづらく、混乱してしまうことがある。とにかく**図式化**することで、内容がイメージしやすくなり、答えの糸口も見つけやすくなる。

池（湖）の周り、サーキットなど、円に沿って進む問題もよく出題されるけど、進む距離に着目して、円周も直線として図式化するとわかりやすくなるよ。

ここで動きめる！ ▶ 距離に着目

2人が離れた2地点間をそれぞれの場所から反対方向に向き合って進むとき、2人が出会った地点における2人の歩いた距離の合計は、2地点間の距離になる。

> **例題**　A、Bの2人は、X地点とY地点を直線で結ぶ8kmのコースをウォーキングし、この2地点間を往復している。Aは、X地点から出発し、時速5kmで歩く。Bは、Y地点から出発し、時速3kmで歩く。2人が同時に出発したとき、2人が初めてすれ違ってから、2回目にすれ違うまでにかかる時間は何分か。ただし、2人ともそれぞれ一定の速さで歩くものとする。

　右図より、2人が初めてすれ違うのは、**AとBの歩いた距離の合計がXとY地点を結ぶ距離**の8kmのときである。

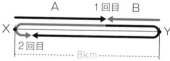

　Aは時速5kmで、Bは時速3kmで歩くので、1時間当たりの、AとBの歩いた距離の合計は、5＋3＝8kmである。よって、AとBの歩いた距離の合計が8kmとなるのは、同時に出発してから、1時間後である。

　また、**2回目にすれ違うのは、地点X、Y間の距離3つ分**なので、AとBの歩いた距離の合計が8×3＝24kmのときである。AとBの歩いた距離の合計が24kmとなるのは、同時に出発してから、24÷8＝3時間後ということがわかる。

　よって、2人が初めてすれ違ってから、2回目にすれ違うまでにかかる時間は、3－1＝2時間、すなわち120分である。

答え 120 分

STEP 2 一問一答で理解を確認！

1 1.2km 離れた2人がそれぞれ分速60mと分速40mの速さで近づくとき、2人は何分後に出会うか。

12分後
まず単位をそろえ、
1.2km＝1200m
2人は1分間に、60m＋40m
＝100mずつ近づいていくので、
1200÷100＝12分後に出会う。

2 1周が8000mの池の周りを、Aは分速30m、Bは分速50mの速さで同じ場所から同時に反対方向に出発した。2人が出会うのは何分後か。

100分後

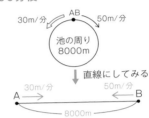

2人が出会う時間＝$\dfrac{2人の間の距離}{2人の速さの和}$

$＝\dfrac{8000}{30＋50}＝100$分後に出会う。

3 2.7kmの池の周りをA、Bの2人が同時に同じ地点から反対方向に歩き出す。Aは分速60m、Bは分速30mの速さで進むとき2人は何分後に出会うか。

30分後
まず単位をそろえ、
2.7km＝2700m
A、Bの2人は1分間に60m＋30m
＝90m進むので、2700÷90＝30分後に出会う。

4 Aは、Bより120m先の地点から分速60mの速さで進む。Bは、分速100mの速さでAを追いかける。Bは何分後にAに追いつくか。

3分後
BはAに1分間で
100m－60m＝40m近づいていくので、120÷40＝3分後に追いつく。

5 1周3kmの湖の周りを、同じ地点からAは分速45mの速さで時計回りに、B

42分後
3km＝3000mなので、AとBが最

は分速55mの速さで反時計回りに同時に歩き出した。AとBが出会ったとき、そこからAは同じく時計回りに、Bは向きを変えて時計回りにそれぞれ同じ速さで歩き続けるとき、AとBの距離の差が初めて120mになるのは、出発後何分後か。

初に出会うまでの時間は、

2人が出会う時間＝

$$\frac{2人の間の距離}{2人の速さの和} = \frac{3000}{45+55} = 30分$$

そこからAは時計回り、Bも時計回りにこれまでと同じ速さで歩き出すので、2人が出会ってから1分後には、$55-45=10$mの差がつく。よって、$120 \div 10 = 12$で、2人が出会ってから12分後に、120mの差ができる。2人が出会うまでの時間は30分なので、

30分＋12分＝42分後

---

6 1.2km離れた直線XY間を、AはX地点、BはY地点を同時に出発して、Aは毎分80mで、Bは毎分100mで往復した。出発してから2人が2度目にすれ違った地点はY地点から何mか。

400m

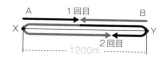

上図より、2回目にすれ違うのは、AとBの歩いた距離の合計が、地点X、Y間の距離3つ分だから、$1200 \times 3 = 3600$mのときである。Aは分速80m、Bは分速100mなので、1分間当たりのAとBの歩いた距離の合計は、

$80+100=180$m

よって、AとBの歩いた距離の合計が3600mとなるのは、同時に出発してから、$3600 \div 180 = 20$分後である。

このとき、Aは、$80 \times 20 = 1600$m歩いているから、Y地点で折り返してX地点に向かっている途中である。$1600-1200=400$mより、2度目にすれ違ったのはY地点から400mの地点である。

問題 1

消防官Ⅰ類（2022 年度）

一周が1400mの池の周りをAとBが同じ地点から、Aは時計回りに分速80m で歩き始め、Bは反時計回りに分速120mの自転車で出発した。二人がすれ違う たびにBだけがその場で5分休むものとすると、AとBが最初の出発点を同時に 出発して3回目のすれ違いが起こるまでに要する時間として、最も妥当なものは どれか。ただし、AとBが動いているときの速さは一定とする。

1 17分
2 22分
3 27分
4 32分
5 37分

☞解答・解説は別冊 p.004

問題 2

警察官Ⅰ類（2019 年度）

Aさんが、駅に行くためにバス停でバスBを待っていたが、定刻を過ぎてもバ スBが来ないので、定刻の5分後に分速80mで駅に向かって歩き出した。歩き始 めてから5分後に、駅の手前500mのところで遅れてきたバスBに抜かれ、その 後も歩き続けたところ、バスBより5分遅れて駅に着いた。このとき、Aさんが バスBの定刻の駅到着時刻より遅れた時間として、最も妥当なものはどれか。た だし、AさんとバスBはそれぞれ一定の速さで進み、バス停における待ち時間は 考えないものとする。

1 11分
2 12分
3 13分
4 14分
5 15分

☞解答・解説は別冊 p.005

問題3

地点Pと地点Qとを結ぶ1本の道がある。AとBは地点Pを同時に出発して、Aは時速5km、Bは時速4kmで歩き、2人ともP、Q間を休まず2往復することにした。

　Aが地点Qを先に折り返して、2人が初めて出会ったのは地点Rだった。さらに、Aが地点Pを折り返して、2人が2度目に出会ったのは地点Sだった。地点Sは地点Rから地点P寄りに3km離れている。このとき、P、Q間の距離として正しいものはどれか。

1　4.0km
2　4.5km
3　5.0km
4　5.5km
5　6.0km

☞解答・解説は別冊p.006

問題4

兄と弟はA町を出発して5km離れたB町に着いたら、すぐにA町に引き返す。兄は弟より18分遅れてA町を出発し、3.6km進んだところで弟を追い越した。その後、兄がB町到着後に引き返してA町に戻ったとき、弟はA町の手前1.6kmのところにいた。このとき、兄が弟を追い越したのは兄が出発して何分後か。ただし、兄と弟の速度は一定であるものとする。

1　18分後
2　36分後
3　54分後
4　72分後
5　90分後

☞解答・解説は別冊p.007

SECTION

3 流水算

STEP 1 要点を覚えよう！

POINT 1 流水算の解き方

「流水算」とは、船などが川の上りと下りを往復する際に、時間や速さ、距離の関係を求める問題である。基本的には速さ・時間・距離の基本公式を使うが、上りと下りで速さが異なるところを考慮して計算する。**上りのとき、下りのときのそれぞれについて式をつくり、**そこから速さ・時間・距離の関係の式を使って解いていけば、答えにたどりつく。

上りの速さ 　静水時の速さ－流速（川の流れの速さ）
下りの速さ 　静水時の速さ＋流速（川の流れの速さ）

> 川の流れに乗って進むのが下りなので、その分の速さをプラスすることができるよね。

> 例題　静水時での速さが時速12kmの船で、流れの速さが時速8kmの川のA地点から、20km上流にあるB地点までの間を往復するのに、何時間かかるか。

A→Bの上りの速さ　12－8＝4　　4km/時

　　　　　　　静水時の船の速さ　　流水の速さ（上りなので引き算）

B→Aの下りの速さ　12＋8＝20　　20km/時

　　　　　　　静水時の船の速さ　流水の速さ（下りなので足し算）

したがって、行き（上り）にかかる時間は、20÷4＝5時間
帰り（下り）にかかる時間は、20÷20＝1時間
よって、往復にかかる時間は、5＋1＝6時間

<u>答え 6 時間</u>

ここで動きめる! 上りと下りの速さの表し方

静水時の速さというのは、船が自力で進む速さである。船が進む方向と川の流れの方向が同じ場合は、速さは足し算し、船が進む方向と川の流れの方向が逆の場合は、速さを引き算する。

> 流水算の問題では、よく船のエンジンが止まることがあるよ。エンジンが止まる＝自力で動かない＝川の流れの速さだけで進む、ということ。エンジンが動いているときと、エンジンが止まっているとき、それぞれについての関係式をつくろう。

なお、流水算のシチュエーションは、上流と下流の往復という場面が頻出なので、式を立てる際には、特に距離が等しい部分に着目することも多い。

POINT 2 流水算の公式

静水時の速さに流速を足すか引くかによって上り・下りの速さが導けることから、以下の公式が成り立つ。

$$静水時の速さ＝\frac{上りの速さ＋下りの速さ}{2}$$

$$流速＝\frac{下りの速さ－上りの速さ}{2}$$

特に**静水時の速さの公式**は、問題を解く際に使えることがあるから、確実に覚えておこう。

> 要するに、「上りと下りの速さの平均が静水時の速さになる」ということだね。

1 川の上流にA地点と、下流にB地点がある。静水面での速さが時速20kmの船でA地点とB地点を最短距離で往復したところ、行きに40分、帰りに1時間かかった。この川の流れの速さは時速何kmか。

時速4km

川の流れの速さを時速$x$kmとおく。単位をそろえて、

$$40分＝\frac{40}{60}＝\frac{2}{3}時間$$

静水面での速さが時速20kmであり行きと帰りの距離は同じなので、以下の距離の式

$$(20＋x)\times\frac{2}{3}＝(20－x)\times 1$$

が成り立つ。これを解いて

$$x＝4km/時$$

2 静水上の速さが時速15kmである船が、ある川の上流のA地点と下流のB地点の間を往復したところ、下りに40分、上りに1時間かかった。A地点とB地点の間の距離は何kmか。川の流れの速さは一定とする。

時速12km

A地点とB地点の間の距離を$x$kmとおく。また、静水時の速さは時速15kmだから、分速は、

$$15\times\frac{1}{60}＝\frac{1}{4}km/分である。$$

下りの速さは、静水時の速さ＋流速なので、流速を$a$km/分とおくと、次の距離の式が成り立つ。

$$\left(\frac{1}{4}＋a\right)\times 40＝\left(\frac{1}{4}－a\right)\times 60$$

$$a＝\frac{1}{20}$$

$$\left(\frac{1}{4}＋a\right)\times 40に代入すると、$$

$$\left(\frac{1}{4}＋\frac{1}{20}\right)\times 40＝12km$$

3 川の下流にA地点が、30km離れた上流にB地点がある。この2地点を船で往復するとき、A地点からB地点に向かう途中でエンジンが15分間停止してしまった。その結果、A地点からB地点に行くのに2時間、B地点からA地点に行くのに1時間かかった。

このとき、川の流れの速さは時速何kmか。

時速6km

静水時の船の速さを時速 x km、川の流れの速さを時速 y km とすると、A地点からB地点へ向かうときの船の速さは、時速 $(x - y)$ km である。この速さでエンジンが動いていた1時間45分の間に進んだ距離は、A地点からB地点までの距離とエンジンが停止した15分間に下流に押し戻された距離との和に等しくなる。

1時間45分 = $\dfrac{7}{4}$ 時間、15分 = $\dfrac{1}{4}$ 時間なので、以下の式が成り立つ。

$$(x - y) \times \dfrac{7}{4} = 30 + y \times \dfrac{1}{4}$$

$7x - 8y = 120$ ……①

B地点からA地点へ向かうときの船の速さは、時速 $(x + y)$ km であり、この速さで1時間に進んだ距離は、A地点からB地点までの距離と等しくなるので、以下の式が成り立つ。

$(x + y) \times 1 = 30$

$x + y = 30$ ……②

①、②を解くと、$y = 6$ km/時

問題 1

国家一般職（2022 年度）

流れの速さが秒速0.5ｍで一定の川があり、この川の上流地点Ａと下流地点Ｂを、船で一定の速さで往復すると、上りは20分、下りは12分掛かった。いま、船の静水時における速さを1.5倍にして、一定の速さで下流地点Ｂから上流地点Ａまで川を上ると、時間はいくら掛かるか。

1 　10分
2 　12分
3 　14分
4 　16分
5 　18分

☞解答・解説は別冊 p.008

問題 2

特別区Ⅰ類（2020 年度）

ある川の下流のＰ地点と上流のＱ地点の間を航行する船Ａ、Ｂがあり、ＡはＰからＱへ3時間、ＢはＱからＰへ1時間30分で到着する。今、ＡはＰを、ＢはＱを同時に出発したが、Ａは出発の48分後にエンジンが停止し、川を流された。ＢがＡに追いつくのは、Ａのエンジンが停止してから何分後か。ただし、川の流れの速さは8ｋｍ/時、静水時におけるＡの速さはＢの速さの1.5倍であり、川の流れ及び船の速さは一定とする。

1 　24分
2 　26分
3 　28分
4 　30分
5 　32分

☞解答・解説は別冊 p.009

問題3

国家一般職（2020年度）

川の上流に地点A、下流に地点Bがあり、船がその間を往復している。船の先頭が、Aを通過してから川を下ってBを通過するまで25分かかり、また、船の先頭が、Bを通過してから川を上ってAを通過するまで30分かかる。このとき、静水時の船の速さと川の流れの速さの比はいくらか。

ただし、静水時の船の速さ及び川の流れの速さは一定であるものとする。

　　　船　　川
1　　10：1
2　　11：1
3　　12：1
4　　13：1
5　　14：1

☞解答・解説は別冊p.010

問題4

特別区Ⅰ類（2022年度）

ある川に沿ってサイクリングロードがあり、下流の地点Pから上流の地点Qに向かって、自転車がサイクリングロードを、船が川を、同時に出発した。船は、途中でエンジンが停止してそのまま15分間川を流された後、再びエンジンが動き出し、最初に出発してから60分後に、自転車と同時にQに到着した。このとき、静水時における船の速さはどれか。ただし、川の流れの速さは4km/時、自転車の速さは8km/時であり、川の流れ、自転車及び船の速さは一定とする。

1　8km/時
2　10km/時
3　12km/時
4　14km/時
5　16km/時

☞解答・解説は別冊p.010

4 通過算

STEP 1 要点を覚えよう！

POINT 1 通過算

速さの問題の中でも、電車や列車など、「**長さ**」があるのが特徴の問題である。通過算の場合は、通過する**距離の合計**を考えて解かなければならない。基本的には、先頭や最後尾など、どこか**1点の移動に着目**することがポイントとなる。

渡り始めてから渡り終わるまでの時間を求める場合

> 例題　時速30kmで走る長さ100mの列車が、長さ400mの鉄橋を渡り始めてから渡り終わるまでにかかる時間は何分間か。

渡り始めるのは列車の**先頭**が入ってから、渡り終えるのは列車の**最後尾**が出るまでである。**列車の先頭に着目**すると、100＋400＝500より、**500m移動している。**

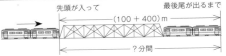

よって、500m＝0.5kmより、$0.5 \div 30 = \dfrac{1}{60}$ 時間＝1分

答え 1 分間

トンネル内にすべて入っている時間を求める場合

> 例題　時速90kmで走る長さ200mの列車が、長さ3.2kmのトンネルを通過するとき、列車がすべてトンネル内に入っている時間は何分間か。

長さ200m（＝0.2km）の列車がすべてトンネル内に入っているのは、列車の**最後尾**がトンネル内に入ってから、列車の**先頭**がトンネルから出るまでなので、列車の最後尾（または列車の先頭）に着目すると、3.2－0.2＝3より、3km移動している。

よって、$3 \div 90 = \dfrac{2}{60}$ 時間＝2分

答え 2 分間

CHAPTER

1

速さ

POINT 2 　2つの列車の問題パターン

　2つの列車が出てくる通過算の問題のパターンは、**反対方向を走っている列車同士がすれ違う場合**と、**同方向を走っている列車がもう一方の列車を追い越す場合**の2通りある。基本的には旅人算の考え方を使えばよい。

①2つの列車同士がすれ違う場合

　列車同士がすれ違う場合は、反対方向から来た列車の**先頭**が同じ地点にさしかかったときから、それぞれの**最後尾**が離れる時までに両列車が進んだ距離について考える。

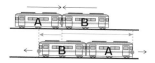

A、B両列車の進んだ距離の和は、両列車の長さの和に等しくなる。

A、Bの列車の長さの和＝Aが進んだ距離＋Bが進んだ距離
**　　　　　　　　　　＝すれ違うのにかかる時間×両列車の速さの和**

②列車が列車を追い越す場合

　列車が列車を追い越す場合は、たとえばA列車の先頭が、同方向に進むB列車の最後尾に追いついたときから、Aの最後尾がBの先頭と離れる時までに進んだ距離について考える。

A、B両列車の進んだ距離の差は、両列車の長さの和に等しくなる。

A、Bの列車の長さの和＝Aが進んだ距離－Bが進んだ距離
**　　　　　　　　　　＝追い越すのにかかる時間×両列車の速さの差**

4

通過算

ここで動き止める！ ▶ **すれ違いまたは追い越すのにかかる時間の求め方**

時間＝$\dfrac{距離}{速さ}$の関係から、次の関係も覚えておこう。

すれ違うのにかかる時間＝$\dfrac{両列車の長さの和}{両列車の速さの和}$

追い越すのにかかる時間＝$\dfrac{両列車の長さの和}{両列車の速さの差}$

通過算においても、やっぱり図式化して考えると関係が把握しやすくなるよ。

1 時速48kmで走る長さ50mの列車が、長さ750mの鉄橋を渡り始めてから渡り終わるまでにかかる時間は何分間か。

1分間
列車の先頭に着目すると、列車の先頭は、750 + 50 = 800より、800m移動している。
単位をkmにそろえ、
800m = 0.8kmより、
$0.8 \div 48 = \dfrac{1}{60}$　　$\dfrac{1}{60}$時間 = 1分

2 ある電車が長さ378mの鉄橋を渡り始めてから渡り終わるまで23秒かかった。また、長さ1222mのトンネル内に完全に隠れていたのは41秒間だった。この電車の速さは時速何kmか。

時速90km
電車の速さを秒速xm、電車の長さをymとする。電車が鉄橋を渡り始めてから渡り終わるまでに移動した距離は、電車の長さと鉄橋の長さの和になるので、$y + 378$と表せる。また、長さ378mの鉄橋を渡り始めてから渡り終わるまで23秒かかったので以下が成り立つ。
$23x = y + 378$ ……①
次に、電車がトンネル内に完全に隠れている間に移動した距離は、トンネルの長さと電車の長さの差になるから、$1222 - y$と表せる。長さ1222mのトンネル内に完全に隠れていたのは41秒間なので、以下が成り立つ。
$41x = 1222 - y$ ……②
①、②を解くと、$x = 25$
よって電車の速さは秒速25m。時速に直すと、$25 \times 60 \times 60$
$= 90000$m $= 90$km

3 長さ220mの列車Aと長さ160mの列車Bが、同じ速度でトンネルの両側から反対向きに同時に入った。列車Aがトンネルに入り始めてから抜け終わるまでに55秒かかった。また、両列車がトンネル内ですれ違い始めてからすれ違い終わるまでに10秒かかった。このとき、トンネルの長さは何mか。ただし、両列車は常に一定の速度で走っているものとする。

825m

列車AとBの速度をam/秒とする。2つの列車がすれ違い始めてからすれ違い終わるまでに10秒かかったから、A、Bの列車の長さの和＝すれ違うのにかかる時間×両列車の速さの和の公式から、

$(220＋160) = 10 \times (a＋a)$

$2a = 38$

$a = 19$

よって、列車AとBの速度はいずれも19m/秒である。

また、列車Aがトンネルに入り始めてから抜け終わるまでに55秒かかったから、列車Aが進んだ距離は、

$19 \times 55 = 1045$m

列車Aの長さは220mだから、トンネルの長さは、

$1045 － 220 = 825$m

STEP 3　過去問にチャレンジ！

裁判所職員（2018年度）

問題 1

長さ50m、時速50kmで走行する列車Ａが、並走する線路を後ろから走ってきた時速75kmの列車Ｂに追い越された。その際、列車Ｂの先頭が列車Ａの最後尾に追いつき、列車Ｂの最後尾が列車Ａの先頭を抜き去る瞬間までに14秒かかった。この2本の列車が反対方向からすれ違う場合、先頭どうしがすれ違う瞬間から最後尾どうしがすれ違う瞬間までに要する時間は何秒か。

1　2.8秒
2　2.9秒
3　3.0秒
4　3.1秒
5　3.2秒

☞解答・解説は別冊 p.011

問題 2

東京都Ⅰ類（2020 年度）

直線の道路を走行中の長さ18mのトラックを、トラックと同一方向に走行中の長さ2mのオートバイと長さ5mの自動車が、追い付いてから完全に追い抜くまでに、それぞれ $\dfrac{8}{3}$ 秒と $\dfrac{46}{5}$ 秒かかった。オートバイの速さが自動車の速さの1.4倍であるとき、オートバイの時速として、正しいものはどれか。ただし、トラック、オートバイ、自動車のそれぞれの速さは、走行中に変化しないものとする。

1　45km／時
2　54km／時
3　63km／時
4　72km／時
5　81km／時

☞解答・解説は別冊p.011

国家専門職（2001年度）

ある鉄道において、時速140kmの上りの特急列車は時速40kmの下りの普通列車と3分おきに出会った。このとき、時速80kmの上りの準急列車が下りの普通列車とすれ違い終わってから次の普通列車と出会うまでの時間として正しいのはどれか。

なお、上りの準急列車と下りの普通列車の長さはそれぞれ250mである。

1 4分
2 4分15秒
3 4分30秒
4 4分45秒
5 5分

☞ 解答・解説は別冊p.012

CHAPTER

割合

SECTION1　割合　基本
SECTION2　割合　比
SECTION3　売買算
SECTION4　濃度算

👍 この章で学ぶこと

◯ どんな試験を目指す場合でも 必須の超重要テーマ

「割合の学習が一切不要」という公務員試験は存在しないといってよいでしょう。公務員試験のみならず、SPIやSCOAなどの民間の採用テストを利用して筆記試験を実施する自治体であっても、**割合の知識**は必須です。必ず押さえておかなければいけないテーマであり、全体をしっかり理解しておく必要があります。

なお、割合は数的推理において登場するだけでなく、**資料解釈**でも割合を題材にした資料や選択肢が頻繁に登場します。資料解釈を学習する際にも数的推理の割合の知識は必須になるので、ここで必ずマスターしておきましょう。

◯ 一般的な文章題として登場することが多い

割合はあらゆるテーマにおいて顔を出す知識ですが、特に本試験では**一般的な文章題**として登場することが多々あります。売買算や濃度算など、特定のシチュエーションで登場することももちろんありますが、出題頻度としてはあまり高くはありません。むしろ本試験のその場ではじめて考えさせるようなシチュエーションや設定だったりすることが多いので、**状況をいかに正しく把握するか**がポイントになります。文章題である以上は、やはり「状況の読解力」が求められる問題と考えてください。

◯ 割合（倍率）でも比でも、 もとにする量（基準）の把握が重要

割合（倍率）の問題は特に**「もとにする量」**、つまり基準の把握で引っ掛けてくるケースが多くあります。割合では必ず基準となる部分があり、それに対してどれくらいの量なのかが示されます。**どこを基準にした値なのか**が読み取れないと、そもそも正解にたどり着けないので、正しく確認してください。

これは比でも同様です。基準がずれていれば異なる比になるので、単純に比較することはできません。「何を全体とみたうえで、何等分したうちのいくつ分に当たるのか」を正しく捉える必要があります。

国家一般職

あまり見慣れないシチュエーションでの割合の文章題などを定期的に出す傾向がある。設定が複雑になることもあり、かなり難易度が上がることもあるので、その場合は受験生全体の正答率も下がる。簡単な問題を確実に得点する意識で取り組んでほしい。

国家専門職

出題頻度は高めで、基本的には国家一般職と同様の傾向がある。まだ国家一般職よりもシンプルな問題も見られるが、そうはいっても地方公務員試験に比べると複雑なものが多いので注意したい。

地方上級

頻出というわけではないが、定期的に出題されている。そもそも一般的な文章題の出題頻度が高いため、広く学習しておきたい。

裁判所職員

ストレートに聞くような出題はそこまで多くないが、出題頻度は高く、売買算や濃度算なども過去に出題実績がある。難易度は極端に高いものもあれば平易なレベルの問題も見られるので、基本問題は確実に得点したい。

東京都Ⅰ類

そこまで出題されるわけではない。しかし、他の出題テーマで割合を絡めて聞いてくることはあり、過去に濃度算なども出題されているので、広く対策しておくことが望ましい。

特別区Ⅰ類

過去をさかのぼると、割合を題材にした問題はそこまで出題されていなかったが、近年は多く出題される傾向にあるので準備しておきたい。濃度算なども出題されており、難易度は平易なので、確実に得点したいテーマである。

市役所

割合を題材にする問題は非常に多く見られる。地方上級と同様、そもそも一般的な文章題の出題頻度が高いので、しっかり学習しておく必要がある。

1 割合　基本

STEP 1 要点を覚えよう！

POINT 1 割合の基本公式

比べる量が、もとにする量のどれだけにあたるかを示したものが割合である。普段スーパー等の買い物時に、2割引きシール、3割引きシールが貼られた商品がおおよそいくらになるのか、自然と頭の中で計算しているであろう。これを式にすると、以下のようになる。

割合＝比べられる量÷もとにする量
比べられる量＝もとにする量×割合
もとにする量＝比べられる量÷割合

POINT 2 割合の表し方

割合は、小数、分数、百分率、歩合などで表される。百分率（つまり%）で表される問題がほとんどだが、それぞれの表し方を整理しておこう。

小数	分数	百分率	歩合
0.1	1/10	10%	1割
0.01	1/100	1%	1分
0.25	1/4	25%	2割5分

> 例題　男子30人、女子20人のクラスがある。女子は全体の何%にあたるか。

まず、もとにする量は全体の人数なので、30＋20＝50人。よって、女子の割合は、

20÷50＝0.4

比べられる量　もとにする量

百分率（%）にするので、0.4×100＝40

答え 40 %

> 例題　氷が溶けて水になるとき、その体積の $\frac{1}{12}$ だけ減る。では、水が凍って氷になるとき、その体積は水の体積に対してどれだけ増えるか。

氷の体積を1とすると、溶けてできた水の体積は、$1 - \dfrac{1}{12} = \dfrac{11}{12}$

したがって、**水の体積**を1とすると、氷の体積は、$1 \div \dfrac{11}{12} = \dfrac{12}{11}$

比べられる量　もとにする量

よって、体積は$\dfrac{12}{11} - 1 = \dfrac{1}{11}$だけ増える。

答え $\dfrac{1}{11}$

POINT 3　都合のいい数値を置く

　未知数を文字に置き換えて計算する方法もあるが、**仮の数値をおいて計算する**と答えに早くたどり着く場合がある。実際の数値が設定されていない問題で有効なことが多い。

ここで 動きめる！ ▶ 都合のいい数値で計算する

全体の何パーセントか、全体の何割か、などの 割合が答えになる場合、都合 のいい数値 **を仮においてしまうことで、計算が楽になることがある！**

> **例題**　ある企業はＡとＢの2部門から構成されており、企業全体の売上げは、2部門の売上げの合計である。Ａ部門の商品aは、企業全体の売上げの40％を占め、Ａ部門の売上げの60％を占めている。また、Ｂ部門の商品bは、企業全体の売上げの20％を占めている。このとき、商品bはＢ部門の売上げの何％を占めているか。

　Ａ部門の商品aの売上を⑥とすると、
商品aはＡ部門の売上の**60％**を占めるから
残りの売上げは④である。
　また、商品aは企業全体の売上げの**40％**を
占めるから、企業全体の売上げは、
⑥÷0.4＝⑮となる。
　Ｂ部門の商品bの売上げは、企業全体の売上げの**20％**を占めるから、
⑮×0.2＝③である。
　また、Ｂ部門全体の売上げは、
⑮ー（⑥＋④）＝⑤

　よって、商品bは、30÷50＝0.6より、Ｂ部門の売上げの**60％**を占める。

答え 60 ％

1 男子23人、女子17人のクラスで、歯科検診を行ったところ、虫歯があった人は男女合わせて10人いた。虫歯のある人はクラス全体の何%か。

25%
全体の人数は23＋17＝40人
割合＝比べられる量÷もとにする量なので、10÷40＝0.25
0.25×100＝25%

2 368ページある本を、1日目に全体の20%を読み、2日目に全体の30%、3日目に残りをすべて読んだ。3日目に読んだページ数は何ページか。

184ページ
1日目と2日目で読んだのは、20＋30＝50で、全体の50%。残りの50%を3日目にすべて読んだので、
368×0.5＝184ページ

3 ある村の65歳以上の高齢者の人口は全体の$\dfrac{7}{11}$である。そのうち$\dfrac{2}{3}$が1人暮らしをしていて、その数は280人である。ある村の人口は何人か。

660人
村の人口をx人とおくと、65歳以上の高齢者の人口は、$x \times \dfrac{7}{11}$で表せる。
さらに、この65歳以上の高齢者の人口のうち$\dfrac{2}{3}$が一人暮らしをしていて、その数は280人なので、
$x \times \dfrac{7}{11} \times \dfrac{2}{3} = 280$が成り立つ。
$x = 280 \times \dfrac{33}{14} = 660$人

4 男女合わせて70名のサークルで、一番好きな季節についてアンケート調査を行ったところ、「秋」と回答した者は48名で、そのうち$\dfrac{2}{3}$が女子であり、女子全体の$\dfrac{4}{5}$を占めていた。このとき、このサークル全体に占める男子の割合

$\dfrac{3}{7}$
「秋」と回答した女子の人数は、
$48 \times \dfrac{2}{3} = 32$人であり、女子全体の$\dfrac{4}{5}$が32人だから、

はいくらか。

女子全体の人数は$32 \div \dfrac{4}{5} = 40$人となる。したがって、男子の人数は、$70 - 40 = 30$人だから、サークル全体に占める男子の割合は

$$30 \div 70 = \dfrac{3}{7}$$

---

5 上野駅に同時に到着した3本の列車A、B、Cの乗客数の合計は、上野駅到着時に2360人であった。上野駅では、各列車から同じ人数の乗客が降り、新たに乗った乗客はいなかった。その結果、上野駅到着時と比べた上野駅出発時の乗客数は、列車Aが10％、列車Bが16％、列車Cが12％、それぞれ減少した。上野駅出発時の3本の列車A、B、Cの乗客数の合計は何人か。

2072人

A、B、C各列車からそれぞれx人が降りたとする。

列車Aは （到着時の人数）$\times \dfrac{10}{100}$

$= x$人が成り立つので、到着時の人数は

$$x \div \dfrac{10}{100} = x \times \dfrac{100}{10} = 10x \text{人}$$

同様に列車Bの到着時の人数は

$$x \div \dfrac{16}{100} = x \times \dfrac{100}{16} = \dfrac{25}{4}x \text{人}$$

列車Cの到着時の人数は

$$x \div \dfrac{12}{100} = x \times \dfrac{100}{12} = \dfrac{25}{3}x \text{人と}$$

表せる。

上野駅到着時の乗客数の合計は2360人だから、

$$10x + \dfrac{25}{4}x + \dfrac{25}{3}x = 2360$$

$$120x + 75x + 100x = 2360 \times 12 \quad \text{←} \times 12$$

$$295x = 2360 \times 12$$

$$x = \dfrac{2360 \times 12}{295} = 8 \times 12 = 96 \text{人}$$

よって、上野駅出発時の乗客数の合計は、

$$2360 - 3x = 2360 - 3 \times 96 = 2072 \text{人}$$

問題 1

警察官Ⅰ類（2017年度）

A県の人口は現在330万人である。20年前に対する人口の増加数および増加率を、0〜19歳、20〜39歳、40〜59歳、60歳以上の4つの年代別に見ると、増加数はいずれの年代も同じであったが、増加率は若い年代から順に25%、40%、20%、100%であった。20年前のA県の人口として、最も妥当なものはどれか。

1　210万人
2　220万人
3　230万人
4　240万人
5　250万人

☞解答・解説は別冊p.014

問題 2

国家一般職（2019年度）

ある学校において、A、Bの二つの組が、それぞれジュースとお茶の2種類の飲み物を用意してパーティーを開催した。A組では、パーティー終了後、ジュースはすべてなくなり、お茶は用意した量の $\frac{4}{5}$ が残っていた。B組では、ジュースについてはA組と同じ量を、お茶についてはA組の $\frac{2}{3}$ の量を用意したところ、パーティー終了後、ジュースはすべてなくなり、お茶は用意した量の $\frac{1}{10}$ が残っていた。B組において消費された飲み物の量はA組のそれの $\frac{9}{8}$ であった。このとき、A組において、用意した飲み物全体に占めるお茶の割合はいくらか。

1　15%
2　20%
3　25%
4　30%
5　35%

☞解答・解説は別冊p.014

問題 3

国家専門職（2019 年度）

ある農家では、収穫したすべての量のコメを、毎年同じ割合で販売用と自家消費用に分けている。昨年は、販売用のコメの量の80％が売れ、20％が売れ残った。今年は、昨年より収穫量が30％減少したことを受けて、昨年売れ残った販売用のコメと、今年収穫した販売用のコメを販売したところ、その合計量の90％が売れ、10％が売れ残った。また、今年売れ残ったコメの量は、今年収穫したすべてのコメの量の9％と等しかった。このとき、この農家が、収穫したすべての量のコメのうち、自家消費用とする割合はいくらか。
ただし、昨年より前に収穫したコメの売れ残りはないものとする。

1　10％
2　15％
3　20％
4　25％
5　30％

☞解答・解説は別冊 p.015

問題 4

国家一般職（2017 年度）

ある二つの都市 A、B は、毎年度初めに住民の統計調査をおこなっており、昨年度は、A に住む B 出身者が15万人であり、また、B の総人口に占める B 出身者の割合は74％であることがわかった。その後、今年度の統計調査までに、①A に住む B 出身者のうち3万人が B へ転居し、また、②A、B 以外の都市に住む B 出身でない者のうち47万人が B へ転居した。この結果、今年度の A の総人口は昨年度の95％となり、今年度の B の総人口に占める B 出身者の割合は70％となった。このとき、今年度の統計調査によると、A の総人口と B の総人口の差は何万人か。
ただし、①および②以外を原因とする、A、B の人口変動はないものとする。

1　769万人
2　775万人
3　781万人
4　787万人
5　793万人

☞解答・解説は別冊 p.015

問題 5

A社、B社およびC社の3つの会社がある。この3社の売上高の合計は、10年前は5,850百万円であった。この10年間に、売上高は、A社が9％、B社が18％、C社が12％それぞれ増加し、増加した金額は各社とも同じであったとすると、現在のC社の売上高はどれか。

1　1,534百万円
2　1,950百万円
3　2,184百万円
4　2,600百万円
5　2,834百万円

☞解答・解説は別冊p.016

問題 6

ある電車は、乗車定員の68％が座れる同じ車両2両と76％が座れる車両1両の3両編成で運行している。この電車に145人が乗ったときは全員座れるが、165人が乗ったときは座れない乗客がでる。この電車の座席数はどれか。

1　145席
2　149席
3　154席
4　159席
5　164席

☞解答・解説は別冊p.017

問題7

裁判所職員（2020年度）

ある店では、2種類のノートA、Bを売っている。Aは1冊100円、Bは1冊150円である。先月はBの売上額がAの売上額より22,000円多かった。また今月の売上冊数は先月に比べて、Aは3割減ったがBは4割増えたので、AとBの売上冊数の合計は2割増えた。このとき、今月のAの売上冊数として正しいものはどれか。なお、消費税については考えないものとする。

1 50冊
2 56冊
3 64冊
4 72冊
5 80冊

☞解答・解説は別冊p.017

2 | 割合 比

STEP 1 | 要点を覚えよう！

POINT 1 　比の性質の基本

比とは、2つの数量 a と b の割合を $a:b$ と表したものである。これは「何等分したうちのいくつ分か」（**比例配分**）を表している。

> **例題**　90個のアメをAとBの2人にA：B＝3：2の割合で分ける。このとき、AとBが受け取るアメの個数はいくらになるか。

「3：2」とは「全体を3＋2＝5等分したうちの3つ分、2つ分」という意味である。したがって、90個のアメを、Aは5等分したうちの3つ分受け取るので

$90 \times \dfrac{3}{3+2} = 54$ （個）、Bは2つ分受け取るので $90 \times \dfrac{2}{3+2} = 36$ （個）受け取る。

答え A：54 個、B：36 個

これらを一般化すると、以下のように表せる。

X を $a:b$ に比例配分した時の a にあたる数 $\cdots\cdots\cdots \dfrac{a}{a+b} \times X$

X を $a:b$ に比例配分した時の b にあたる数 $\cdots\cdots\cdots \dfrac{b}{a+b} \times X$

POINT 2 　比の基本知識

問題を解く上で必要な知識を押さえておこう。
- **同じ数をかけても割っても同じ比である**…$a:b = ak:bk$ が成り立つ。
- **内項の積と外項の積は等しい**…比例式 $a:b = c:d$ について、$bc = ad$ が成り立つ。
- **連比を作る**…比をまとめて3数以上の比で表すことをいう。**比の数字を揃える**ことでまとめられる。

> **例題**　$a:b = 3:4$、$b:c = 6:5$ のとき、$a:b:c$ の比を求めよ。

b の値に着目すると、4と6の最小公倍数は12だから、b が12になるようにする。
$3:4 = (3\times3):(4\times3) = 9:12$
$6:5 = (6\times2):(5\times2) = 12:10$
したがって、$a:b:c = 9:12:10$

答え 9：12：10

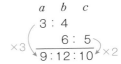

・**逆比**……**逆数の比のこと**をいう。逆数とはもとの数に「**かけて1になる数**」のことで、「**分母と分子をひっくり返した数**」と覚えておけばよい。すでに速さなどで登場しているので、再度確認すること。

> 例題　①2：3、②2：3：4の逆比を求めよ。

①2の逆数は $\dfrac{1}{2}$、3の逆数は $\dfrac{1}{3}$ なので、2：3の逆比は $\dfrac{1}{2} : \dfrac{1}{3} = 3 : 2$ である。**2数の比の場合は左右逆にすればよい。**

②2の逆数は $\dfrac{1}{2}$、3の逆数は $\dfrac{1}{3}$、4の逆数は $\dfrac{1}{4}$ なので、2：3：4の逆比は $\dfrac{1}{2} :$ $\dfrac{1}{3} : \dfrac{1}{4} = 6 : 4 : 3$ である。**3数以上の比の場合は左右逆にならないので注意する。**

<u>答え　①3：2、②6：4：3</u>

POINT 3　整数 k を使って数を表す

　比が出てきたときは、**整数 k を使って実際の数値として表すことができる**ので、関係式が立てやすい。たとえば、比が3：5：8のとき、それぞれの個数は、$3k$、$5k$、$8k$ などと表して、関係式が立てられる。

> **ここで動きめる！** ▶ 比は文字で表す
>
> **比の問題は k などの文字を使って表すことで、扱いやすくなる。**

> 例題　4つの器A、B、C、Dに84個のみかんを分ける。AとBの個数の比は3：2、BとDの個数の和とCの個数の比は6：5になり、BはDの半分の個数になった。このとき、Aの器のみかんの個数はいくつか。

　AとBの個数の比は3：2なので、k を整数として、Aの個数は $3k$ 個、Bの個数は $2k$ 個と表せる。BはDの半分の個数なので、Dの個数は、$2k \times 2 = 4k$ 個である。BとDの個数の和は、$2k + 4k = 6k$ 個なので、
$(B + D) : C = 6 : 5$ より $6k : C = 6 : 5$　$C = 5k$ 個
　全部で84個のみかんがあるので、$A + B + C + D = 84$
　$3k + 2k + 5k + 4k = 84$　　$14k = 84$　　$k = 6$
　よって、Aの器のみかんの個数は、$3 \times 6 = 18$ 個である。

<u>答え 18 個</u>

1 みかん、りんご、キウイの総数は48個で、個数の比は7：4：1である。みかんは何個あるか。

28個
48個を7＋4＋1＝12等分にしたうちの7つ分なので、

$$48 \times \frac{7}{7+4+1} = 28 個$$

2 兄と弟の先月の収入の比は5：3で、支出の比は7：4であった。また、2人の先月の残金はともに2000円であった。兄の先月の収入金額は何万円か。

3万円
兄と弟の先月の収入金額をそれぞれ $5k$ 円、$3k$ 円とする。また、支出額を、それぞれ $7k'$ 円、$4k'$ 円とおく。
$5k - 7k' = 2000$
$3k - 4k' = 2000$
整理すると、$k' = 4000$
兄の先月の収入は $5k$ 円なので、
$5k - 7k' = 2000$ より、
$5k = 2000 + 7k'$
$5k = 2000 + 28000 = 30000$ 円

3 A、B、Cの3人の所持金の比はA：B：C＝7：3：2である。AがBに1400円をあげたところ3人の所持金の比がA：B：C＝21：19：8となった。このとき、Aの最初の所持金はいくらか。

5600円
最初の所持金の比は
A：B：C＝7：3：2＝28：12：8
AがBに1400円あげた後の比は、
A：B：C＝21：19：8
これでCの比の数字が揃ったので、そのまま比較できる。
Aは比が28－21＝7
小さくなったので、比の7が1400円にあたる。比の1は、1400÷7＝200円なので、Aの最初の所持金は、28×200＝5600円である。

4 AとBの箱に赤玉と白玉がそれぞれ1：3と1：2の割合で入っている。AとBに入っている玉の合計の比が2：3で

3：7
Aの箱に赤玉が a 個、白玉が $3a$ 個入っていて、Bの箱に赤玉が b 個、

あるとき、A、Bの赤玉と白玉の合計の比を求めよ。

白玉が$2b$個入っているとする。
AとBに入っている玉の合計の比が
$2:3$だから
$(a+3a):(b+2b)=2:3$
$4a:3b=2:3$　　$b=2a$
よって、赤玉の個数は
$a+b=a+2a=3a$個
白玉の個数は、$3a+2b=3a+4a$
$=7a$個
赤玉と白玉の合計の比は、
$3a:7a=3:7$

---

5 A〜Cの3人の所持金の平均は575円で、2人ずつの平均の所持金の比は、$7:11:12$である。3人のいずれかが持っている金額のうち、最も少ない所持金はいくらか。

345円

3人の所持金をx円、y円、z円とする。
2人ずつの平均の所持金の比は
$7:11:12$だから、
$$\frac{x+y}{2}:\frac{y+z}{2}:\frac{z+x}{2}=7:11:12$$
$(x+y):(y+z):(z+x)$
$=7:11:12$
kは整数として、$x+y=7k$　…①
$y+z=11k$　…②、$z+x=12k$　…③
(①＋②＋③)÷2より
$x+y+z=15k$　…④
④－②より$x=4k$、
④－③より$y=3k$
④－①より$z=8k$
また、所持金の平均は575円だから、
所持金の平均額×人数で合計金額が求められる（ 参 211ページ）ので、
以下の式が成り立つ。
$x+y+z=575\times3$
$4k+3k+8k=1725$
$k=115$
よって3人の所持金は、
$x=4k=460$円、$y=3k=345$円、
$z=8k=920$円で、最も少ないのは
345円である。

問題 1

警察官Ⅰ類（2018年度）

ある職場の男性職員と女性職員の人数の割合は7：8で、電車通勤者とバス通勤者の人数の割合は4：5である。電車通勤者のうち男性職員が90人、バス通勤者のうち女性職員が126人であるとき、この職場の全職員数として、最も妥当なものはどれか。ただし、職員は電車通勤者とバス通勤者以外はいないものとする。

1　360人
2　405人
3　450人
4　495人
5　540人

☞解答・解説は別冊p.018

問題 2

国家専門職（2020年度）

ある学校にはA、B、Cの3組で合計100人の生徒が在籍しており、これらの生徒に対し、試験を2回実施した。1回目の試験において、100人全員が受験したところ、A組とB組では同じ人数の生徒が合格し、C組では生徒全員が不合格であった。その結果、1回目の試験で不合格であった生徒の人数比は、A組：B組：C組＝1：2：4であった。

2回目の試験において、1回目の試験で不合格であった生徒を対象とし、対象者全員が受験したところ、A組では受験した生徒の80％が、B組では受験した生徒の90％が、C組では生徒全員が合格した。その結果、2回目の試験で不合格であった生徒は、A組とB組合計4人であった。

このとき、A組で2回目の試験で合格した生徒は、A組の生徒全員の何％を占めているか。

1　32％
2　34％
3　36％
4　38％
5　40％

☞解答・解説は別冊p.019

問題 3

国家一般職（2018 年度）

箱の中に何本かの缶ジュースがあり、A～Eの5人で分けた。次のことが分かっているとき、DとEに分けられた缶ジュースの本数の合計は何本か。

・AとBに分けられた缶ジュースの本数の合計は、分ける前の本数の $\frac{7}{18}$ である。

・AとCに分けられた缶ジュースの本数の合計は、分ける前の本数の $\frac{4}{9}$ である。

・BとCに分けられた缶ジュースの本数の合計は、分ける前の本数の $\frac{1}{3}$ である。

・Aが自分に分けられた缶ジュースをBに4本渡したところ、AとBの缶ジュースの本数は等しくなった。

1 26本
2 28本
3 30本
4 32本
5 34本

☞解答・解説は別冊 p.019

問題 4

裁判所職員（2021 年度）

A、B、Cの3人があめ玉を何個かずつ持っている。まず、Aの持っているあめ玉の半分をCに渡した。次に、Aの残ったあめ玉の半分をBに渡した。最後にCがAからもらった分と持っていた分を合わせたあめ玉の半分をAに渡したとき、AとBとCの持っているあめ玉の数の比が6：9：5になった。このとき、初めにBとCが持っていたあめ玉の数の比として正しいものはどれか。

1 1：1
2 2：1
3 3：2
4 4：3
5 5：2

☞解答・解説は別冊 p.020

3 売買算

STEP 1 要点を覚えよう！

POINT 1 原価・定価・売値

　売買算とは、商品を仕入れて、販売したときの利益などに関する問題のことである。原価、定価、売値について関係を整理しておこう。

・**原価**……仕入れ値のこと。店が問屋から品物を買う値段。
・**定価**……原価に利益を上乗せしたもの。
・**売値**……定価から値引きして実際にお店が売る値段。

原価x円の品物に、a割の利益を上乗せしたときの定価＝$x \times \left(1 + \dfrac{a}{10}\right)$

定価y円の品物を、b割引きで売ったときの売値＝$y \times \left(1 - \dfrac{b}{10}\right)$

> 例題　ある商品を1個100円で仕入れ、2割増しの定価をつけて売り出したところ、売れ行きが悪かったので、1割値引きして売った。このときの売値はいくらか。

　定価は原価の2割増しなので、

$$\underset{\text{原価}}{100} \times \left(1 + \underset{\text{2割上乗せ}}{\dfrac{2}{10}}\right) = 100 \times (1 + 0.2) = 120$$

よって、定価は120円。また、売値は定価の1割引きだから、

$$120 \times \left(1 - \dfrac{1}{10}\right) = 120 \times (1 - 0.1) = 108$$

答え 108 円

POINT 2 見込みの利益と実際の利益

　利益は売上－原価で求められるが、値引きして利益が減るようなシチュエーションが多い。**見込んでいた利益**と、**実際の利益**との関係式をスピーディーにたてられるようにしよう。

> **例題** 原価1,500円の商品にいくらかの利益を見込んで定価をつけたが、売れ残ったため定価の1割引で販売したところ、利益が66円となった。このとき、最初に見込んだ利益の割合は何％か。

最初に見込んだ利益の割合をx％とすると、定価は$1500 \times \left(1 + \dfrac{x}{100}\right)$円。

定価の1割引の値段は$1500 \times \left(1 + \dfrac{x}{100}\right) \times \left(1 - \dfrac{1}{10}\right) = 1350\left(1 + \dfrac{x}{100}\right)$であり、ここから**原価を引けば利益**になるので、

$$1350\left(1 + \frac{x}{100}\right) - 1500 = 66$$
$$x = 16$$

答え 16％

POINT 3 個数と総額

個数が題材になっても、基本的には、原価・定価・売値の関係を使って関係式を整理しよう。

> **ここで差をつける！** ▶ 文字に置き換えて式をつくる
>
> 具体的な金額が与えられていない場合は、文字に置き換えて、「個数×金額」で総額を表して関係式を立てると整理できる。

> **例題** ある商品をいくつか仕入れて、商品を定価の10％引きで売ったとき、仕入れた商品の個数の20％が売れ残っても、仕入れ総額の8％の利益が出るようにしたい。このとき、定価の仕入れ値に対する割合を求めよ。

商品1個の仕入れ値をx円、定価をy円とし、商品をa個仕入れたとする。
仕入れ総額は、ax円で表せる。
定価の10％引きの値段は、$(1 - 0.1)y = 0.9y$であり、
仕入れた商品の個数の80％は、$0.8a$個なので
売上総額は、$0.9y \times 0.8a = 0.72ay$円となる。
仕入れ総額の8％は、$0.08ax$円なので、売上−原価＝利益より
$0.72ay - ax = 0.08ax$が成り立つ。
$0.72ay = 1.08ax$

$$y = \frac{1.08}{0.72}x = 1.5x$$

よって、定価の仕入れ値に対する割合は、150％である。

答え 150％

CHAPTER

2

割合

3

売買算

1 定価で売ると1個につき300円の利益が出る商品を、定価の10%引きで20個売ったときの利益が3000円だったとき、この商品の原価はいくらか。

1200円

この商品の1個あたりの原価をx円とすると、定価は$x+300$円。
10%引きの金額は、
$(x+300) \times \left(1-\dfrac{1}{10}\right)$
$=0.9x+270$円である。
これを20個売ったときの総額は、
$(0.9x+270) \times 20 = 18x+5400$円
利益が3000円だったので、
$18x+5400-20x=3000$　が成り立つ。これを解いて、$x=1200$

2 原価300円の品物にx割の利益を見込んで定価をつけたが、売れないので定価のx割引きで売ったら27円の損になった。このとき、xの値を求めよ。

3

定価は$300 \times \left(1+\dfrac{x}{10}\right)$円なので、
定価のx割引きの値段は、
$300 \times \left(1+\dfrac{x}{10}\right) \times \left(1-\dfrac{x}{10}\right)$円
これが27円の損になるから、
$300 \times \left(1+\dfrac{x}{10}\right)\left(1-\dfrac{x}{10}\right)-300$
$=-27$が成り立つ。
$300\left(1-\dfrac{x^2}{100}\right)-300=-27$
$x^2=9$
xは正の値だから、$x=3$

3 仕入れ額に2割の利益を見込んで定価をつけたが、全く売れないので定価から25%割り引いて売ったら、すべて売れたが2000円の損になった。仕入れ額はいくらか。

2万円

仕入れ額をa円とすると、定価は、
$a \times \left(1+\dfrac{2}{10}\right)=\dfrac{6}{5}a$円
25%割り引いて売ったから、売上は
$\dfrac{6}{5}a \times \left(1-\dfrac{25}{100}\right)=\dfrac{9}{10}a$円

これが2000円の損なので、

$$\frac{9}{10}a - a = -2000 \text{ が成り立つ。}$$

$$a = 20000$$

---

4 ある商品を100個仕入れ、原価の4割の利益を見込んで定価をつけて売り出したところ、全体の4割しか売れなかった。そこで残りを定価の2割引きにしてすべて売りつくしたところ、23200円の利益を得た。この商品1個当たりの原価はいくらか。

1000円

商品1個あたりの原価を x 円とすると、1個あたりの定価は $x(1+0.4)$ $=1.4x$ と表せる。

100個仕入れたので、全体の売り上げ見込みは、$1.4x \times 100 = 140x$ と表せる。

このうち4割しか売れなかったので、最初の売上は、$140x \times 0.4 = 56x$ ……①

残り分は、全体の売上見込みから、最初の売上を引いた分であるから、$140x - 56x = 84x$ ……②

この $84x$ を2割引きにしてすべて売りつくしたので、2割引きした分の売上は、次のように表せる。

$84x \times (1 - 0.2) = 84x \times 0.8 = 67.2x$ ……③

売上の合計は、定価の売り上げと、値引き後の売り上げの合計の①＋③であるから、$56x + 67.2x = 123.2x$

売上 － 原価 ＝ 利益 より、$123.2x - 100x = 23.2x$

23200円の利益を得たので、$23.2x = 23200$

$x = 1000$ 円

問題 1

刑務官（2020年度）

ある店では、商品Aを仕入れて販売しており、設定した販売価格から仕入価格を引いたものが利益となる。この商品Aについて、販売価格を希望小売価格の2割引に設定すると利益は160円となり、販売価格を希望小売価格の3割引に設定すると利益は100円となる。このとき、商品Aの仕入価格はいくらか。

1　260円
2　280円
3　300円
4　320円
5　340円

☞解答・解説は別冊p.020

問題 2

裁判所職員（2019年度）

総額96,000円で品物何個かを仕入れ、全部を1個600円で売ると仕入れ総額の2割5分の利益が出るが、実際はそのうちの何個かを1個600円で売り、残りは1個500円で売ったので、最終的な利益は仕入れ総額の1割5分であった。1個600円で売った個数として、正しいものはどれか。

1　100個
2　102個
3　104個
4　106個
5　108個

☞解答・解説は別冊p.021

問題3

消防官Ⅰ類（2019年度）

定価で売ると1個につき400円の利益が出る商品がある。この商品を定価の10%引きで11個売ったときの利益は、定価の5%引きで6個売ったときの利益に等しい。この商品の定価として、最も妥当なものはどれか。ただし、消費税は考えないものとする。

1　2,100円
2　2,200円
3　2,300円
4　2,400円
5　2,500円

☞解答・解説は別冊p.021

4 濃度算

STEP 1 要点を覚えよう！

POINT 1 濃度算における関係式

　濃度算における**濃度**とは、食塩水の量全体に占める食塩の量の割合を表したものである。公式を押さえておこう。

食塩の量＝食塩水の量×濃度
濃度＝食塩の量÷食塩水の量

> 例題　濃度3％の食塩水200gに含まれる食塩の量は何gか。

$$食塩の量 = \underset{食塩水の量}{200} \times \underset{濃度}{\frac{3}{100}} = 6$$

答え 6 g

> 例題　4gの食塩を196gの水に溶かすと濃度は何％になるか。

できた食塩水の量は、4＋196＝200gなので、

$$濃度 = \underset{食塩の量}{4} \div \underset{食塩水の量}{200} = \frac{2}{100} = 2％$$

答え 2 ％

　食塩水は、食塩と水を混ぜたものだから、食塩水の量は、食塩の量と水の量の合計になるよ。濃度算は食塩の量の合計に着目して解くのが基本だから、必ず理解しておこう。

POINT 2 てんびん算

濃度の問題は、左ページの関係式を使って解くこともできるが、**てんびん算**を利用すると、より速く解くことができる。てんびん算では、てんびんの横の棒（うでと呼ぶ）の位置で濃度を表し、てんびんのおもりを量として考える。**てんびんが釣り合っている位置が混ぜ合わせた食塩水の濃度になる**。

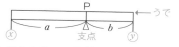

てんびんのうでの両端に、重さがそれぞれx、yのおもりがぶらさがっていて、支点Pでつり合っているとき、次の関係が成り立つ。

$$x : y = b : a \qquad ax = by$$

ここで差をつける！ うでの長さの比と重さの比

うでの**長さの比**と、おもりの重さの比は、**逆比**の関係にある。これを覚えておくだけで、**濃度問題はより速く解くことができる**。

濃度問題が出てきたら、まずはてんびんを書いて図式化してみよう。食塩水以外にも、砂糖水や、合金などの濃度問題があるよ。

例題　濃度10％の食塩水120gに食塩を加えて濃度20％の食塩水にしたい。食塩は何g加えればよいか。

加える食塩の量をxgとする。

上図のてんびんは濃度10％の食塩水120gと食塩xgを加えて支点の位置で濃度20％の食塩水になったことを表している。**うでの長さの比**は

$(20-10) : (100-20) = 10 : 80 = 1 : 8$

重さの比は逆比なので、（濃度10％）：（濃度100％）＝8：1となり、$120 : x = 8 : 1$が成り立つ。

$8x = 120$

$x = 15$

<u>答え 15 g</u>

1 6gの食塩を溶かして濃度15%の食塩水をつくるには何gの水が必要か。

34g

食塩水の量をxgとおくと、そのうちの15%が食塩6gなので、

$$x \times \frac{15}{100} = 6 が成り立つ。$$

x＝40gとなり、そのうち6gは食塩なので、水は残りの40－6＝34gである。

2 濃度15%の食塩水160gに食塩を加えて濃度20%の食塩水にしたい。加える食塩の量は何gか。

10g

加える食塩の量をxgとおいて、食塩の量で式を立てるとよい。

濃度15%の食塩水160gに溶けている

食塩の量は$160 \times \dfrac{15}{100}$ gであり、

食塩をxg加えた結果、食塩水の量は160＋x（g）になる。

濃度20%の食塩水160＋x（g）に溶けている食塩の量は、

$(160＋x) \times \dfrac{20}{100}$ gなので、以下の式が成り立つ。

$$160 \times \frac{15}{100} ＋ x = (160＋x) \times \frac{20}{100}$$

$$24＋x = 32＋\frac{1}{5}x$$

$$\frac{4}{5}x = 8$$

$$x = 10 g$$

3 濃度6%の食塩水と濃度14%の食塩水を混ぜて、9%の食塩水を400g作りたい。このとき、濃度6%の食塩水は何g必要か。

250g

てんびん算で解くと、次のような図が書ける。

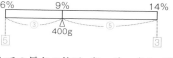

うでの長さの比は $(9-6):(14-9)$ $=3:5$ となり、重さの比は逆比なので、（濃度6%）：（濃度14%）$=5:3$ である。

よって、400gを5：3に8等分したうちの5つ分が6%の食塩水の量なので、$400 \times \dfrac{5}{5+3} = 250$ g である。

---

4 合金Aはその質量の95%の鉄を含み、合金Bはその質量の45%の鉄を含む。この2種類の合金を溶かして混ぜ、鉄を60%含む合金を200gつくるときの合金Aの質量は何gか。

60g

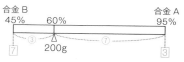

図のてんびんは、合金Aと合金Bを溶かして混ぜ、鉄を60%含む合金を200gつくったことを表している。

うでの長さの比は、$(60-45):$ $(95-60)=15:35=3:7$

重さの比はその逆の、（合金B）：（合金A）$=7:3$ である。

合わせて200gの合金ができるから、

合金Aの量は、$200 \times \dfrac{3}{7+3} = 60$ g

STEP 3 過去問にチャレンジ！

問題1

果汁20％のグレープジュースに水を加えて果汁12％のグレープジュースにした後、果汁4％のグレープジュースを500g加えて果汁8％のグレープジュースになったとき、水を加える前のグレープジュースの重さとして、正しいものはどれか。

1　200g
2　225g
3　250g
4　275g
5　300g

☞解答・解説は別冊p.022

問題2

濃度の異なる2種類の食塩水A、Bがある。いま、AとBを1：2の割合で混ぜたところ濃度10％の食塩水ができ、AとBを2：1の割合で混ぜたところ濃度15％の食塩水ができた。このとき、Bの濃度はいくらか。

1　5％
2　10％
3　15％
4　20％
5　25％

☞解答・解説は別冊p.022

問題3

濃度のわからない食塩水Ａと濃度4％の食塩水Ｂがいずれも100gずつある。食塩水Ａの半分を食塩水Ｂに混ぜ合わせる。次に、混ぜ合わせた後の食塩水Ｂの半分を食塩水Ａに混ぜ合わせる。このときできた食塩水の濃度が6％であるとき、食塩水Ａと食塩水Ｂを混合する前の食塩水Ａの濃度に近いものとして、最も妥当なものはどれか。

1　6.7％
2　6.9％
3　7.1％
4　7.3％
5　7.5％

☞解答・解説は別冊p.023

問題 4

裁判所職員（2021 年度）

濃度25％の食塩水200ｇがある。この食塩水から何ｇかを捨てて、同じ量の水を補った。さらに最初に捨てた食塩水の2倍を捨て、捨てた分だけ水を補ったところ、濃度が12％になった。このとき、最初に捨てた食塩水の量として正しいものはどれか。

1　40g
2　50g
3　60g
4　70g
5　80g

☞解答・解説は別冊 p.024

CHAPTER

場合の数・確率

この章で学ぶこと

○ 数的処理全体でも重要なテーマの一つ

数的処理全体の中でも最も重要なテーマといえるのが、**場合の数・確率**です。なぜなら、どんな試験でもほぼ確実に出題があり、試験種によっては複数問出ることすらあるからです。対策を進めるうえで、場合の数・確率を避けることはあり得ないといってよいでしょう。苦手な受験生であっても、**単純な問題は最低限解けるようにしておく**のが重要です。本試験ではかなり単純で、ほとんど公式に当てはめるだけのような問題が出てくることもあります。

○ 場合の数は確率を理解するうえでも前提の知識になる

場合の数と確率は、基本的に**セットで学習する**ことが必須です。場合の数からまずは学習したうえで、その知識や考え方を前提にして確率を学習することになるからです。したがって、試験によっては確率のほうが出題頻度が高くて、場合の数がほとんど出題されない……という試験種もあるかもしれませんが、必ず両者を合わせて学習することは忘れないようにしましょう。

○ 場合の数も確率も、原則は基本事項の確認から

特に強調しておきたいのは、場合の数も確率も**基本の確認**を怠らないことです。どちらも本試験での出題は基本事項だけで解ける出題が多く、他のテーマの文章題と同様、結局はシチュエーションのひねりで難易度を上げてくることが大半です。特に国家公務員試験になると、一見してわかりにくい複雑な設定の問題が出てくることがありますが、実際に解いてみると基本知識だけで解ける問題であることが多いといえます。

確かに、場合の数にも同じものを含む順列など、確率にも条件付き確率などの応用テーマがありますし、出題もされているのですが、**基本事項だけで解ける問題**のほうが出題頻度は高くなっています。くれぐれも基本事項をおろそかにすることのないように学習を進めてください。

きめる！ 試験別対策

国家一般職

確率の問題はほぼ毎年のように出題される。特に設定のひねりがあるので注意したい。なお、国家公務員試験の場合、条件付き確率や期待値も出題されるので、可能な限りここまで学習を進めておきたい。

国家専門職

国家一般職と同様、ほぼ毎年のように確率が出題される。条件付き確率や期待値も出題実績があるので注意してほしい。場合の数も出ることがあり、場合分けさえできれば得点しやすいものもある。そのような問題は必ず得点できるように準備しておく必要がある。

地方上級

ほぼ毎年のように確率が出題される。ただし、場合の数になることもある。どちらにしても難易度は低いことが多いので、狙って得点したいテーマである。

裁判所職員

国家一般職や国家専門職とほぼ同様の出題傾向である。場合の数や確率は毎年のように出題され、過去には条件付き確率や期待値が出題されている。設定がひねられることが多いので、やはり注意して臨みたい。

東京都Ⅰ類

ほぼ毎年のように確率が出題され、年によっては複数問出題されることもある。しかも難易度がかなり低いことが多いので、ぜひ得点源にしたい。一方で、場合の数はほとんど出ることがない。

特別区Ⅰ類

他の試験種と比べると出題頻度はやや下がり、場合の数も確率も出ない年もある。また、確率ではなく場合の数のほうが出る年もあるので、どちらも学習を進めておく必要がある。なお、難易度はかなり低めなので、必ず取れるようにしてほしい。

市役所

確率が出題されることがあるが、他の試験種に比べて出題頻度は低い。出題されたとしても難易度は低いので、基本問題を確実に得点できるように準備しておきたい。

SECTION

1 場合の数 順列

STEP 1 要点を覚えよう！

POINT 1 場合の数

　ある事柄が起こり得る場合の総数を**場合の数**という。つまり、全部で何通りあるか、を考えるのが場合の数である。最も基本的な方法に、枝分かれで表す樹形図がある。時間はかかるが、**樹形図を描いて力業で数え上げて解答できる問題もある**ので、慣れておくとよい。たとえば、「4個の文字A、B、C、Dのうちの異なる3個を取って、1列に並べるとき、並び方は何通りあるか」という場合、下記のように樹形図が描ける。

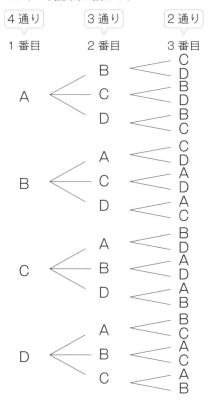

| 4通り | 3通り | 2通り |

・1番目は、どれを置いても良いので、4通り。

・2番目は、1番目で置いた文字以外の3通り。

・さらに3番目は、残りの2通り。

**これらを全てまとめると、
並び方の総数は、
4×3×2＝24通りある**

例題　ドッジボール大会の予選は全5試合のうち3試合勝てば通過できる。最初に1勝したとき、この予選を通過するための勝敗の順は何通りあるか。ただし、3勝したらそれ以降の試合はなく、試合に引き分けはないものとする。

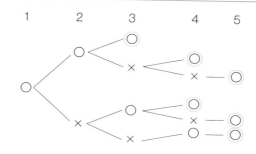

答え 6 通り

POINT 2　和の法則・積の法則

場合の数を考えるとき、以下の法則を確認しておきたい。

・和の法則……同時に起こらない事柄A、Bがあり、Aの起こり方がm通り、Bの起こり方がn通りあるとき、AまたはBの起こる場合の数は$(m+n)$通り。

・積の法則……Aの起こり方がm通りで、そのおのおのに対してBの起こり方がn通りあるとき、A、Bがともに起こる場合の数は$(m \times n)$通り。

例題　大小2個のサイコロを投げるとき、目の和が3または4になる場合の数は？

目の和が3になる場合……（大，小）＝（1，2）、（2，1）の2通り
目の和が4になる場合……（大，小）＝（1，3）、（2，2）、（3，1）の3通り
したがって、目の和が3または4になる場合の数は、和の法則より
2＋3＝5通り

答え 5 通り

例題　大小2個のサイコロを投げるとき、2個とも目が偶数となる場合の数は？

大のサイコロの目……2、4、6の3通り
小のサイコロの目……2、4、6の3通り
したがって、2個とも偶数となる場合の数は、積の法則より
3×3＝9通り

答え 9 通り

CHAPTER 3　場合の数・確率

1　場合の数　順列

POINT 3 順列

異なるものの中から一部を選んで順序をつけて並べるとき、この並びを**順列**という。積の法則を理解したうえで、公式を覚えるとよい。

> 例題 6人の生徒から3人を選んで1列に並べるときの並べ方は何通りあるか。

まず1人目は6人から選ぶので6通り、2人目は1人目以外の5人から選ぶので5通り、3人目は1人目・2人目以外の4人から選ぶので4通りある。同時に並べるので、**積の法則**を6×5×4＝120通りである。

答え **120** 通り

これを公式にしたものが、以下の「**異なるn個からr個選んで並べる**」順列の公式である。

$$_n\mathrm{P}_r = n(n-1)(n-2) \cdots\cdots (n-r+1)$$

> 『nからカウントダウンしてr個かける』と覚えておけばよいね。

「**異なるn個からn個全てを選んで並べる**」ときは「**階乗**」という言い方もある。
$$_n\mathrm{P}_n = n!$$

> 例題 6人の生徒全員を1列に並べるときの並べ方は何通りあるか。

$$_6\mathrm{P}_6 = 6! = 6\times5\times4\times3\times2\times1 = 720$$

答え **720** 通り

POINT 4 円順列

いくつかのものを円形に並べる順列のことを**円順列**という。円順列では、回転して並びが同じであれば、それは1通りとみなす。

円順列では左図はみな同じものとみなす

異なるn個のものの円順列の総数……$(n-1)!$

> 例題 6人が6人用の円卓を囲んで座るときの並び方は何通りあるか。

$$(6-1)! = 5\times4\times3\times2\times1 = 120$$

答え **120** 通り

円順列の出題頻度は非常に低いけど、公式だけでも押さえておこう。

POINT 5 同じものを含む順列

通常の順列と異なり、同じものが含まれると、**入れ替えても見た目が同じなので1通りとしてカウントされる。**

> 例題　1、1、1、2、2、3の6個の数字全部を使ってできる6桁の整数は何通りあるか。

通常の順列であれば、$_6P_6 = 6! = 6 \times 5 \times 4 \times 3 \times 2 \times 1 = 720$通りである。しかし、**1が3個、2が2個**あり、これらは以下のように入れ替えても区別がつかない。

$1_①$　$1_②$　$1_③$　　$1_①$　$1_③$　$1_②$

$1_②$　$1_①$　$1_③$　　$1_②$　$1_③$　$1_①$

$1_③$　$1_①$　$1_②$　　$1_③$　$1_②$　$1_①$

3個の1は、$_3P_3 = 6$通りの区別がつかない

$2_①$ $2_②$　　$2_②$ $2_①$

2個の2は$_2P_2 = 2$通りの区別がつかない

よって、1は6通りが全て1通りになるので「÷6」、2は2通りが全て1通りになるので「÷2」をすればよい。$720 \div 6 \div 2 = 60$通りである。

答え **60** 通り

これを公式にしたものが、以下の「**n個のうち、同じものがa個、b個、c個…とあるものを並べる**」同じものを含む順列の公式である。

$$\frac{n!}{a! \times b! \times c! \cdots\cdots}$$

『全ての個数の階乗を、同じものの個数の階乗で割る』と覚えておけばよいね。

1 大中小の3個のサイコロを投げるとき、3つのサイコロの目の合計が6になる出方は何通りあるか。

10通り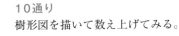

樹形図を描いて数え上げてみる。

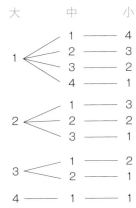

2 1つのサイコロを2回投げるとき、目の和が6の倍数になる出方は何通りあるか。

6通り

サイコロの目が6の倍数になるのは、目の和が6または12になるときである。

サイコロの目の和が6になるのは、
(1回目，2回目) = (1, 5)(2, 4)(3, 3)(4, 2)(5, 1)
の5通りである。

サイコロの目の和が12になるのは、(6, 6)の1通りだけである。

和の法則より、
5 + 1 = 6通り

3 ある店のデザートセットは、3種類のケーキと4種類のドリンクからそれぞれ1種類ずつ選べる。デザートセットは何通りあるか。

12通り

ケーキの選び方は3通り、ドリンクの選び方は4通りあり、同時に選ぶので、積の法則より、
3×4 = 12通り

4 TOUKYOUの7文字を1列に並べるとき、並べ方は何通りあるか。

1260通り

T、K、Y、O、O、U、Uの7文字のうち、同じものが入っているのはO、Uの2文字で、それぞれ2個入っているので、

$$\frac{7!}{2!2!}=\frac{7\times6\times5\times4\times3\times2\times1}{2\times1\times2\times1}=1260通り$$

---

5 20円切手が3枚、120円切手が3枚、140円切手が2枚ある。これらから合計が380円となるように任意の切手を選んで、封筒に縦一列に貼りたい。貼る切手の並べる順番は何通りあるか。ただし、同じ金額の切手どうしは区別しないものとする。

7通り

合計が380円となる切手の選び方は、次の場合がある。

（ⅰ）120円×2枚、140円×1枚のとき

切手の並べ方は、同じものを含む順列の総数になるので、

$$\frac{3!}{2!}=\frac{3\times2\times1}{2\times1}=3通り$$

（ⅱ）20円×1枚、120円×3枚のとき

切手の並べ方は

$$\frac{4!}{3!}=\frac{4\times3\times2\times1}{3\times2\times1}=4通り$$

和の法則より、貼る切手の並べ方は、3＋4＝7通り

問題 1

東京都Ⅲ類（2021年度）

各位の数がそれぞれ異なる4桁の正の整数のうち、各位の数が1～5のいずれかである整数を数の小さい方から順番に並べたとき、最も小さい整数から数えて50番目の整数として、正しいのはどれか。

1　3124
2　3125
3　3142
4　3145
5　3214

☞解答・解説は別冊 p.025

問題 2

東京都Ⅲ類（2017年度）

1～7の数字が1つずつ書かれた7枚のカードがある。これらのカードから5枚選んで5桁の整数を作るとき、5桁の整数が40000より大きい奇数となる組み合わせは全部で何通りあるか。

1　600通り
2　660通り
3　720通り
4　780通り
5　840通り

☞解答・解説は別冊 p.025

問題 3

特別区Ⅰ類（2019 年度）

TOKUBETUの8文字を並べるとき、2つのTの間に他の文字が1つ以上入る並べ方は何通りあるか。

1　1260通り
2　2520通り
3　7560通り
4　8820通り
5　10080通り

☞ 解答・解説は別冊 p.026

問題 4

裁判所職員（2019 年度）

A、B、C、D、E、Fの6文字を組み合わせたものを、アルファベット順の辞書式に並べ、1番目 ABCDEF、2番目 ABCDFE……というようにして最後の FEDCBA まで番号を付ける。このとき、CDFAEB となっているものは何番目か。

1　284番目
2　290番目
3　300番目
4　308番目
5　312番目

☞ 解答・解説は別冊 p.026

問題 5

国家専門職（2017 年度）

K、O、K、K、A、K、O、U、M、Uの10文字を横一列に並べるとき、四つの
Kが左から5番目までにすべて含まれる場合は何通りか。

1 300通り
2 450通り
3 600通り
4 900通り
5 1,200通り

☞解答・解説は別冊p.027

問題 6

裁判所職員（2020 年度）

0、1、2、3、4、5、6の数字が書いてある7枚のカードがある。そのうちの3
枚を使って3桁の整数を作るとき、偶数は何通りできるか。

1 120通り
2 115通り
3 110通り
4 105通り
5 100通り

☞解答・解説は別冊p.027

問題 7

あるインターネットサイトの会員登録のパスワードは0～9のうち異なる4つの数を組み合わせてできる4桁の数でなければならない。このサイトの会員であるAさんは、現在使用しているパスワードを変更することにした。新しいパスワードには現在使用している4つの数のうち少なくとも1つは同じ数を使いたい。このとき考えられる新しいパスワードの場合の数として、最も妥当なのはどれか。ただし、パスワードの千の位にも0を使えるものとする。

1 4678通り
2 4679通り
3 4680通り
4 4681通り
5 4682通り

☞解答・解説は別冊p.028

問題 8

A、B、C、Dの4種類の商品を組み合わせて、10個買う。どの商品も少なくとも1個買うときの組み合わせの数として、最も妥当なものはどれか。

1 20
2 45
3 84
4 120
5 286

☞解答・解説は別冊p.028

SECTION

2 場合の数　組合せ

STEP 1 要点を覚えよう！

POINT 1 組合せ

　異なるものの中から一部を選ぶとき、この選び方を**組合せ**という。順列と異なり、**選び方だけに着目して並び方は考慮しない**のが特徴である。組合せの公式は順列の公式の修正であることを押さえよう。

> 例題　5人から3人を選ぶとき、何通りの選び方があるか。

　5人から3人を選んで並べる順列なら、$_5P_3＝60$通りである。しかし、例えばA、B、Cの3人を選んで並べる場合（順列）と、選ぶだけの場合（組合せ）では、以下の違いが生じる。

選んで並べる（順列）　　　　　　　選ぶ（組合せ）

ABC	ACB
BAC	BCA
CAB	CBA

（ABC）

6通りとしてカウントされるものが…　　1通り**しかない**

　よって、6通りのものを1通りにまとめるため、**6で割る**必要がある。
$60÷6＝10$通りである。

答え **10 通り**

　このように順列の公式を修正したのが、以下の「**異なるn個からr個選ぶ**」組合せの公式である。

$$_nC_r＝\frac{_nP_r}{r！}$$

> **ここで差をつける！** ► 重複するものが出てきたら割り算をする
> 以前に学習した同じものを含む順列でも紹介したとおり、「**重複してカウントしているものがあったら割る**」と覚えておくとよい。

POINT 2 $_nC_r$ の性質

たとえば、1、2、3、4、5の5個の数字から、3個の数字を選ぶことは、**選ばない2個を決める**ことと同じである。よって、5個から3個を選ぶ組合せの総数と、5個から2個を選ぶ組合せの総数は等しくなるので、次の式が成り立つ。

$_nC_r$ の性質

$$_nC_r = {_n}C_{n-r}$$

> 例題　10曲あるうちから、6曲を選んで演奏する場合、演奏曲の選び方は何通りあるか。

$$_{10}C_6 = {_{10}}C_4 = \frac{10 \times 9 \times 8 \times 7}{4 \times 3 \times 2 \times 1} = 210$$

答え 210 通り

POINT 3 組合せの考え方の応用

組合せの考え方を利用すると、いろいろな場合の数を求めることができる。

> 例題　正八角形について、頂点のいずれかを結んで三角形をつくる。
> 三角形は何個つくれるか。

正八角形の8個の頂点をそれぞれABCDEFGHとおく。この中から3つを選んで頂点にすれば三角形が1つできるので、**何組の選び方があるかで、三角形の個数がわかる。**
よって、三角形の個数は、

$$_8C_3 = \frac{8 \times 7 \times 6}{3 \times 2 \times 1} = 56$$

答え 56 個

特に国家系の試験では、設定がひねられる問題が多いから、状況を正しく読み取って計算しよう。

1 4本の平行線と、それとは別の3本の平行線とが交わっている。この中に平行四辺形はいくつ含まれているか。

18個

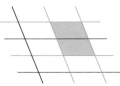

横に4本、縦に3本の平行線を考えると、この中に平行四辺形を作るためには、横から2本、縦から2本を選べば、1つの平行四辺形ができる。横4本から2本を、縦3本から2本を選ぶので、

$$_4C_2 \times _3C_2 = \frac{4 \times 3}{2 \times 1} \times \frac{3 \times 2}{2 \times 1} = 6 \times 3 = 18個$$

2 正八角形の頂点を結んでできる対角線の本数は何本か。

20本

正八角形の頂点を結ぶ線分は、線分の端と端の2点を選べばよい。8つの頂点から2つを選ぶので、

$$_8C_2 = \frac{8 \times 7}{2 \times 1} = 28本ある。$$

ただし、ここには正八角形の8本の辺も含まれ、これらは対角線にならないので、その分を引いて、

$$28 - 8 = 20本$$

これはOK

これはダメ

3 赤、青、白のカードがそれぞれ3枚ずつある。これらのカードの中から3枚を選び、左から右へ順に並べていく。赤の次は必ず青のカード、青の次は必ず白のカードを並べるものとする。このとき、カードの並べ方の場合の数は何通りか。ただし、同じ色のカードどうしは区別がつかないものとする。

9通り
赤の次は必ず青、青の次は必ず白なので、カードの並べ方を書き出すと、
赤青白、青白赤、青白青、青白白、
白赤青、白青白、白白赤、白白青、
白白白
の9通りである。

4 下の図で、赤、青、黄、緑の4色の色鉛筆を用いて、隣り合う部分が異なる色になるように4か所を塗り分けるとき、塗り分け方の総数は何通りあるか。ただし、使わない色があってもよいものとする。

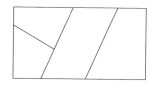

72通り

上図のように、4か所をA、B、C、Dとする。
Aの塗り方は、4通り。
Bの塗り方は、Aの色以外の3通り。
Cの塗り方は、AとBの色以外の2通り。
Dの塗り方は、Cの色以外の3通り。
よって、4×3×2×3＝72通り

過去問にチャレンジ！

問題 1

裁判所職員（2022年度）

1、1、2、3、4、5と5種類の数字を記した6枚のカードがある。そのうちの3枚を使って3桁の数を作るとき、3の倍数は何個できるか。

1　18個
2　21個
3　24個
4　27個
5　30個

☞解答・解説は別冊p.029

問題 2

裁判所職員（2017年度）

A～Fの6人を3つの班に分ける方法は何通りあるか。ただし、3つの班の順番は区別せず、例えば {A，(B，C)，(D，E，F)} と {A，(D，E，F)，(B，C)} は同じ分け方と考える。

1　60通り
2　75通り
3　90通り
4　105通り
5　120通り

☞解答・解説は別冊p.029

問題3

あるレストランには、前菜、肉料理、魚料理、サラダ、スープ、デザートの6種類の料理がある。これらのうちから、2種類以上を組み合わせて食事をするとき、その組み合わせは何通りか。ただし、サラダ、スープ、デザートのうちから、2種類以上を選択することはないものとする。

1　22通り
2　25通り
3　28通り
4　31通り
5　34通り

☞解答・解説は別冊p.030

問題4

あるイベント会場に、職員8人、アルバイト4人の合わせて12人のスタッフがいる。4人のスタッフが1グループとなって受付業務を行うが、そのうちの1人は必ず職員でなければならない。1グループが1日ずつ受付業務を行うとき、異なるグループで受付業務を行うことができるのは最大で何日間か。
ただし、グループのスタッフ4人のうち少なくとも1人が異なれば、異なるグループとして数えるものとする。

1　106日間
2　212日間
3　392日間
4　494日間
5　848日間

☞解答・解説は別冊p.031

裁判所職員（2022年度）

ある美術館の受付窓口の前に、500円の入場チケットを求めて、8人が一列に並んでいる。8人のうち500円硬貨1枚で払う人が4人、千円札1枚で払う人が4人いる。受付の者は、お釣りとして500円硬貨を1枚しか用意していない。

このとき、受付の者が、千円札で払ったすべての人に500円硬貨でお釣りを返すことができる並び方は何通りあるか。

1　42通り
2　49通り
3　56通り
4　63通り
5　70通り

☞解答・解説は別冊p.031

問題 6

警察官 I 類（2022 年度）

下図のような縦横4×4マスの盤があり、縦横それぞれの列に1〜4までの数字を同じ数字が重複しないように、すべてのマスに入れることとする。図のように既に数字が入っているとき、残りの空マスを数字で埋める組み合わせの数として、最も妥当なものはどれか。

		2	
1			
		3	
	4		

1　1通り
2　2通り
3　3通り
4　4通り
5　5通り

☞解答・解説は別冊 p.032

SECTION

3 場合の数　道順・最短経路

STEP 1 要点を覚えよう！

POINT 1　場合の数を書き込んでみる

　道順・最短経路の問題とは、格子状に並んだ図形上に地点があって、地点間のルートの**最短経路は何通りあるか**等を求める問題である。問題によっては、通れない道があるなど、複雑な条件が入るものがあるが、そのルートや交差点を通る**場合の数を、碁盤の目に書き入れて考えていく**と答えにたどりつける。

> **例題**　次の図のような、直角に交わる道路がある。点Aを出発して点Pを通り点Bへ行くとき、点Aから点Bまで遠回りせずに行く経路は何通りか。
>
>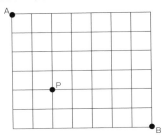

　以下のポイントに注意して、各交差点や曲がり角に場合の数を書き入れていけばよい。

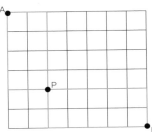

① 　スタート地点からゴール地点までの向きから、最短方向を確認する。本問は点Aから点Bまで右下に進むので、最短方向は**下か右に**しか進まないことがわかる。

② 　点Aから点P、点Pから点Bへ進むので、最短で進むためには**右で示した範囲しか通らない**ことを確認する。

③ 　スタート地点からまっすぐ最短方向でたどり着く部分は、1通りしか進み方がないので「1」と書く。

④ 　その他の各交差点や曲がり角については、

（ⅰ）　向かってくる最短方向が1方向しかない場合は向かってくる数字と同じものを書き入れる。

（ⅱ）　向かってくる最短方向が2方向ある場合は向かってくる数字を足して書

き入れる。

これを繰り返すと、以下のように書き入れることができ、315通りであることがわかる。

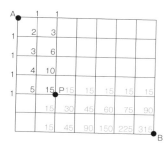

答え 315 通り

POINT 2　組合せの公式を使う

先ほどの例のように、右か下にしか進まないので、道路の本数から右（→）か下（↓）を選ぶ組合せとしても計算することができる。

点Aから点Pまで、交差点や曲がり角で道路を区切ると全部で6本あり、そこから右に2本、下に4本進めば点Pにたどり着ける。

したがって、道路6本から右に2本を選び、残る道路4本から下に4本を選べばよいので、$_6C_2 \times _4C_4 = 15 \times 1 = 15$通りある。

同じく点Pから点Bまで、交差点や曲がり角で道路を区切ると全部で7本あり、そこから右に5本、下に2本進めば点Bにたどり着ける。

したがって、道路7本から右に5本を選び、残る道路2本から下に2本を選べばよいので、$_7C_5 \times _2C_2 = 21 \times 1 = 21$通りある。

よって、点Aから点Pへ進み、さらに点Pから点Bへ進むので、積の法則より最短の経路は$15 \times 21 = 315$通りある。

答え 315 通り

同じ道を何度も通れるような問題なら組合せの公式も使えるけど、最短経路の設定であれば、場合の数を書き込んで解いたほうが楽だよ。

1 下の図のような正方形で区画された土地がある。地点Aから地点Bまで、遠回りをしないで行く最短の道順は、何通りあるか。

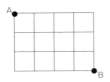

35通り

場合の数を書き出していくと、以下のようになる。

組合せの公式であれば、AからBまで道路が7本あるうち、右に4本、下に3本通ればたどり着けるので、$_7C_4 \times _3C_3 = 35$通りである。

2 下の図のような街路がある。このとき、地点Aから地点Pを通って地点Bまでいく最短の道順は何通りあるか。

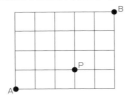

40通り

場合の数を書き出していくと、以下のようになる。

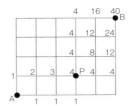

組合せの公式であれば、地点Aから地点Pまで道路が4本あるうち、上に1本、右に3本通ればたどり着けるので、$_4C_1 \times _3C_3 = 4$通りある。さらに地点Pから地点Bまで道路が5本あるうち、上に3本、右に2本通ればたどり着けるので、$_5C_3 \times _2C_2 = 10$通りある。

よって、$4 \times 10 = 40$通りである。

3 左記**2**の街路において、地点Aから地点Pを通らずに地点Bまで行く最短の道順は何通りあるか。

86通り

場合の数を書き出していくと、以下のようになる。

地点Pを通らないので、地点Pにつながる道を消して書き入れるとよい。

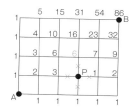

組合せの公式であれば、まずAからBまで道路が9本あるうち、上に4本、右に5本通ればたどり着けるので、$_9C_4 \times _5C_5 = 126$通りである。

ここから、地点Pを経由してBまでいく**2**で求めた40通りを引けば、残りがPを通らない場合の数になる。

$126 - 40 = 86$通りである。

4 下の図において、地点Aから出発し、地点Bを通って地点Cを通らずに、地点Dまで行く最短距離の経路の数は何通りか。

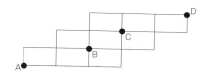

9通り

道路がややこしいので、組合せの公式よりも場合の数を書き出して解いたほうがよい。

書き出すと以下のようになる。

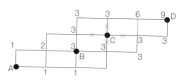

図より、求める最短経路は9通りである。

STEP 3 過去問にチャレンジ！

問題 1

東京都 I 類（2022 年度）

下の図のように、縦方向と横方向に平行な道路が、土地を直角に区画しているとき、最短ルートで、地点 A から地点 X を通って地点 B まで行く経路は何通りあるか。

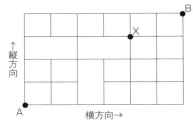

1 48通り
2 49通り
3 50通り
4 51通り
5 52通り

☞解答・解説は別冊 p.033

問題 2

警察官 I 類（2021 年度）

下の図のように、平らな土地が道路によって、同じ大きさの正方形で区画されている。このとき、点 A から出発して点 B を通り点 C までを最短距離で結ぶ経路の数として、最も妥当なものはどれか。ただし、図中の L 地点は左折禁止、R 地点は右折禁止とする。

1 893通り
2 1350通り
3 1530通り
4 1575通り
5 1785通り

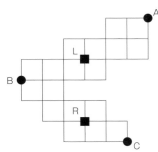

☞解答・解説は別冊 p.033

問題3

裁判所職員（2022年度）

下の図のような街路がある。このとき、S地点から出発しG地点に到達する道順は何通りあるか。ただし、遠回りはしてもよいが、同じ道や同じ交差点を通ることは許されないものとする。

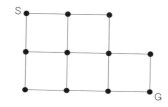

1 21通り
2 22通り
3 23通り
4 24通り
5 25通り

☞解答・解説は別冊p.034

SECTION

4 確率　基本

STEP 1 要点を覚えよう！

POINT 1 確率とは

サイコロを振ったり宝くじを引くなどの試行を行うときに、事象（出来事）が起こる可能性や割合のことを**確率**という。

たとえば、サイコロを1個振って1の目が出る確率は $\dfrac{1}{6}$ と表される。これを一般化すると、確率は

$$\dfrac{該当する場合の数}{全ての場合の数}$$

で表すことができる。

> 例題　サイコロを1回投げるとき、偶数が出る確率を求めよ。

サイコロには1の目から6の目まで6通りの出方があるので、「全ての場合の数」は6通り。

また、偶数が出るのは2、4、6の目のどれかが出るときなので、「該当する場合の数」は3通り。

よって、偶数が出る確率は $\dfrac{3}{6} = \dfrac{1}{2}$ となる。

答え $\dfrac{1}{2}$

ここで <ruby>差<rt></rt></ruby>きめる！ ▶ 確率では分数を作ればよい

確率の問題が出てきたら、まずは分母の「全ての場合の数」と分子の「該当する場合の数」をそれぞれ求めて、分数を作ればよい！

POINT 2 確率における注意点

確率では、**区別のつかないものであっても異なるものとしてカウントして分数を作る**必要がある。

> 例題　宝くじが10本あり、そのうち1本が当たりくじであるとき、ここから1本引いたときに当たりくじが出る確率はいくらか。

宝くじには当たりとはずれの2種類のくじしかないが、「全ての場合の数」は**2通りではない**。

はずれくじ9本は同じはずれではあるが、現に異なるはずれくじとして存在しているので、**区別がつかなくても異なるものとしてカウントしなければならない**。

よって、宝くじには当たり1本とはずれ9本の計10本があるので「全ての場合の数」は10通り、そのうち1本が当たりなので「該当する場合の数」は1通り、当たる確率は $\dfrac{1}{10}$ となる。

答え　$\dfrac{1}{10}$

POINT 3　場合の数の求め方

確率の分数を作るためには、「**全ての場合の数**」と「**該当する場合の数**」を求める必要がある。数え上げる問題もあれば、組合せなどの公式を使うケースもある。

> 例題　袋の中に、数字の異なる9枚のカードが入っており、その中に4枚だけ絵札が入っている。2枚引いたとき、2枚とも絵札である確率はいくらか。

9枚のカードの中から2枚引く場合の数は、

$$_9C_2 = \frac{9 \times 8}{2 \times 1} = 36 通り$$

4枚の絵札から2枚とも絵札を引く場合の数は、

$$_4C_2 = \frac{4 \times 3}{2 \times 1} = 6 通り$$

よって、求める確率は、$\dfrac{6}{36} = \dfrac{1}{6}$

答え　$\dfrac{1}{6}$

「該当する場合の数」の求め方は複雑な場合があるので、Step2で色々な問題を解いて慣れていこう。

1 2つのサイコロを同時に投げた時、出た目の数の和が4の倍数となる確率はいくらか。

$\dfrac{1}{4}$

2つのサイコロを同時に投げた時の出る目の全ての場合の数は、

$6^2 = 36$ 通り

出た目の数の和は2以上12以下であり、その中から4の倍数を考えると、4の倍数は

4、8、12の3つ。

（ⅰ）4のとき

$(1, 3)$、$(2, 2)$、$(3, 1)$ の3通り。

（ⅱ）8のとき

$(2, 6)$、$(3, 5)$、$(4, 4)$、$(5, 3)$、$(6, 2)$ の5通り。

（ⅲ）12のとき

$(6, 6)$ の1通り。

該当する場合の数は、$3 + 5 + 1 = 9$ 通りあるので、

$\dfrac{9}{36} = \dfrac{1}{4}$

---

2 白玉が16個、赤玉が4個入った袋がある。ここから玉を2個取り出したとき、2個とも赤玉が出る確率はいくらか。

$\dfrac{3}{95}$

玉は全部で$16 + 4 = 20$個なので、この中から玉を2個取り出す場合の数は、

$_{20}C_2 = \dfrac{20 \times 19}{2 \times 1} = 190$ 通り

4個の赤玉から、2個の赤玉を取り出す場合の数は、

$_4C_2 = \dfrac{4 \times 3}{2 \times 1} = 6$ 通り

よって、2個とも赤玉が出る確率は、

$\dfrac{6}{190} = \dfrac{3}{95}$

3 ある箱の中に、1から200までの番号が1つずつ書かれたボール200個が入っている。今、この箱の中から1個のボールを取り出すとき、取り出したボールの番号が3又は4で割り切れる確率を求めよ。

$$\frac{1}{2}$$

1以上200以下の整数のうち、3の倍数、4の倍数の個数を確認する。それぞれ割り算することで倍数の個数は求められる。

3の倍数は$200 \div 3 = 66 \cdots 2$より**66**個ある。また、4の倍数は$200 \div 4 = 50$より**50**個ある。

しかし、上記のうち3の倍数でもあり4の倍数でもある数、つまり12の倍数はここで二重にカウントしてしまっているので、引かなければならない。12の倍数は$200 \div 12 = 16 \cdots 8$より**16**個ある。

したがって、3または4で割り切れる整数は、$66 + 50 - 16 = $**100**個ある。「全ての場合の数」は200通り、そのうち「該当する場合の数」は100通りなので、求める確率は、$\dfrac{100}{200} = \dfrac{1}{2}$

問題 1

東京都Ⅰ類（2017 年度）

白組の生徒10人、赤組の生徒7人及び青組の生徒6人の中から、くじ引きで3人の生徒を選ぶとき、白組、赤組及び青組の生徒が1人ずつ選ばれる確率として、正しいものはどれか。

1　$\dfrac{420}{12167}$

2　$\dfrac{10}{253}$

3　$\dfrac{60}{253}$

4　$\dfrac{1}{3}$

5　$\dfrac{43}{105}$

☞解答・解説は別冊 p.035

問題 2

警察官Ⅰ類（2021 年度）

大中小の3個のサイコロを同時に投げるとき、出た目の数の和が8の倍数になる確率として、最も妥当なものはどれか。

1　$\dfrac{1}{12}$

2　$\dfrac{1}{8}$

3　$\dfrac{11}{72}$

4　$\dfrac{7}{36}$

5　$\dfrac{17}{72}$

☞解答・解説は別冊 p.035

問題3

20本のくじの中に、当たりくじが3本入っている。ここから同時に2本のくじを引いたとき、当たりくじが1本のみ含まれている確率として、正しいものはどれか。

1 $\dfrac{24}{95}$

2 $\dfrac{49}{190}$

3 $\dfrac{5}{19}$

4 $\dfrac{51}{190}$

5 $\dfrac{26}{95}$

☞解答・解説は別冊 p.036

問題4

①から⑨までの数字が一つずつ書かれた9枚のカードから5枚のカードを同時に取り出す。この5枚を数字の小さい順に左から一列に並べたとき、左から2番目に⑤のカードがある場合の確率として正しいものはどれか。

1 $\dfrac{5}{126}$

2 $\dfrac{2}{21}$

3 $\dfrac{8}{63}$

4 $\dfrac{2}{7}$

5 $\dfrac{4}{9}$

☞解答・解説は別冊 p.036

問題5

警察官Ⅰ類（2017年度）

袋の中に赤い玉、白い玉が合わせて8個入っている。この袋の中から玉を2個同時に取り出すとき、赤い玉と白い玉が1個ずつ出る確率が $\dfrac{3}{7}$ であるという。このとき、赤い玉の個数として、最も妥当なものはどれか。

1　2個
2　3個
3　6個
4　2個または3個
5　2個または6個

☞解答・解説は別冊p.037

問題 6

箱の中に同じ大きさの7個の玉があり、その内訳は青玉が2個、黄玉が2個、赤玉が3個である。この中から玉を1個ずつ取り出して左から順に横一列に7個並べるとき、色の配置が左右対称となる確率はいくらか。

1　$\dfrac{1}{105}$

2　$\dfrac{2}{105}$

3　$\dfrac{1}{35}$

4　$\dfrac{4}{105}$

5　$\dfrac{1}{21}$

☞解答・解説は別冊p.037

SECTION

5

確率
加法定理・乗法定理・余事象

STEP 1 要点を覚えよう！

POINT 1 加法定理

同じ場面で同時に起こらない事象については、確率を足すことでまとめられる。つまり、場合の数で学習した「和の法則」と同じことが確率でもいえる。

> 例題 サイコロを1個投げるとき、偶数または1が出る確率を求めよ。

偶数が出る確率は $\dfrac{3}{6}$、1が出る確率は $\dfrac{1}{6}$ であり、この2つの事象は**同じ場面で同時に起こらない**。したがって、偶数または1が出る確率は足すことでまとめられる。

$$\frac{3}{6} + \frac{1}{6} = \frac{4}{6} = \frac{2}{3}$$

答え $\dfrac{2}{3}$

POINT 2 乗法定理

同じ場面で同時に起こる事象については、確率をかけることでまとめられる。つまり、場合の数で学習した「積の法則」と同じことが確率でもいえる。

> 例題 1個のサイコロを3回連続で投げた時、3回とも6以外の目が出る確率を求めよ。

サイコロを1個振って6以外の目が出る確率は $\dfrac{5}{6}$ である。これは1回目から3回目まで全て同じ $\dfrac{5}{6}$ の確率で起きることなので、これが同じ場面で生じる確率は、かけ算をすればまとめられる。

$$\frac{5}{6} \times \frac{5}{6} \times \frac{5}{6} = \frac{125}{216}$$

答え $\dfrac{125}{216}$

確率の加法定理・乗法定理は、場合の数で学んだ和の法則・積の法則（参79ページ）と併せてよく理解しておこう。
　特に乗法定理は、今後学習する反復試行においても登場する重要な知識になるよ。どういう状況が同じ場面で起きているのかを正しく捉えよう。

POINT 3　余事象

　ある事象に「**該当しない事象**」のことを**余事象**という。「全体の確率」から「該当しない事象の起こる確率」を引くことで、「該当する事象の起こる確率」を求めるという流れがよく登場するので、押さえておきたい。なお「全体の確率」とは100％、つまり1である。

　該当する事象の確率＝1－該当しない事象の確率

> 例題　2個のサイコロを投げるとき、少なくとも1個は奇数が出る確率を求めよ。

　「**少なくとも1個は奇数が出る**」という事象は、「**2個とも偶数が出る**」という事象の余事象であるから、

$$1 - \left(\frac{3}{6} \times \frac{3}{6} \right) = \frac{3}{4}$$

2個とも偶数が出る確率

答え　$\dfrac{3}{4}$

ここで前き的る！▶ 該当しない事象を考える

直接該当する事象の確率を求めるよりも、それ以外の事象、つまり該当しない事象の確率を求める方が、楽に解ける場合がある！

　余事象は、場合の数でも出てきた解き方のコツなので、必ず押さえておこう。
　余事象が使えるかどうかは一見わかりにくいことも多いから、まずは通常どおりの場合分けをしてみて、手間がかかりそうなら余事象の計算に切り替えるといいよ。

1 Xの袋には赤玉4個と白玉3個、Yの袋には赤玉2個と白玉4個が入っている。X、Yの袋から1個ずつ玉を取り出すとき、ともに同じ色の玉を取り出す確率を求めよ。

$\dfrac{10}{21}$

ともに赤を取り出す場合と、ともに白を取り出す場合に場合分けをして考えればよい。

（ⅰ）ともに赤玉を取り出す場合
Xでは全7個から赤4個のどれかを取り出し、Yでは全6個から赤2個のどれかを取り出すので、

$\dfrac{4}{7} \times \dfrac{2}{6} = \dfrac{4}{21}$

（ⅱ）ともに白玉を取り出す場合
Xでは全7個から白3個のどれかを取り出し、Yでは全6個から白4個のどれかを取り出すので、

$\dfrac{3}{7} \times \dfrac{4}{6} = \dfrac{2}{7}$

（ⅰ）、（ⅱ）は同じ場面で同時に起こらないので、加法定理より、

求める確率は、$\dfrac{4}{21} + \dfrac{2}{7} = \dfrac{10}{21}$

2 A、B、Cの3人がある試験を受けるとき、A、B、Cの合格する確率はそれぞれ$\dfrac{4}{5}$、$\dfrac{3}{4}$、$\dfrac{2}{3}$とする。このとき、A、B、Cのうち、Aを含めた2人だけが合格する確率を求めよ。

$\dfrac{1}{3}$

Aを含めた2人だけが合格するのは、AとBが合格する場合と、AとCが合格する場合がある。

（ⅰ）AとBが合格してCが不合格となるとき

Cが合格する確率は$\dfrac{2}{3}$なので、不合格になる確率は$1 - \dfrac{2}{3} = \dfrac{1}{3}$である。

したがって、$\dfrac{4}{5} \times \dfrac{3}{4} \times \dfrac{1}{3} = \dfrac{1}{5}$である。

（ⅱ）AとCが合格してBが不合格
となるとき

Bが合格する確率は$\dfrac{3}{4}$なので、不合

格になる確率は$1-\dfrac{3}{4}=\dfrac{1}{4}$である。

したがって、$\dfrac{4}{5}\times\dfrac{1}{4}\times\dfrac{2}{3}=\dfrac{2}{15}$である。

（ⅰ）、（ⅱ）より求める確率は、

$$\dfrac{1}{5}+\dfrac{2}{15}=\dfrac{5}{15}=\dfrac{1}{3}$$

3 ある大学の弓道部員A、B、Cの3人の射る矢が的に当たる確率は、それぞれ$\dfrac{1}{3}$、$\dfrac{2}{5}$、$\dfrac{3}{4}$である。この3人がそれぞれ矢を1本ずつ射るとき、少なくとも2人の矢が的に当たる確率はいくらか。

$$\dfrac{29}{60}$$

的に当たる人数が2人のときと3人のときで場合分けをする。

なお、A、B、Cが的に当たる確率はそれぞれ$\dfrac{1}{3}$、$\dfrac{2}{5}$、$\dfrac{3}{4}$なので、外れる確率はそれぞれ$\dfrac{2}{3}$、$\dfrac{3}{5}$、$\dfrac{1}{4}$である。

（ⅰ）的に当たる人数が2人のとき
的に当たる2人は3通りある。

AとBが当たる：$\dfrac{1}{3}\times\dfrac{2}{5}\times\dfrac{1}{4}=\dfrac{1}{30}$

AとCが当たる：$\dfrac{1}{3}\times\dfrac{3}{5}\times\dfrac{3}{4}=\dfrac{3}{20}$

BとCが当たる：$\dfrac{2}{3}\times\dfrac{2}{5}\times\dfrac{3}{4}=\dfrac{1}{5}$

したがって、的に当たる人数が2人である確率は$\dfrac{1}{30}+\dfrac{3}{20}+\dfrac{1}{5}=\dfrac{23}{60}$

（ⅱ）的に当たる人数が3人のとき

確率は$\dfrac{1}{3}\times\dfrac{2}{5}\times\dfrac{3}{4}=\dfrac{1}{10}$

（ⅰ）、（ⅱ）より求める確率は、

$$\dfrac{23}{60}+\dfrac{1}{10}=\dfrac{29}{60}$$

STEP3 過去問にチャレンジ！

問題 1

警察官Ⅲ類（2018 年度）

区別のつかない赤球5個と白球4個を横一列に並べるとき、左から3番目と4番目が同じ色になる確率として、最も妥当なものはどれか。

1 　$\dfrac{4}{9}$

2 　$\dfrac{7}{18}$

3 　$\dfrac{1}{2}$

4 　$\dfrac{67}{126}$

5 　$\dfrac{9}{20}$

☞解答・解説は別冊 p.038

問題 2

特別区Ⅲ類（2019 年度）

3人でじゃんけんをして、負けた人は順に抜け、勝者が1人に決まるまで繰り返し行う。あいこも1回と数えるとき、2回目で勝者が決まる確率はどれか。

1 　$\dfrac{1}{3}$

2 　$\dfrac{2}{3}$

3 　$\dfrac{1}{9}$

4 　$\dfrac{2}{9}$

5 　$\dfrac{4}{9}$

☞解答・解説は別冊 p.038

問題3

警察官Ⅲ類（2019年度）

1～4の異なる自然数が各面に一つずつ書かれた正四面体のサイコロを3回振ったとき、底面に書かれている数の和が素数になる確率として、最も妥当なものはどれか。

1　$\dfrac{7}{64}$

2　$\dfrac{13}{64}$

3　$\dfrac{1}{4}$

4　$\dfrac{19}{64}$

5　$\dfrac{11}{32}$

☞解答・解説は別冊 p.039

問題4

裁判所職員（2021年度）

1、2、3、4、5、6のいずれかの数字が1つずつ書かれている6枚のカードがある。これらをよく切り、左から右に一列に並べ、カードに書かれた数字を左から順にa、b、c、d、e、fとする。このとき、a＋b＋c＝d＋fとなる確率として正しいものはどれか。

1　$\dfrac{1}{15}$

2　$\dfrac{1}{20}$

3　$\dfrac{1}{30}$

4　$\dfrac{1}{40}$

5　$\dfrac{1}{60}$

☞解答・解説は別冊 p.040

警察官Ⅰ類（2020年度）

袋の中に赤玉と白玉が2個ずつ入っている。袋から1個の玉を無作為に取り出し、それが白玉であれば袋に戻し、赤玉であれば戻さずに別に用意した白玉1個を袋に入れる。袋からの玉の取り出しが3回以下で袋の中が白玉4個となる確率として、最も妥当なものはどれか。

1 $\dfrac{1}{16}$

2 $\dfrac{3}{32}$

3 $\dfrac{1}{8}$

4 $\dfrac{7}{32}$

5 $\dfrac{9}{32}$

☞解答・解説は別冊 p.040

問題 6 消防官Ⅰ類（2019年度）

正六面体のサイコロを3つ同時に投げたとき、3つのサイコロの出た目のうち最も大きな数が4である確率として、最も妥当なものはどれか。

1 $\dfrac{7}{216}$

2 $\dfrac{17}{216}$

3 $\dfrac{1}{8}$

4 $\dfrac{37}{216}$

5 $\dfrac{47}{216}$

☞解答・解説は別冊 p.041

問題 7

刑務官（2022年度）

箱の中に白いカードが3枚、黒いカードが4枚入っている。この箱から同時に2枚のカードを取り出したとき、白いカードが少なくとも1枚含まれる確率はいくらか。

1 $\dfrac{1}{7}$

2 $\dfrac{2}{7}$

3 $\dfrac{3}{7}$

4 $\dfrac{4}{7}$

5 $\dfrac{5}{7}$

☞解答・解説は別冊 p.042

国家一般職（2022 年度）

A 村では、ある人が 1〜12 月のいずれかの月に生まれる確率は、ちょうど $\dfrac{1}{12}$ ずつであるという。A 村において 4 人をランダムに選んだとき、2 人以上の誕生月が同じになる確率はいくらか。

1　$\dfrac{1}{6}$

2　$\dfrac{1}{3}$

3　$\dfrac{19}{56}$

4　$\dfrac{41}{96}$

5　$\dfrac{151}{288}$

☞解答・解説は別冊 p.042

問題 9

国家専門職（2021年度）

図のように、1～9の数字が書かれた縦3列、横3列のマス目がある。いま、1～9の互いに異なる数字が一つずつ書かれた9個の玉が入っている箱の中から、玉を1個取り出し、取り出した玉に書かれた数字と同じ数字が書かれたマスを塗りつぶし、取り出した玉を箱に戻す。この操作を3回繰り返したとき、マスが二つのみ塗りつぶされる確率はいくらか。

1	2	3
4	5	6
7	8	9

1 　$\dfrac{8}{81}$

2 　$\dfrac{5}{27}$

3 　$\dfrac{16}{81}$

4 　$\dfrac{8}{27}$

5 　$\dfrac{32}{81}$

☞解答・解説は別冊 p.042

6 確率 反復試行・期待値

STEP 1 要点を覚えよう！

POINT 1 反復試行

1個のサイコロを何回か繰り返し投げる場合、1回投げたときに出た目の結果は2回目に投げた結果に影響を及ぼさない。このように、**同じ条件のもとでの試行の繰り返し**を反復試行という。

1回の試行で事象 A の起こる確率を p とするとき、この試行を n 回繰り返す反復試行で、A が r 回起こる確率は、

$${}_n C_r p^r (1-p)^{n-r}$$

公式を丸暗記するのではなく、事象が起こるタイミングを考慮して計算していることを理解しておこう。

> 例題　1枚の硬貨を4回投げて表が2回出る確率を求めよ。

硬貨を1回投げるとき、表が出る確率は $\dfrac{1}{2}$ なので、4回投げて表が2回出る確率は、次のように考えられる。

	1回目	2回目	3回目	4回目
❶	表1/2	表1/2	裏1/2	裏1/2
❷	表1/2	裏1/2	表1/2	裏1/2
❸	表1/2	裏1/2	裏1/2	表1/2
❹	裏1/2	表1/2	表1/2	裏1/2
❺	裏1/2	表1/2	裏1/2	表1/2
❻	裏1/2	裏1/2	表1/2	表1/2

このように、4回中2回表が出るタイミングが全部で ${}_4 C_2 = 6$（通り）あり、反復試行ではこれを考慮しなければいけない。いずれも表が2回、裏が2回出るので、それぞれの確率は $\left(\dfrac{1}{2}\right)^2 \times \left(\dfrac{1}{2}\right)^2 = \dfrac{1}{16}$ であり、これが6通り考えられるので、

$\dfrac{1}{16} \times 6 = \dfrac{3}{8}$ が正解となる。

なお、この確率 $\frac{1}{2}$ で起こる「表が出る」という事象 A は、4回のうち2回起こる

確率であるから、反復試行の公式に当てはめると、${}_nC_r p^r (1-p)^{n-r}$

$$= {}_4C_2 \left(\frac{1}{2}\right)^2 \left(1-\frac{1}{2}\right)^{4-2} = 6 \times \frac{1}{4} \times \frac{1}{4} = \frac{3}{8}$$ でも求められる。

答え $\frac{3}{8}$

POINT 2 期待値

ある試行をしたときに、その結果平均して期待できる値のことを**期待値**という。例えば宝くじなどが題材になったときに、「平均いくら当たるか」のことである。

> 例題　サイコロを1回投げて、1が出たら1000円、2が出たら600円、3が出たら100円、4が出たら80円、5が出たら60円、6が出たら20円の賞金を得るとする。このときの期待値を求めよ。

1の目が出て1000円を得る確率は $\frac{1}{6}$ で、2の目が出て600円を得る確率も $\frac{1}{6}$、

3～6までの目が出る確率も $\frac{1}{6}$ なので、求める期待値は、

$$1000 \times \frac{1}{6} + 600 \times \frac{1}{6} + 100 \times \frac{1}{6} + 80 \times \frac{1}{6} + 60 \times \frac{1}{6} + 20 \times \frac{1}{6} = 310$$

答え 310 円

ここで動き必める！ ▶ 期待値

得られる数値×それが起こる確率を全て足せば、期待値を求めることができる。

> 実際の問題には「期待値」というワードが出てこない場合があるよ。試行の結果によって得られる数字が変わる問題で、平均を求める場合、「期待値」を使うと覚えておこう。

1 1枚の硬貨を5回投げて裏が3回出る確率を求めよ。

$\dfrac{5}{16}$

反復試行の問題なので、5回投げて裏が3回、残る2回は表が出る確率を考える。

硬貨を投げたとき、表も裏も出る確率は$\dfrac{1}{2}$なので、裏が3回、表が2回出る確率は$\left(\dfrac{1}{2}\right)^3 \times \left(\dfrac{1}{2}\right)^2 = \dfrac{1}{32}$である。

さらに裏が出るタイミングを考えると、5回中3回裏が出るタイミングの組合せを考えればよいので、$_5C_3 = 10$（通り）ある。

よって、求める確率は$\dfrac{1}{32} \times 10 = \dfrac{5}{16}$である。

2 計1000枚発行している宝くじがある。そのうち1等は20万円で1枚、2等は5万円で5枚、3等は5000円で50枚発行している。この宝くじの賞金の期待値を求めよ。

700円

1等は賞金20万円で確率は$\dfrac{1}{1000}$、2等は5万円で確率は$\dfrac{5}{1000}$、3等は5000円で確率は$\dfrac{50}{1000}$なので、期待値は、

$200000 \times \dfrac{1}{1000} + 50000 \times \dfrac{5}{1000}$

$+ 5000 \times \dfrac{50}{1000}$

$= 200 + 250 + 250 = 700$円

3 赤玉2個、白玉6個の合計8個の玉が入った袋がある。ここから玉を1個取出し、色を見てから戻すことを3回繰り返した時、白2個、赤1個が出る確率を求めよ。

$$\frac{27}{64}$$

反復試行の問題なので、3回のうち白が2回、赤が1回出る確率を考える。玉を1個取り出した時、白が出る確率は $\frac{6}{8} = \frac{3}{4}$、赤が出る確率は $\frac{2}{8} = \frac{1}{4}$ なので、白が2回、赤が1回出る確率は $\left(\frac{3}{4}\right)^2 \times \left(\frac{1}{4}\right) = \frac{9}{64}$ である。

さらに、白2個、赤1個が出る順番は、（白、白、赤）、（白、赤、白）、（赤、白、白）の3通り考えられるので、×3をする。

よって、求める確率は、

$$\frac{9}{64} \times 3 = = \frac{27}{64}$$

4 全部で100本のくじがあり、そのうち当たりくじは1等10000円が1本、2等2000円が5本、3等300円が25本であり、残りははずれである。このくじを1本引くときの賞金の期待値を求めよ。

275円

1等は賞金10000円で確率は $\frac{1}{100}$、2等は2000円で確率は $\frac{5}{100}$、3等は3000円で確率は $\frac{25}{100}$ なので、期待値は、$10000 \times \frac{1}{100} + 2000 \times \frac{5}{100} + 300 \times \frac{25}{100} = 275$円

過去問にチャレンジ！

問題 1 東京都Ⅲ類（2021年度）

選択肢が5つでそのうちの1つが正答である問題が5問あり、1問ごとに選択肢をでたらめに1つ選んで解答するとき、3問正解する確率として、正しいのはどれか。

1 $\dfrac{16}{3125}$

2 $\dfrac{16}{625}$

3 $\dfrac{32}{625}$

4 $\dfrac{416}{3125}$

5 $\dfrac{128}{625}$

☞解答・解説は別冊 p.043

問題 2 裁判所職員（2020年度）

数直線上の原点にPがある。サイコロを投げ、1または2の目が出たら点Pは正の方向へ1動き、3または4の目が出たら点Pは負の方向へ1動き、5または6の目が出たら点Pは動かないものとする。3回サイコロを投げたとき、点Pが＋1の点で止まる確率として正しいものはどれか。

1 $\dfrac{1}{27}$

2 $\dfrac{2}{27}$

3 $\dfrac{1}{9}$

4 $\dfrac{2}{9}$

5 $\dfrac{1}{3}$

☞解答・解説は別冊 p.043

問題 3

下の図のようにマス目が描かれた盤の左下隅に駒を置く。2枚の硬貨を投げ、2枚とも表が出たら上へ1マス進み、1枚でも裏が出たら右へ1マス進むというルールで駒を動かす。硬貨を4回投げたとき、駒が下の図の「＊」の位置に来る確率として適当なものはどれか。なお、表または裏が出る確率は、いずれの硬貨も $\frac{1}{2}$ である。

1　$\dfrac{27}{128}$

2　$\dfrac{3}{16}$

3　$\dfrac{9}{64}$

4　$\dfrac{27}{256}$

5　$\dfrac{9}{256}$

☞解答・解説は別冊 p.044

問題 4

A～Gの七つのバレーボールチームがある。Aは、B～Gの六つのチームと1試合ずつ対戦することとなっているが、過去の対戦成績から、Bに勝つ確率は $\frac{1}{3}$ であり、その他のチームに勝つ確率はいずれも $\frac{1}{2}$ であることがわかっている。このとき、Aが4勝以上する確率はいくらか。ただし、試合には引き分けはないものとする。

1　$\dfrac{7}{24}$

2　$\dfrac{3}{8}$

3　$\dfrac{11}{24}$

4　$\dfrac{13}{24}$

5　$\dfrac{5}{8}$

☞解答・解説は別冊 p.044

問題5

国家一般職（2021年度）

A〜Eの5人が、図のようなトーナメント方式でじゃんけんを行った。このとき、トーナメント全体で、あいこを含めてちょうど5回のじゃんけんで優勝者が決定する確率はいくらか。ただし、A〜Eの参加者は全て同じ確率でグー、チョキ、パーを出すものとする。

1 $\dfrac{16}{81}$

2 $\dfrac{32}{243}$

3 $\dfrac{64}{243}$

4 $\dfrac{128}{729}$

5 $\dfrac{160}{729}$

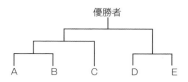

☞解答・解説は別冊 p.045

問題6

国家専門職（2022年度）

Aは100万円の元金を有しており、これを株式投資か債券投資のいずれか一方で1年間、運用することを考えている。

株式投資については、1年後に元金が25万円増加するか15万円減少するかのいずれかであると仮定する。なお、1年後に株式投資で、増加する確率や減少する確率については分かっていない。一方、債券投資については、元金に対して1年間で確実に10%の利子が付くと仮定する。

Aが、1年後に、株式投資により得られる金額の期待値が債券投資により得られる金額を上回れば株式投資を選択するとした場合、株式投資を選択するのは、株式投資により元金が増加する確率が、次のうち、最低限いくらより大きいと予想するときか。

1 62.5%

2 65.0%

3 67.5%

4 70.0%

5 72.5%

☞解答・解説は別冊 p.046

CHAPTER

整数

この章で学ぶこと

⬤ 抽象的な出題になりやすいので注意する

　数的推理の問題は基本的に文章題の形式で出題されることが多いですが、整数の問題は抽象的な聞かれ方をすることが多いので、馴染みにくい出題形式といえます。問題文を一読しただけでは整数の知識が問われていることに気づきにくく、まずは整数の性質を使って解く問題であることに気づけるようにしなければいけません。整数の問題は特に**「出題テーマの把握」**が重要であるといえるでしょう。

⬤ 整数に関する基本知識を押さえる必要がある

　整数の問題においては、覚えておかなければならない知識が明確に存在します。倍数・約数・素数とは何かから始まり、素因数分解の方法や使いどころ、剰余の問題の処理手順など、他の単元に比べると**問題を解くのに必要な知識**の分量が多いのが特徴です。中学数学までに学習した知識がある程度残っていればよいですが、忘れているところがあれば必ず補ってください。特に**素因数分解**は重要なカギを握ることが多いので、本試験の問題を解きながら、どのような場面で使うのかを理解していくことが重要です。

⬤ テーマによって出題頻度に大きく差がある

　整数の問題といっても、さまざまな出題テーマがあり、ほとんど出題されない重要度の低いものもあります。特にメリハリをつけて学習するようにしましょう。
　例えば**規則性**などはさまざまな試験種で広く出題され、ある程度の慣れが必要になるため、重要度は高いといえます。一方で、覆面算などは一部の試験種を除いてあまり出題されることがなく、しかも本試験は難易度の高い問題が多く出題されます。したがって、制限時間のことを考えると、あまり深入りすべきではない出題テーマです。そのあたりの**メリハリをつけながら対策すること**が必要です。

試験別対策

国家一般職

昔にさかのぼるとあまり出題されていなかったテーマであるが、近年は比較的よく出ている。問われるテーマも一般的な整数の性質や規則性など、非常に幅広い。全体をまんべんなく対策する必要があるといえる。

国家専門職

国家一般職と同様、近年になってよく出題されるようになったテーマである。難易度が高い出題が多く、しかも数的処理というよりは数学寄りの出題がされることもあるので、注意しなければならない。

地方上級

整数の性質が直接問われることはあまりないが、比較的出題頻度が高いのが覆面算や魔方陣である。定番の出題形式であればすぐに解けるようにしたいが、時間のかかる難問であれば、他の問題に時間を割いたほうが得策かもしれない。

裁判所職員

倍数や約数などが絡んだ、一般的な整数の性質を題材にした問題が出題されやすい。もちろん、その手の問題のみならず、規則性や数列、ｎ進法なども過去に出題されている。特に力を入れて取り組んでほしい。

東京都Ⅰ類

整数の問題は毎年複数問出ているので、特に重点的に学習すべきである。近年でも剰余、ｎ進法、規則性、定番とは異なる初見の魔方陣など、かなり幅広く出題されている。他の試験ではあまり見かけないような形式もあるので、注意してほしい。

特別区Ⅰ類

幅広く出題されている。倍数や約数などの基本的な整数の性質はもちろん、剰余や約数の個数、魔方陣なども出題実績がある。

市役所

地方上級と同様に、覆面算や魔方陣はやや他のテーマに比べて出題頻度が高いという特徴があるので、注意が必要である。

1 整数の性質

STEP 1 要点を覚えよう！

POINT 1 自然数・整数・素数

自然数……1から順に1ずつ増して得られる数。1、2、3、4、…。

整数………自然数と、0、自然数に－（マイナス）をつけた－1、－2、－3、……を合わせた数。

倍数………ある数を「×1、×2、×3、…」と整数倍した数。

約数………ある数を割り切ることができる数。

指数………同じ数を複数回かける（累乗する）ときに、右上にかけた回数を書いた数。

素数………2以上の自然数で、正の約数が**1とその数自身以外に約数をもたない数**のこと。2、3、5、7、11、13、17、19、…と無数にある。

POINT 2 素因数分解

　素因数分解とは、自然数を**素数だけの積の形に表す**ことをいう。

例えば、1008を素因数分解してみると、右のようになる。

手順

①小さい素数で順に割っていく。まずは2で割り切れる限り割り続け、割り切れなくなったら次の素数3で割り続ける。

②商が素数（この場合7）になったら、割った数のすべてと残った数を、積の形で表す。

$$
\begin{array}{r}
2)\overline{1008} \\
2)\overline{504} \\
2)\overline{252} \\
2)\overline{126} \\
3)\overline{63} \\
3)\overline{21} \\
7
\end{array}
$$

$1008 = 2^4 \times 3^2 \times 7$ と表せる。

> **例題** $\sqrt{120n}$ が自然数になるような最小の自然数 n を求めよ。

　2乗すると（2回かけると）その数になる数のことを平方根という。$\sqrt{}$（ルート）は平方根であることを表しており、$\sqrt{120n}$ とは「2回かけると $120n$ になる数」という意味である。

　そこで、120を素因数分解してどのような積の形になっているかを確認すると、$120 = 2^3 \times 3 \times 5$ である。2回かけた結果を $120n$ にしたいので、素因数分解したときに $120n$ が2乗（2回かけた数）の集まりだけにならなければいけない。

　そこで、120に何をかければ2乗の集まりだけになるかを考える。2^3 はあと2を1回かければ $2^4 = 2^2 \times 2^2$ となり、2乗の集まりだけになる。3と5もそれぞれあと3を1回、あと5を1回かければ 3^2、5^2 となる。その結果、$2^4 \times 3^2 \times 5^2$ になれば、

2回かけた数であるといえる。

　よって、nは$2×3×5＝30$である。

答え 30

POINT 3　倍数の見分け方

　倍数は見分けるだけでなく、倍数を作って検討する問題も出題される。

2の倍数	1の位が偶数になる。
3の倍数	各桁の数の総和が3の倍数になる。
4の倍数	下2桁が4の倍数になるか、または下2桁が00になる。
5の倍数	1の位が5か0になる。
6の倍数	偶数かつ3の倍数になる。
8の倍数	下3桁が8の倍数になるか、または下3桁が000になる。
9の倍数	各桁の数の総和が9の倍数になる。

特に2、3、5の倍数あたりは使うことが多いので押さえておこう。

POINT 4　乗法公式と因数分解

　二次方程式を解く際などに使うので、問題演習をしながら確認しておくとよい。なお、二次方程式の解き方については、後述する（参188ページ）。

①乗法公式

$$(a+b)^2＝a^2+2ab+b^2$$
$$(a-b)^2＝a^2-2ab+b^2$$
$$(a+b)(a-b)＝a^2-b^2$$
$$(x+a)(x+b)＝x^2+(a+b)x+ab$$

②因数分解

$$a^2+2ab+b^2＝(a+b)^2$$
$$a^2-2ab+b^2＝(a-b)^2$$
$$a^2-b^2＝(a+b)(a-b)$$
$$x^2+(a+b)x+ab＝(x+a)(x+b)$$
$$acx^2+(ad+bc)x+bd＝(ax+b)(cx+d)$$

1 729を素因数分解せよ。

3^6

```
3) 729
3) 243
3)  81
3)  27
3)   9
     3
```
$729 = 3^6$

2 5544を素因数分解せよ。

$2^3 \times 3^2 \times 7 \times 11$

```
2) 5544
2) 2772
2) 1386
3)  693
3)  231
7)   77
    1 1
```
$5544 = 2^3 \times 3^2 \times 7 \times 11$

3 $\sqrt{360n}$ が自然数になるような最小の自然数 n を求めよ。

10

360を素因数分解すると、

```
2) 360
2) 180
2)  90
3)  45
3)  15
     5
```

で、$360 = 2^3 \times 3^2 \times 5^1$

2乗の集まりだけにしたいので、2^3 はあと2を1回かけて 2^4 にする。

3^2 はすでに2乗なのでそのままでよい。

5^1 はあと5を1回かけて 5^2 にする。

よって、360にあと $2 \times 5 = 10$ をかければ2乗の集まりになるので、

$n = 10$

4 連続する6つの自然数があり、それぞれの2乗の和が2299である。6つの自然数の和を求めよ。

117

連続する6つの自然数は、nを3以上の整数として、$n-2$、$n-1$、n、$n+1$、$n+2$、$n+3$と表せる。

それぞれの2乗の和が2299だから、以下の式が成り立つ。

$(n-2)^2 + (n-1)^2 + n^2 +$
$(n+1)^2 + (n+2)^2 +$
$(n+3)^2 = 2299$

$6n^2 + 6n + 19 = 2299$

$n^2 + n - 380 = 0$

2次方程式（参188ページ）なので、因数分解で解くと、

$(n-19)(n+20) = 0$ より $n = 19$、-20 となる。

本問はnが3以上なので、

$n = 19$ である。

よって、6つの自然数の和は

$17 + 18 + 19 + 20 + 21 + 22 = 117$ である。

過去問にチャレンジ！

問題 1

警察官Ⅰ類（2017年度）

100から500までの自然数の中で、連続する2数を足したとき、29で割り切れるものの組み合わせの数として、最も妥当なものはどれか。

1 13組
2 14組
3 26組
4 27組
5 28組

☞解答・解説は別冊p.047

問題 2

裁判所職員（2018年度）

異なる4つの整数から、2つずつ選んで和を求めたところ、27・38・49・50・61・72となった。この4つの整数のうち2番目に小さいものとして、確実に言えるものはどれか。

1 15
2 16
3 17
4 18
5 19

☞解答・解説は別冊p.047

東京都 Ⅰ 類（2021 年度）

ある二つの自然数 x と y があり、x と y の積は1,000以上10,000以下で、二乗の差は441であるとき、x と y のうち大きい方の数として、正しいものはどれか。

1　35
2　45
3　55
4　65
5　75

☞解答・解説は別冊 p.048

問題 4

国家専門職（2017 年度）

$\dfrac{11n-13}{n^2+3n+2}$ が整数となるような正の整数 n は何個か。

1　1個
2　2個
3　3個
4　4個
5　5個

☞解答・解説は別冊 p.048

消防官Ⅰ類（2021年度）

問題5

1桁の異なる整数A〜Eについて、次のア〜エのことがわかっているとき、A＋C＋Dの値として、最も妥当なものはどれか。

ア：A＋B＝E
イ：E＝2D
ウ：A＋D＝C
エ：2B－C＝A

1　14
2　16
3　18
4　19
5　20

☞解答・解説は別冊p.049

警察官Ⅰ類（2019年度）

問題6

1〜5の異なる数字が1つずつ書かれた5枚のカードがある。この中から3枚を取り出して並べ、3ケタの整数を作るとき、一の位が1である整数の合計と、一の位が3である整数の合計との差として、最も妥当なものはどれか。

1　634
2　636
3　638
4　640
5　642

☞解答・解説は別冊p.049

問題7

4桁の自然数5ⓐ8ⓑは、1000×5＋100×ⓐ＋10×8＋ⓑ という式で表すことができる。この4桁の自然数5ⓐ8ⓑが9で割り切れるときにⓐ、ⓑに入る数字の和として、最も妥当なものはどれか。ただし、ⓐ、ⓑに入る数字は整数とする。

1　4のみ
2　5のみ
3　8のみ
4　4または12
5　5または14

☞解答・解説は別冊 p.050

問題 8

国家一般職（2017 年度）

$a^2 + ab + ac + bc - 315 = 0$ を満たす素数 a、b、c の組み合わせは何通りか。ただし、$a < b < c$ とする。

1　1通り
2　3通り
3　5通り
4　7通り
5　9通り

☞ 解答・解説は別冊 p.050

問題 9

国家一般職（2021 年度）

ＡとＢの2人がおり、Ａは10～99の二桁の整数のうちから一つの数を頭に思い浮かべ、Ｂはその数を当てようとして「はい」か「いいえ」で答えられる質問を、次のとおり行った。

①「その数は、ある整数を二乗した数から3を引いた数と等しいか？」と聞いたところ、Ａは正しく「はい」と答えた。次に、Ｂは候補を絞る質問として、次の二つの質問をしたが、Ａは二つとも嘘を答えた。

②「その数は、40より大きいか？」

③「その数は、奇数か？」

Ｂは、これら三つの質問に対するＡの答えが全て正しいものとして推論を行ったが、数の候補は複数あった。そこで、これを一つに絞る質問として、次の質問を行った。

④「その数は、十の位と一の位の数を足すと7より大きいか？」

このとき、Ａが頭に思い浮かべた数はどれか。

1　13
2　22
3　33
4　46
5　61

☞解答・解説は別冊 p.051

SECTION

2 約数と倍数

STEP 1 要点を覚えよう！

POINT 1 約数と倍数

2つの整数 a、b について、a が b で割り切れるとき、ある整数 k を用いると、次のように表される。

$a = bk$

このとき、「a は b の倍数である」といい、「b は a の約数である」という。

POINT 2 最大公約数と最小公倍数

公約数……2つ以上の整数に**共通な約数**のこと。
公倍数……2つ以上の整数に**共通な倍数**のこと。
最大公約数……2つ以上の整数の**公約数**のうち、最大のもの。
最小公倍数……2つ以上の整数の**公倍数**のうち、最小のもの。

例題　105と60の最大公約数を求めよ。

まずは、**共通の約数**で割っていく。
次に、共通の約数がなくなったら、割った数の積を求める。

$3 \times 5 = 15$

```
       割った数
    3) 105  60
    5)  35  20
         7   4
```

答え 15

例題　36と60と72の最小公倍数を求めよ。

2つ以上の数に**共通の約数**で割っていく。
共通の約数が無くなったら、割った数と
残った数の積を求める。

5のように1つだけ割れない数字はそのままおろす →

```
    2) 36  60  72
    2) 18  30  36
    3)  9  15  18
    3)  3   5   6
        1   5   2
```

$2 \times 2 \times 3 \times 3 \times 1 \times 5 \times 2 = 360$

答え 360

POINT 3 約数の個数の求め方

約数の個数は求める手順があるので、覚えておくと問題を解く際に使えることがある。

例題　48の約数の個数を求めよ。

約数を求める基本は、**2数をかけてその数になるものを探すこと**である。2数をかけて48になるのは1×48、2×24、3×16、4×12、6×8なので、48は1、2、3、4、6、8、12、16、24、48で割り切れる、つまり1、2、3、4、6、8、12、16、24、48が、48の約数であることがわかる。

しかし、以下の手順を使えば楽に求めることができる。

①素因数分解をする。
②①で出てきた素因数の指数に1を足した数をかけ算する。

48を素因数分解すると、$48 = 2^4 \times 3$である。したがって、48が2や3、$2^2 = 4$、$2 \times 3 = 6$などで割り切れることが読み取れる。つまり、**素因数に並ぶ数字からいくつか選んで取り出せば、それが約数になる**わけである。

あとは、その組合せを考えればよい。2^4は2を4個まで取り出せるが、2を使わなくても3だけでも約数なので、全部で$4 + 1 = 5$通りの取り出し方がある。同様に3も1個取り出せるが、3を使わない約数もあるので、全部で$1 + 1 = 2$通りの取り出し方がある。

よって、$5 \times 2 = 10$通りの取り出し方があるので、約数は10個である。

答え 10 個

POINT 4 約数の総和

約数の総和とは、つまり**約数をすべて足した数**のことである。約数の総和を求めるときも、まずは素因数分解する。そのあと、それぞれの素数の**0乗から順番に足したものをかけ算**していけば、総和が求められる。

例題　180の約数の総和を求めよ。

180を素因数分解すると、$180 = 2^2 \times 3^2 \times 5$
180の約数の総和は、$(2^0 + 2^1 + 2^2)(3^0 + 3^1 + 3^2)(5^0 + 5^1)$
$= (1 + 2 + 4)(1 + 3 + 9)(1 + 5) = 7 \times 13 \times 6 = 546$

答え 546

CHAPTER **4** 整数

2 約数と倍数

1 2000の約数は何個あるか。

20個
2000を素因数分解する。

```
2）2000
2）1000
2）  500
2）  250
5）  125
5）   25
      5
```

$2000 = 2^4 \times 5^3$

よって、2000の約数の個数は、

$(4+1)(3+1) = 5 \times 4 = 20$

2 111をかけると10101となる自然数がある。この自然数の約数の総和を求めよ。

112
この自然数は、

$10101 \div 111 = 91$である。

$91 = 7 \times 13$

よって、91の約数の総和は、

$(7^0 + 7^1)(13^0 + 13^1)$

$= (1+7)(1+13)$

$= 8 \times 14 = 112$

3 3つの自然数35、40、nの最大公約数が5で、最小公倍数が1400である。この条件を満たすnの個数は何個か。

8個
35、40、nの最大公約数が5だから、

$35 = 5 \times 7$、$40 = 5 \times 8$、

$n = 5 \times k$（kは自然数）

と表せる。また、最小公倍数1400を素因数分解すると、

$1400 = 2^3 \times 5^2 \times 7$　だから、

$k = 5$、5×2、5×2^2、5×2^3、

5×7、$5 \times 2 \times 7$、$5 \times 2^2 \times 7$、

$5 \times 2^3 \times 7$

が考えられる。

よって、条件を満たすnの個数は8個である。

4 整数108と整数 X の最大公約数は18、最小公倍数は540であるとき、この2つの整数の積の値を求めよ。

9720

108と X の最大公約数は18であることと、 $108＝18×6$ より、

$X＝18a$ （ただし、 a と6は互いに素）

と表せる。

また、最小公倍数は540だから、

$18×6×a＝540$

よって、

$108X＝(18×6)×(18×a)$

$＝18×540＝9720$

5 3桁の整数のうち、0.9をかけても0.9で割っても答えが整数となるものの中で最も小さい整数を12で割ったときの商を求めよ。

15

3桁の整数を n とする。

$n×0.9＝\dfrac{9n}{10}$ 、

$n÷0.9＝n×\dfrac{10}{9}＝\dfrac{10n}{9}$

となり、 $\dfrac{9n}{10}$ 、 $\dfrac{10n}{9}$ はいずれも整数になるので、分母の10も9も約分して消すために、 n は90の倍数でなければならない。

90の倍数のうち最も小さい3桁の整数は、180である。

よって、

$180÷12＝15$ より、商は15である。

問題 1

裁判所職員（2019 年度）

1以上300以下の自然数のうち、24との最大公約数が6で、25との最大公約数が5であるものはいくつあるか。

1　4個
2　5個
3　6個
4　7個
5　8個

☞解答・解説は別冊 p.052

問題 2

裁判所職員（2017 年度）

2桁の3つの整数（15，40，X）の最大公約数は5、最小公倍数は600である。この条件を満たす X の個数はいくつか。

1　1個
2　2個
3　3個
4　4個
5　5個

☞解答・解説は別冊 p.052

問題3

a、bが正の整数であり、$a+b=4$を満たすとき、整数$2^2 \times 3^a \times 4^b$の正の約数の個数のうち最小となる個数はどれか。

1　17個
2　18個
3　19個
4　20個
5　21個

☞解答・解説は別冊p.053

問題4

瞬時に点灯する7種類のランプがあり、それぞれ3秒、4秒、5秒、6秒、7秒、8秒、9秒に1回の周期で点灯する。今、午後6時ちょうどに全部のランプを同時に点灯させたとき、同日の午後11時45分ちょうどに点灯するランプは何種類か。

1　3種類
2　4種類
3　5種類
4　6種類
5　7種類

☞解答・解説は別冊p.053

問題 5

国家一般職（2021年度）

0又は1桁の正の整数a、bを用いて次のように表される4桁の数がある。この数が7と11のいずれでも割り切れるとき、aとbの和はいくらか。

| 2 | a | b | 4 |

1　9
2　10
3　11
4　12
5　13

☞解答・解説は別冊 p.053

問題 6

特別区Ⅰ類（2021年度）

1桁の整数a、b、cを用いて表される4桁の正の整数「$abc6$」がある。この正の整数が3、7、11のいずれでも割り切れるとき、$a+b+c$が最大となるのはどれか。

1　6
2　9
3　12
4　15
5　18

☞解答・解説は別冊 p.054

問題7

あるクラスの生徒数は42人である。このクラスでは、教室の掃除を月曜日から金曜日までの毎日、出席番号順に8人の当番を決めておこなう。ある週の月曜日に出席番号1から8の生徒が掃除をした。次に、この同じ8人が教室の掃除当番になる曜日として、最も妥当なものはどれか。ただし、欠席者はいないものとする。

1 月曜日
2 火曜日
3 水曜日
4 木曜日
5 金曜日

☞解答・解説は別冊p.054

問題8

水中で増殖する微生物のA群とB群があり、A群の量は4時間ごとに2倍に増殖し、B群の量は6時間ごとに2倍に増殖する。例えば、A群の量は、8時間後には4倍、12時間後には8倍に増殖する。しかしながら、両群を合わせた密度が一定以上になると、両群は増殖をやめることがわかっている。例えば、A群が一定の密度に達して増殖をやめた水槽にB群を入れても、両群はまったく増殖しない。

いま、同じ量の水のみを入れた水槽X、Y、Zがある。A群とB群についてそれぞれある量を、水槽Xに入れたところ、24時間後にちょうど増殖をやめた。また、水槽Xに入れたA群の量の2倍の量のA群のみを水槽Yに入れたところ、同じく24時間後にちょうど増殖をやめた。

同様に、水槽Xに入れたB群の量と同じ量のB群のみを水槽Zに入れたとき、B群が増殖をやめるのは、B群を水槽Zに入れてから何時間後か。

ただし、A群とB群は増殖する速さ以外には違いはなく、微生物の密度は、水の体積あたりの微生物の量であり、水中で一様であるものとする。

1 30時間後
2 36時間後
3 42時間後
4 48時間後
5 54時間後

☞解答・解説は別冊p.055

3 商と余り

STEP 1 要点を覚えよう！

POINT 1 商と余りの関係

整数aと正の整数bについてaをbで割ったときの商をq、余りをrとすると、次の式が成り立つ。

$$a = bq + r \qquad (0 \leqq r < b)$$

例えば、$6 \div 4 = 1 \cdots 2$であるが、これを逆算すると$6 = 4 \times 1 + 2$と表せる。このように、**余りが出てくる問題では、かけ算の式に変えて把握するとよい**。

> 例題　5で割ると1余り、6で割ると1余る2桁の自然数はいくつあるか。

「5で割ると1余る数」は6や11があるが、$6 \div 5 = 1 \cdots 1$、$11 \div 5 = 2 \cdots 1$なので、かけ算の式に変えると$6 = 5 \times 1 + 1$、$11 = 5 \times 2 + 1$である。つまり、これらの数は（5の倍数）＋1と表せる。

「6で割ると1余る数」も7や13があるが、$7 \div 6 = 1 \cdots 1$、$13 \div 6 = 2 \cdots 1$をかけ算の式に変えると$7 = 6 \times 1 + 1$、$13 = 6 \times 2 + 1$である。つまり、（6の倍数）＋1と表せる。

これらをどちらも満たすもの、（5の倍数）＋1でもあり（6の倍数）＋1でもある数は、（5と6の公倍数）＋1である。

5と6の公倍数は5と6の最小公倍数である30の倍数なので、（30の倍数）＋1を数えればよい。$30 \times 1 + 1 = 31$、$30 \times 2 + 1 = 61$、$30 \times 3 + 1 = 91$の3個である。

答え　3個

POINT 2 商と余りの出題の3類型

商と余りの問題には大きく3つの類型が存在する。それぞれの出題に合わせて解法を使えるようにしておくとよい。

①余りが同じ問題‥‥‥‥「倍数＋余り」の形に言い換える。
②余りがずれる問題‥‥‥「倍数－不足」の形に言い換える。
③不足もずれる問題‥‥‥不足する分を増やして不足を揃える。

> 例題　4で割ると1余り、7で割ると4余る2桁の自然数はいくつあるか。

余りがずれる問題なので、「**倍数－不足**」の形に変える。

「4で割ると1余る数」には、例えば5÷4＝1…1があるが、余りではなく不足しているという観点で考える。「5が4で割り切れるにはいくつ足りないか」を考えると、あと3あれば8になって8÷4＝2で割り切れるはずである。つまり、「4で割り切れるには3足りない数」なので、（4の倍数）－3と表せる。

「7で割ると4余る数」には、例えば11÷7＝1…4があるが、同じく不足の観点で考える。「11が7で割り切れるにはいくつ足りないか」を考えると、あと3あれば14になって14÷7＝2で割り切れるはずである。つまり、「7で割り切れるには3足りない数」なので、（7の倍数）－3と表せる。

これらをどちらも満たすもの、（4の倍数）－3でもあり（7の倍数）－3でもある数は、（4と7の公倍数）－3である。

4と7の公倍数は4と7の最小公倍数28の倍数なので、（28の倍数）－3を数えればよい。28×1－3＝25、28×2－3＝53、28×3－3＝81の3個である。

答え　3個

> **例題**　5で割ると2余り、6で割ると4余る2桁の自然数はいくつあるか。

余りがずれる問題なので、「**倍数－不足**」の形に変える。

「5で割ると2余る数」は、言い換えると「**5で割り切れるには3足りない数**」なので、（5の倍数）－3といえる。同様に、「6で割ると4余る数」は、言い換えると「**6で割り切れるには2足りない数**」なので、（6の倍数）－2といえる。

しかし、不足でもずれているので、ここから不足を増やしていく。
例えば、「5で割ると2余る数」には7があり、7＝5×1＋2となるが、これを不足で表すと7＝5×2－3となる。この不足はさらに7＝5×3－8、7＝5×4－13…と増やせる。

同様に「6で割ると4余る数」には10があり、10＝6×1＋4となるが、これを不足で表すと10＝6×2－2となる。この不足はさらに10＝6×3－8、10＝6×4－14…と増やせる。

このように増やすと、上記のようにどちらも－8で揃っているので、（5の倍数）－8、（6の倍数）－8と表せる。

これらをどちらも満たすもの、（5の倍数）－8でもあり（6の倍数）－8でもある数は、（5と6の公倍数）－8である。

5と6の公倍数は30の倍数なので、（30の倍数）－8を数えればよい。30×1－8＝22、30×2－8＝52、30×3－8＝82の3個である。

答え　3個

> 商と余りの問題の3類型を、解法も含めてよく頭に入れてからStep2を解いてみよう。

1 3で割ると2余り、4で割ると2余る数で、2桁の自然数は何個あるか。

8個

余りが同じなので、①の類型で処理する。

「3で割ると2余る数」は（3の倍数）＋2であり、「4で割ると2余る数」は（4の倍数）＋2である。

（3の倍数）＋2でもあり、（4の倍数）＋2でもある数は（3と4の公倍数）＋2である。つまり、（3と4の最小公倍数12の倍数）＋2なので、以下のように8個書き出せる。

$12 \times 1 + 2 = 14$、$12 \times 2 + 2 = 26$、
$12 \times 3 + 2 = 38$、$12 \times 4 + 2 = 50$、
$12 \times 5 + 2 = 62$、$12 \times 6 + 2 = 74$、
$12 \times 7 + 2 = 86$、$12 \times 8 + 2 = 98$

2 7で割ると4余り、8で割ると5余る数で、3桁の自然数は何個あるか。

16個

余りがずれているので、②の類型で処理する。

「7で割ると4余る数」は、不足で考えると「7で割り切れるには3足りない」ので（7の倍数）－3であり、「8で割ると5余る数」も「8で割り切れるには3足りない」ので（8の倍数）－3である。

（7の倍数）－3でもあり、（8の倍数）－3でもある数は（7と8の公倍数）－3である。つまり、（7と8の最小公倍数56の倍数）－3をカウントすればよい。

3桁の整数だと数が多いので、不等式を使う。3桁の自然数は100以上999以下であり、（56の倍数）－3を$56n - 3$とすれば、以下の不等式が成り立つ。

$100 ≦ 56n - 3 ≦ 999$

左辺を整理すると$1.83…≦ n$、右辺を整理すると$n ≦ 17.8…$となるので、nは2以上17以下である。2〜17の個数は$17 - 1 = 16$個ある。

3 66で割っても84で割っても余りが14となる3桁の自然数がある。この自然数を17で割ったときの余りを求めよ。

3

余りが同じなので、①の類型で処理する。

「66で割ると14余る数」は（66の倍数）＋14であり、「84で割ると14余る数」は（84の倍数）＋14である。（66の倍数）＋14でもあり、（84の倍数）＋14でもある数は（66と84の公倍数）＋14、つまり(66と84の最小公倍数924の倍数)＋14である。

（924の倍数）＋14で3桁の自然数は$924 × 1 + 14 = 938$しかないので、$938 ÷ 17 = 55…3$

4 4で割ると1余り、7で割ると4余り、8で割ると5余る自然数のうち、最小のものを9で割ったときの余りを求めよ。

8

4で割ると1余り、7で割ると4余り、8で割ると5余ることから、余りの数はどの場合でも割った数より3小さいので、もとの自然数に3を足すと、4でも7でも8でも割り切れることがわかる。よって、もとの自然数は、（4、7、8の公倍数）－3で求めることができる。この条件で最も小さい数は、（4、7、8の最小公倍数）－3になるから、4、7、8の最小公倍数は、

$2 × 2 × 1 × 7 × 2 = 56$

よってもとの自然数は、

$56 - 3 = 53$

9で割ったときの余りだから、

$53 ÷ 9 = 5…8$

STEP 3　過去問にチャレンジ！

問題 1

消防官Ⅲ類（2021年度）

5で割ると2余り、6で割ると3余り、8で割ると5余る3桁の自然数がある。この自然数のうち最小なものの各位の数の和として、最も妥当なものはどれか。

1　6
2　9
3　12
4　13
5　16

☞解答・解説は別冊p.055

問題 2

国家専門職（2022年度）

2022以下の自然数のうち、4で割ると3余り、かつ、11で割ると5余る数は何個あるか。

1　44個
2　45個
3　46個
4　47個
5　48個

☞解答・解説は別冊p.056

問題3

警察官Ⅰ類（2021年度）

6で割ると4余り、7で割ると3余り、11で割ると9余る正の整数のうち、最も小さい数の各位の和として、最も妥当なものはどれか。

1　9
2　10
3　11
4　12
5　13

☞解答・解説は別冊 p.056

問題4

裁判所職員（2020年度）

ある自然数を7で割ると3余り、さらにその商を5で割ると2余る。もとの数を5で割ったときの余りとして正しいものはどれか。

1　0
2　1
3　2
4　3
5　4

☞解答・解説は別冊 p.057

問題 5

裁判所職員（2022 年度）

3で割ると商が a で余りが0である自然数 A と、3で割ると商が b で余りが1である自然数 B がある。このとき、$A^2 - B^2$ を3で割ったときの余りとして正しいものはどれか。

ただし、A＞B とする。

1　0
2　1
3　2
4　1のときと2のときがある。
5　0、1、2のすべてのときがある。

☞解答・解説は別冊 p.057

問題 6

消防官 I 類（2022 年度）

1から300までの整数のうち、3で割ると1余り、4で割ると割り切れ、5で割ると2余る整数をすべて足し合わせた値として、最も妥当なものはどれか。

1　800
2　820
3　840
4　860
5　880

☞解答・解説は別冊 p.057

問題 7

警察官Ⅲ類（2022年度）

98を割ると2余り、75を割ると3余る正の整数の、全ての和として、最も妥当な
ものはどれか。

1　38
2　44
3　48
4　54
5　56

☞解答・解説は別冊 p.058

SECTION

4 n進法

POINT 1 n進法

　数を表すのにn種類の数字を用いることを**n進法**という。私たちが日常的に使っている数は0〜9の10種類あるため、10進法という。例えば10進法で表された3781という数字は、1000が3個、100が7個、10が8個、1が1個あるという意味であり、$10^3 \times 3 + 10^2 \times 7 + 10^1 \times 8 + 10^0 \times 1$で$3781_{(10)}$と表される。

　これがn進法になると使える数字や、桁の増えるタイミングが変化する。例えば、以下は10進法と2進法の例である。2進法は0と1の2種類しか使えないので、どんどん桁が増えていく。

10進法	0	1	2	3	4	5	6	7	8	9	10
2進法	0	1	10	11	100	101	110	111	1000	1001	1010

　n進法から10進法に変える方法、10進法からn進法に変える方法を覚えておく必要がある。

POINT 2 n進法から10進法への変換

　n進法で表された数について、**最下位の位から順に、n^0、n^1、n^2、n^3、n^4、…をかけて、その和を求めればよい。**

　例えば、2進法の$10110000_{(2)}$を10進法に変換する場合、

$2^7 \times 1 + 2^6 \times 0 + 2^5 \times 1 + 2^4 \times 1 + 2^3 \times 0 + 2^2 \times 0 + 2^1 \times 0 + 2^0 \times 0$
$= 128 \times 1 + 32 \times 1 + 16 \times 1 = 176$

よって、2進法の$10110000_{(2)}$は、10進法で$176_{(10)}$と表せる。

> **ここで鼬きめる！** ▶ まずは10進法に変換してみる
>
> **10進法以外で表された数が出てきたら、まずはそれぞれを10進法に変換してから検討する流れが多い。**

> 例題　5進法で表された数3024と、3進法で表された数2110の差を10進法で表すといくつになるか。

5進法で表された数3024は、10進法で表すと次のようになる。

$3024_{(5)} \rightarrow 5^3 \times 3 + 5^2 \times 0 + 5^1 \times 2 + 5^0 \times 4$

$\qquad = 125 \times 3 + 25 \times 0 + 5 \times 2 + 4 = 375 + 10 + 1 \times 4 = 389_{(10)}$

3進法で表された数2110は、10進法で表すと次のようになる。

$2110_{(3)} \rightarrow 3^3 \times 2 + 3^2 \times 1 + 3^1 \times 1 + 3^0 \times 0$

$\qquad = 27 \times 2 + 9 \times 1 + 3 \times 1 + 1 \times 0 = 54 + 9 + 3 = 66_{(10)}$

この2数の差を10進法で計算すると、

$389 - 66 = 323_{(10)}$

答え　323

POINT 3　10進法から n 進法への変換

　10進法で表された数を n 進法に変換するには、10進法で表された数を以下のように n で割っていき、その余りを商の後ろに並べて割り続ければよい。商が n より小さくなったら最後に表記した**余りを逆L字型に並べれば、n 進法で表した数になる。**

> 例題　10進法の60を2進法で表すといくつになるか。

　$60_{(10)}$ を2で割り続ければよい。その際には、素因数分解などでも使った**すだれ算（はしご算）**を用いる。

　割り切れないことが多いので、途中の計算でケアレスミスのないように注意する。

　下のように、$111100_{(2)}$ となる。

変換される10進数

2進数に変換→　　　　逆L字型に読む
するので、2　　　　　→111100
で割っていく

2) 60
2) 30 … 0
2) 15 … 0
2) 7 … 1
2) 3 … 1
　 1 … 1

答え　111100

n 進法は、n ごとに繰り上がっていく数の記述方法とも言えるよ。

1 10進法の120を2進法で表せ。

1111000

$2)\underline{120}$
$2)\underline{\;\;60}\cdots 0$
$2)\underline{\;\;30}\cdots 0$
$2)\underline{\;\;15}\cdots 0$
$2)\underline{\;\;\;7}\cdots 1$
$2)\underline{\;\;\;3}\cdots 1$
　　$1\cdots 1$

2 2進法の11001を10進法で表せ。

25

$11001_{(2)} = 1 \times 2^4 + 1 \times 2^3 + 0 \times 2^2 + 0 \times 2^1 + 1 \times 2^0$
$= 16 + 8 + 1 = 25$

3 6進法で表された数515を10進法で表したときの一の位の数を求めよ。

1

6進法で表された数515を10進法で表すと、
$515_{(6)} = 5 \times 6^2 + 1 \times 6^1 + 5 \times 6^0$
$= 191$
よって、一の位の数は、1である。

4 2進法で101110と表される数と、2進法で100と表される数の和を、4進法で表せ。

302

2進法で表された数101110を10進法で表すと、
$1 \times 2^5 + 0 \times 2^4 + 1 \times 2^3 + 1 \times 2^2 + 1 \times 2^1 + 0 \times 2^0 = 46$
また、2進法で表された100を10進法で表すと、
$1 \times 2^2 + 0 \times 2^1 + 0 \times 2^0 = 4$
2数の和は $46 + 4 = 50$
これを4進法に変換すると、
$4)\underline{50}$
$4)\underline{12}\cdots 2$
　　$3\cdots 0$

よって、2数の和である50を4進法で表すと、302となる。

----

5 下の計算式は、n進法で表された数の足し算である。nを求めよ。

$56 + 35 = 113$

8

n進法で表された計算式を、nを使って10進法で表してみる。

計算式（ア）について、

左辺：$56 + 35 = (n^1 \times 5 + n^0 \times 6) + (n^1 \times 3 + n^0 \times 5) = 8n + 11$

右辺：$113 = n^2 \times 1 + n^1 \times 1 + n^0 \times 3 = n^2 + n + 3$

左辺＝右辺なので、

$8n + 11 = n^2 + n + 3$

$n^2 - 7n - 8 = 0$

$(n - 8)(n + 1) = 0$

$n = 8、 -1$

nは正の数であるから、$n = 8$

過去問にチャレンジ！

問題 1

東京都Ⅰ類（2018年度）

2進法で1010110と表す数と、3進法で2110と表す数がある。これらの和を5進法で表した数として、正しいものはどれか。

1　102
2　152
3　201
4　1021
5　1102

☞解答・解説は別冊p.059

問題 2

消防官Ⅲ類（2020年度）類題

下の数字は6進法で表されており、かつ、ある規則に従って並んでいる。（　　）に入る数字として、最も妥当なものはどれか。

21、22、24、31、35、44、54、（　　）、121、……

1　95
2　105
3　109
4　111
5　118

☞解答・解説は別冊p.059

問題 3

消防官 I 類（2022 年度）

5進法で表すと 4 a b となる数は6進法で表すと b 5 a となる。この数を8進法で表したものとして、最も妥当なものはどれか。

1　124
2　126
3　144
4　146
5　164

☞解答・解説は別冊 p.060

問題 4

消防官 I 類（2018 年度）

5進法で表された数2222と3進法で表された数2222との差を6進法で表した数として、最も妥当なものはどれか。

1　542
2　1024
3　1104
4　1142
5　1201

☞解答・解説は別冊 p.060

SECTION

5 数列・規則性

STEP 1 要点を覚えよう！

POINT 1 数列の基本的な用語

ある規則に従って並んだ数字の列のことを**数列**といい、その数列を作っていく各数のことを**項**という。最初の項から順に第1項、第2項、第3項、…といい、特に第1項目は初項ともいう。

$$1、\quad 3、\quad 5、\quad 7、\quad 9、\quad 11、\quad 13、\quad 15、\cdots\cdots$$

第1項（＝初項）　第2項

また、項の個数は項数、最後の項は末項という。数列の種類としては、以下を押さえておくとよい。

等差数列	各項に一定の数（公差）を加えると次の項が得られる数列
等比数列	各項に一定の数（公比）をかけると次の項が得られる数列
階差数列	各項の差がさらに数列になるような数列

本試験では等差数列や階差数列が出るけど、ストレートに出るよりは計算の過程で公式を使うものが多いよ。使う公式もほとんどないから、最低限以下の内容だけ理解しておこう。

POINT 2 等差数列の公式

・等差数列の一般項……初項 a、公差 d の等差数列 $\{a_n\}$ の一般項 a_n は、

$$a_n = a + (n-1)d$$

・等差数列の和……初項 a、公差 d、末項 l、項数 n の等差数列の和を S_n とすると、

$$S_n = \frac{1}{2}n(a+l)$$

> 例題　1から100までの自然数のうち、偶数の総和はいくらか。

1から100までの自然数の中で偶数は、2、4、6、8、10、……100で、50個ある。等差数列の和の公式にあてはめると、初項は2、公差2、末項100、項数50であるから、

$$\frac{1}{2}n(a+l)=\frac{1}{2}\times50(2+100)=2550$$

答え 2550

等差数列の和は、最初と最後の項を足して、項数をかけて2で割るんだね。

POINT 3 規則性の解き方のコツ

　本試験では、数列以外の「その場で考えるタイプ」の規則性が多く登場する。問題の設定が**同じ操作の繰り返し**になっているものがあれば、規則性が隠れている可能性を考えるとよい。

　また、その際によく登場するのが①共通部分と②周期性である。本試験の問題からその場で読み取らなければならないので、注意してほしい。以下は周期性が見つかる問題例である。

> 例題　分数$\frac{17}{7}$を小数で表したとき、小数第50位の数字を求めよ。

　分数$\frac{17}{7}$を小数で表すと、$2.4\overset{\bullet}{2}8571\overset{\bullet}{4}28571428571……$　、の循環小数になっており、小数点以下428571の6個の数字の並び方が繰り返される。

$50\div6=8$余り2　であるから、50番目の数字は、6個の数字の並び方が8回繰り返された後2つ進んだ数字である。

よって、小数第50位の数字は、428571の2番目の数字、2である。

答え 2

ここで差をつける！▶ 小数第●位の数字

「小数第●位の数字を求めよ」という問題が出てきたら、その値は循環小数になっていると考えてよい。実際に計算してみて、何個の数字が繰り返されているかを確実に数えよう。一つでもずれると、間違いの選択肢を選ぶことになるので注意が必要だ。

1 次の等差数列の和を求めよ。
100、105、110、………、200

3150
初項は100、公差は5なので、末項200が第n項だとすると、
$100 + (n-1) \times 5 = 200$
$n = 21$
よって、初項100、末項200、項数21の等差数列の和は、

$$S_n = \frac{1}{2} \times 21(100 + 200)$$
$$= 3150$$

2 1から150までの整数の中に、ある数の倍数が11個ある、この11個の整数の和を求めよ。

858
1から150までの整数の中に11個あるので、$150 \div 11 \fallingdotseq 13.636\cdots$ で、ある数は13ということがわかる。
13の倍数を書き出してみると、
13、26、39、52……、143

この数列の和は、初項13、公差13、末項143、項数11なので、

$$S_{11} = \frac{1}{2} \times 11(13 + 143) = 858$$

3 1から200までの自然数のうち、5で割り切れない自然数をすべて足した数を求めよ。

16000
1以上200以下の自然数の和は、

$$1 + 2 + 3 + \cdots + 199 + 200 = \frac{1}{2} \times 200$$
$$\times (1 + 200) = 20100$$
5の倍数は、$200 \div 5 = 40$ 個あるから、5の倍数の和は、

$$5 + 10 + 15 + \cdots + 195 + 200 = \frac{1}{2} \times 40$$
$$\times (5 + 200) = 4100$$
よって、5で割り切れない自然数の和は、$20100 - 4100 = 16000$

4 3の29乗の一の位の数を求めよ。

3

一の位の数を調べる。同じ数字が現れるまで、順番に計算していく。
$3^1=3$、$3^2=9$、$3^3=27$、
$3^4=81$、$3^5=243$、$3^6=729$、
$3^7=2187$、$3^8=6561$、……より、
3^nの一の位の数は、以下の表のようになる。

n	1	2	3	4	5	6	7	8	9	…
一の位の数	3	9	7	1	3	9	7	1	3	…

表より、3^nの一の位の数は、3、9、7、1の4つの順に繰り返されることがわかる。4つの数字の繰返しなので、$29 \div 4 = 7$余り1であるから、表より、一の位の数は3である。

問題 1

東京都Ⅲ類（2020年度）

下の表のように、ある法則に従って数字をマス目に並べたとき、10行14列のマス目に入る数字はどれか。

列→

	1列	2列	3列	4列	5列	…
1行	1	2	5	10	17	
2行	4	3	6	11	18	
3行	9	8	7	12	19	
4行	16	15	14	13	20	
5行	25	24	23	22	21	

行↓

1 179
2 180
3 181
4 182
5 183

☞ 解答・解説は別冊 p.061

問題 2

刑務官（2020年度）

1～20の互いに異なる整数が一つずつ書かれたカードが20枚ある。この中から、2枚の連続した数字のカードを取り除いたところ、残ったカードの数字を全て足し合わせると183となった。取り除いた2枚のカードの数字として妥当なのはどれか。

1 9と10
2 11と12
3 13と14
4 15と16
5 17と18

☞ 解答・解説は別冊 p.061

問題3

東京都Ⅲ類（2021年度）

下の図のように、一定の規則に従って、同じ長さの棒を並べて、10段の図形まで正三角形を作るとき、10段の図形で使用する棒の本数として、正しいのはどれか。

1段の図形

2段の図形

・・・

1 159本
2 162本
3 165本
4 168本
5 171本

☞解答・解説は別冊 p.062

問題4

警察官Ⅰ類（2020年度）

30を連続した正の整数の和で表す方法は、全部で何通りあるか。

1 2通り
2 3通り
3 4通り
4 5通り
5 6通り

☞解答・解説は別冊 p.062

問題5

裁判所職員（2022年度）

一桁の整数Aが、ある規則に従うと下のように次々と変化をし、Cのところで循環する（ループになっている）。このとき、A＋C＋Eの値の1の位の数として正しいものはどれか。

$$A \to 26 \to 13 \to 38 \to 19 \to B \to 28 \to C$$

7

D

E ← 10

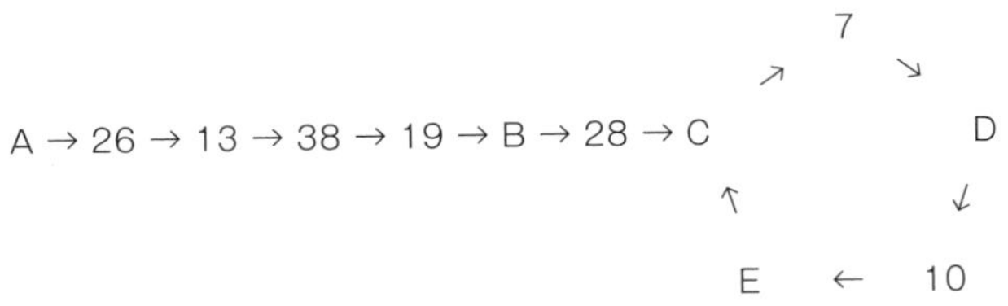

1 　1
2 　2
3 　4
4 　6
5 　8

☞解答・解説は別冊 p.063

問題6

東京都Ⅰ類（2022年度）

下の図のように、整数を1から順に反時計回りに並べたとき、400の右隣となる数として、正しいものはどれか。

31	30	29	28	27	26
32	13	12	11	10	25
33	14	3	2	9	24
⋮	15	4	1	8	23
	16	5	6	7	22
	17	18	19	20	21

1 　324
2 　325
3 　399
4 　401
5 　402

☞解答・解説は別冊 p.063

問題 7

国家一般職（2022 年度）

図Iのように、隣り合った二つの数の和をすぐ上の数とする。この規則に従って数を積み上げたところ、図IIのようになった。図IIにおいて一部の数が分かっているとき、アに当てはまる数はいくらか。

図I

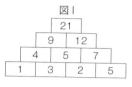

図II

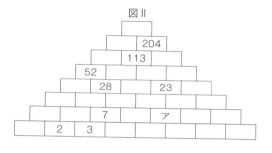

1 6
2 7
3 8
4 9
5 10

☞解答・解説は別冊 p.064

問題 8

特別区Ⅰ類（2022 年度）

分数 $\dfrac{5}{26}$ を小数で表したとき、小数第100位の数字はどれか。

1 0
2 2
3 3
4 6
5 7

☞解答・解説は別冊 p.064

6 覆面算・魔方陣

STEP 1 要点を覚えよう！

POINT 1 覆面算

　　覆面算とは、数字を文字や記号に置き換えた計算式のことである。どの文字にどの数字が隠されているかを答える問題である。

　　解き方のコツは、**通常の計算の流れをシミュレーションして、数字の入り方のパターンが絞り込めるところを探す**ことである。その際は①繰り上がり・繰り下がり、②最上位・最下位の位、③3・7・9の段の一の位が全てバラバラで重複しないことなどを使うとよい。

　例題　　次の計算式におけるＡはいくつか。
```
          2A8
          2A2
          88A
      +   A2A
         2164
```

　　一の位に着目すると、8＋2＋A＋A＝□4なので、Aは、**2か7のいずれか**ということがわかる。

（ⅰ）A＝2のとき

　　10の位のA＋A＋8＋2＝2＋2＋8＋2＝14となる。1の位からの繰り上げ1を加えると4＋1＝5になるので、**10の位は6にならないので不適。**

（ⅱ）A＝7のとき

　　10の位のA＋A＋8＋2＝7＋7＋8＋2＝24となる。1の位からの繰り上げ2を加えると4＋2＝6で、**10の位が6となり、適する。**

　　100の位にA＝7を入れてみると、2＋2＋8＋7＝19
　　10の位からの繰り上げが2あるので、19＋2＝21で、適する。

よって、A＝7である。

　　　　　　　　　　　　　　　　　　　　　　　　　　　　　　答え 7

POINT 2 魔方陣

魔方陣とは、縦、横、対角線のどのラインで足しても、合計が同じになる方陣のことをいう。特に4×4の四方陣で、1～16の数字が入るパターンが定番である。

ここで働きめる！ **魔方陣はまずは全体の和を求める**

まずは全体の和を等差数列の和の公式を使って求め、その後に1列（行）の和を求めれば入る数字が固まってくる。

例題 右の9個のマス目に1から9までの数字を入れ、たて、横、斜めのどの3個の和も等しくしたとき、アに入る数を求めよ。

まず、すべてのマスを数字で埋めた場合の和は、**1から9までの和**であるから、

全体の和は、$1+2+3+4+5+\cdots\cdots+9=\dfrac{1}{2}\times 9(1+9)=45$ ……①

よって、1列の数字の和は、$45÷3=15$

ここで、9つの数字を右図のように、A、B、C、D、E、F、G、H、Iとし、中央のAを使う和を考える。

$E+A+I=15$
$F+A+B=15$
$G+A+C=15$
$H+A+D=15$

この4式を足すと、

$3A+(A+B+C+D+E+F+G+H+I)=60$

①より、$(A+B+C+D+E+F+G+H+I)=45$なので、

$3A+45=60$ $A=5$

Fの位置には3が入っているので、$F+A+B=15$に代入すると、

$3+5+B=15$ $B=7$

よって、アには7が入る。

答え 7

1 次のような計算において、A＋B＋C の値はいくらか。

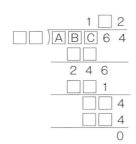

2

上記のように空きマスに、D、E、F、G、H、I、Jを配置する。ABC － DE ＝ 24より、A ＝ 1
246 － FG1 ＝ HIより、I ＝ 5とわかる。また、DE × 2 ＝ H54より、H ＝ 1とわかり、154 ÷ 2 ＝ 77より、D ＝ 7、E ＝ 7がわかる。
77 × J ＝ FG1より、7の段の一の位はすべてバラバラなので、一の位が1になるのはJ ＝ 3しかない。よって、J＝3、F＝2、G＝3となる。DE ＝ 77なので、ABC － 77 ＝ 24より、A＝1、B ＝ 0、C ＝ 1となる。
よって、A ＋ B ＋ C ＝ 1＋0＋1 ＝ 2

2 下の4×4のマス目に1～16を入れて、縦、横、対角線の各列の数字の和が同じになるようにしたい。このとき、A に入る数はいくらか。

		3	13
		10	
9			12
4		A	

15

一列の和から確認する。1から16まで入るので、このマス目に入れる数字の和は$1 + 2 + 3 + \cdots + 15 + 16 = \frac{1}{2} \times 16(1 + 16) = 136$である。これが縦か横で4列に分かれているので、4で割ると一列の和は136 ÷ 4 ＝ 34である。
対角線に着目すると、すでに4マス中13、10、4の3マスが入っているところがあるので、空いた1マスは34

$-(13+10+4)=7$である。

7を含む横列に着目すると、すでに4マス中9、7、12の3マスが入っているところがあるので、空いた1マスは$34-(9+7+12)=6$である。

最後にAを含む縦列に着目すると、すでに4マス中3、10、6の3マスが入っているところがあるので、空いたAは$34-(3+10+6)=15$である。

		3	13
		10	
9	7	6	12
4		15	

【別解】

なお、4×4の四方陣で1～16が入る場合、点対称の位置にある数字の和は17になりやすいという特徴もあるので、それを使ってもよい。

最初の状態ですでに13と4は点対称の位置で和は17なので、これを使っていくと以下のように入れることができる。

		3	13
5		10	8
9	7		12
4	14	A	

問題 1

消防官Ⅰ類（2019 年度）

次の計算式のA～Eには、それぞれ0～9のうち異なる整数が当てはまる。Bに当てはまる整数として、最も妥当なものはどれか。ただし、同一の記号には同一の整数が当てはまるものとする。

$$
\begin{array}{r}
ABCD \\
+\quad DABE \\
\hline
DECAD
\end{array}
$$

1　1
2　3
3　5
4　7
5　9

☞解答・解説は別冊 p.065

....

問題 2

警察官Ⅲ類（2022 年度）

次の等式の7つの□には1～9までのいずれかの数字が入る。7つの□に入る数の総和として、最も妥当なものはどれか。

$$
\frac{1}{\square\square} - \frac{1}{\square\square\square} = \frac{\square\,0\,\square}{2875}
$$

1　10
2　12
3　14
4　16
5　18

☞解答・解説は別冊 p.065

問題3

下の図のA～Iに、1～9の異なった整数を一つずつ入れ、A～Iを頂点とする六つの正方形において、頂点に入る数の和がいずれも20になるようにする。Aに3が入るとき、2が入る場所を全て挙げているものとして、妥当なのはどれか。

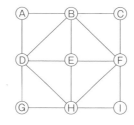

1　B、F、H
2　C、G
3　C、G、I
4　F、H
5　G、I

☞解答・解説は別冊 p.066

問題 4

1〜25の整数を全て用いて表を作成した。この表の各行及び各列の数字の和が全て等しいとき、表中の㋐、㋒、㋔、㋕に当てはまる数字の組合せとして最も妥当なのはどれか。

㋐	15	17	24	1
14	16	23	5	㋕
㋑	22	4	6	13
21	㋒	㋓	12	19
2	9	11	㋔	25

	㋐	㋓	㋔	㋕
1	7	10	18	8
2	7	18	20	8
3	8	10	18	7
4	8	20	18	7
5	10	18	20	8

☞解答・解説は別冊 p.067

CHAPTER

方程式・不等式

この章で学ぶこと

数的処理を解くうえでの大前提となる知識

　本章は数的処理で最も重要な部分です。数的推理のみならず、数的処理の問題を解くうえで、中学数学までの基本的な計算は必須です。したがって、まずは**どの章よりも最優先**で押さえなければなりません。

　数的処理で問われるのは一次方程式、二次方程式、不等式、連立不等式くらいなので、まずはそれらの**計算方法**を確認してください。なお、本書ではメインに取り上げていませんが、**平方根**の計算なども登場するので、忘れていたら補う必要があります。

数的推理においては文章題が「基本中の基本」

　数的推理にはさまざまな出題テーマがありますが、そのほとんどで共通するのは「文章題」だということです。つまり、問題文を読んで、ここから問題文の状況を式に変換する作業が必要になります。ある程度学習が進んだ受験生であっても、式を立てるのが苦手という方は多くいます。まずは**方程式を立てるコツ**を押さえて、次に実際に**式を立てる練習**が必須です。

　また、ここまでにCHAPTER2の**「割合」**などと絡めて出題されるケースが非常に多いので、広く学習することが大切です。

出題頻度を見極めて学習を進める

　本章で挙げている出題テーマの中でも、方程式・不等式は出題頻度の差がかなり大きいテーマであるといえます。例えば仕事算は多くの試験種で広く出題されますが、ニュートン算は近年出題頻度が低く、あまり見かけることはありません。また、平均の考え方はさまざまなテーマと関連するため重要ですが、年齢算や時計算は出題頻度が低く、特に時計算に至ってはほとんど問われないといってよいでしょう。

　このように、出題頻度に大きな違いがあるため、まずはしっかり**メリハリをつけて学習**してください。やはり優先度が高いのは前述のとおり、**仕事算や平均算**です。STEP 3で扱っている問題の中には、かなり特殊なものも含まれているので、くれぐれも全て完璧にしようとするのではなく、**わかるものを少しずつ増やしていく姿勢**で取り組んでください。

国家一般職

本章は特定のテーマに限らず、全てにおいて重要である。不定方程式や数量を題材にした問題が比較的出題されやすく、平均なども過去には出題されている。

国家専門職

基本的には国家一般職と同様の傾向があり、出題頻度も高い。あまり見たことのないような設定が複雑になった文章題が出てくることもあるので、正しく式に変えられるように読解力をつけることが重要である。

地方上級

一般的な方程式の文章題はよく出題される。特定のテーマというよりは、その場で設定を正しく読み取ることに重点が置かれるので、そのあたりを意識して過去問演習に取り組んでほしい。

裁判所職員

やはり他の国家公務員試験と同様、特に出題頻度が高い特定のテーマがあるわけではないが、全体的に理解しておかないと他のテーマを解くうえで困ることになる。

東京都Ⅰ類

難易度はかなり落ち着いているが、不定方程式や不等式（過不足算）の文章題が出題されやすいのが特徴である。似たような形式で繰り返し出題されるので、しっかり過去問演習をこなしておくのが望ましい。

特別区Ⅰ類

以前はあまり出題が見られなかったテーマだが、近年は文章題全体の出題頻度が高くなっているので注意したい。割合がらみで出題されるケースが多いので、割合の学習も進めることと、不等式なども過去に問われているので、広く学習しておきたい。

市役所

方程式や不等式の問題は出題頻度が高い。割合などのテーマと絡めて登場することが多いので、一通り学習する必要がある。

SECTION

1 一次方程式・不定方程式

STEP 1 要点を覚えよう！

POINT 1 一次方程式

一次方程式を解く手順を確認しておこう。

①式の**展開**や**移項**などにより方程式を整理し、$ax = b$ の形に変形する。

②両辺を a で割って、$ax = b$ → $x = \dfrac{b}{a}$

例題 一次方程式 $4(3x - 2) + 1 = 5x + 8$ を解け。

$4(3x - 2) + 1 = 5x + 8$
$12x - 8 + 1 = 5x + 8$ 展開する
$12x - 5x = 8 + 8 - 1$ 移項する
$7x = 15$
$x = \dfrac{15}{7}$ $x =$ の式にする（この場合両辺を7で割る）

答え $\dfrac{15}{7}$

POINT 2 一次方程式の文章問題

問題文から方程式をたてるポイントは、以下の3つである。

1．何を求めるのかをしっかり把握する。

2．x、y を使って、方程式をたてる。

・求めるものをそのまま x と置いて解く問題もあるが、別の表し方の方が計算が楽になることがあるので、**何を x で表すと解きやすいか**を考える。

・問題文から読み取れることを図式化しながら、**等しい関係を見つけて方程式をたててみる**。その際は、合計や増減に着目するとよい。

3．たてた式が正しいか、問題文を追って確かめてから、式を正確に解く。

例題 あるレストランのメニューは、カレー、オムライス、ハンバーグの3種類であり、それぞれの価格は800円、1,000円、1,300円である。ある日の注文件数の合計は80件であり、売上げの合計は77,200円であった。また、この日のハンバーグの注文件数は、カレーの注文件数の $\dfrac{2}{5}$ であった。このとき、この日のオムライスとハンバーグの注文件数の合計はいくらか。

カレーの注文件数を$5x$件とすると、ハンバーグの注文件数は、

$5x \times \dfrac{2}{5} = 2x$件である。　←カレーを5x件と置くことでハンバーグも
　　　　　　　　　　　　　　　　分数を使わずに表せる！

また、オムライスの注文件数は、

$80 - (5x + 2x) = 80 - 7x$件である。

売上げの合計金額から、←注文件数と価格、合計金額を使って等しい関係式ができる！

$800 \times 5x + 1000(80 - 7x) + 1300 \times 2x = 77200$

$40x + 800 - 70x + 26x = 772$　　　　　式全体を100で割ってから計算

$x = 7$

オムライスとハンバーグの注文件数の合計は、

$(80 - 7x) + 2x = 80 - 5x = 80 - 5 \times 7 = 45$件

答え 45 件

POINT 3 不定方程式

　たとえばx、yという2つの未知数があったとして、x、yについての方程式が2つ以上あれば解が見つかるが、未知数の数に対して方程式の数が少ない場合、解を特定させることができない。これを**不定方程式**という。

　ただし、不定方程式であっても、**解が正の整数である等の条件から、その性質を利用して、条件を満たす数を導いて解くことができる。**

ここで動き始める！ ▶ 正の整数が解となるとき

正の整数が解になる場合、式を変形して、ある数字の倍数になるという条件をみつけてみる。

例題　$7x + 4y = 100$を満たす正の整数x、yの値のうち、xがyの倍数となるような値をそれぞれ求めよ。

$7x + 4y = 100$を変形すると、

$x = \dfrac{100 - 4y}{7} = \dfrac{4(25 - y)}{7}$

xは正の整数なので、$25 - y$は正の数であり、かつ7で割り切れる数、つまり7の倍数になる。25より小さい数で7の倍数なのは、7、14、21の3つである。

（ⅰ）$25 - y = 21$のとき

　$y = 4$　　　$x = 12$　　　xはyの倍数になっているので、適する。

（ⅱ）$25 - y = 14$のとき

　$y = 11$　　　$x = 8$　　　xはyの倍数ではないので、不適。

（ⅲ）$25 - y = 7$のとき

　$y = 18$　　　$x = 4$　　　xはyの倍数ではないので、不適。

答え $x = 12$、$y = 4$

CHAPTER

5

方程式・不等式

1

一次方程式・不定方程式

1 次の一次方程式を解け。
$3(7x-18)=5x+23$

$x=\dfrac{77}{16}$

$3(7x-18)=5x+23$
$21x-54=5x+23$
$16x=77$

$x=\dfrac{77}{16}$

2 ある弁当屋では、800円と600円の2種類の弁当を、毎日合計で60個製造・販売している。ある日、閉店15分前の時点で600円の弁当は全て売り切れたが、800円の弁当の3割が売れ残っていたので、100円割り引いて販売したところ、閉店時間までに全て完売した。その日の売り上げが39,400円であったとき、800円の弁当の販売個数を求めよ。

20個

毎日製造・販売している800円の弁当の個数をx個とすると、600円の弁当の個数は$(60-x)$個。また、800円の弁当は、閉店15分前までに7割売れたので、800円の弁当を定価で売った金額の合計は、$800 \times 0.7x = 560x$円であり、100円引きで売った金額の合計は、$700 \times 0.3x = 210x$円である。売上金額の合計から、
$560x+210x+600(60-x)$
$=39400$
$170x=3400$
$x=20$

3 あるグループの全員がある銀行に預金をしており、その平均残高は600万円である。このグループのうちの何人かがそれぞれ40万円入金し、残りのすべての人がそれぞれ60万円出金したところ、平均残高が615万円となった。
このとき、このグループの人数として考えられるのは、5人、6人、7人、8人、9人のうちではどれか。なお、利子及び手数料は考えないものとする。

8人

グループの人数をx人とすると、平均×人数＝合計より、全員の預金残高の総額は$600x$万円。グループ内で40万円入金した人数をa人とすると、60万円出金した人数は$x-a$人となり、このときのグループ全員の預金総額は、
$600x+40a-60(x-a)$
$=540x+100a$
グループ全員の平均残高が615万円

となったので、

$540x + 100a = 615x$

$4a = 3x$

左辺は4の倍数より右辺の$3x$も4の倍数だが、3は4の倍数でないので、xは4の倍数に限られる。問題文のうち、4の倍数は8人だけである。

---

4 ある部署において、商品A～Dの4種類の文房具を購入したところ、商品Aと商品Bの購入金額の合計が1,800円、商品Cと商品Dの購入金額の合計が8,400円であった。商品A～Dの単価はそれぞれ160円、90円、140円、450円であったとき、購入した商品A～Dの個数の合計はいくつか。ただし、商品A～Dはいずれも1個以上購入したものとする。

42個

商品A、B、C、Dを購入した個数を、それぞれa個、b個、c個、d個とする。商品Aと商品Bの購入金額の合計から、

$160a + 90b = 1800$ ……①

商品Cと商品Dの購入金額の合計から、

$140c + 450d = 8400$ ……②

①より、$16a + 9b = 180$

$16a = 9(20 - b)$

右辺が9の倍数だから左辺も9の倍数であり、16は9の倍数ではないのでaは9の倍数である。

これより、①を満たすaとb($a \geqq 1$, $b \geqq 1$)の値の組は、

$a = 9$、$b = 4$である。

また、②より、

$14c + 45d = 840$

$14c = 15(56 - 3d)$

右辺が15の倍数だから左辺も15の倍数であり、14は15の倍数ではないので、cは15の倍数である。これより、②を満たすcとd($c \geqq 1$, $d \geqq 1$)の値の組は、

$c = 15$、$d = 14$である。

よって、購入した商品A～Dの個数の合計は、

$a + b + c + d = 9 + 4 + 15 + 14$
$= 42$個

過去問にチャレンジ！

問題 1

国家一般職高卒（2020年度）

ある商店街では、歳末セールにおいて福引を実施して、1等から5等の景品を出すことにした。景品1個当たりの金額は、2等は1等の半分、3等は2等の3分の1、4等は3等の4分の1、5等は4等の5分の1とした。また、景品の数は、1等と2等が1個ずつ、3等が3個、4等が6個、5等が20個としたところ、景品の合計金額は14,500円となった。このとき、1等の景品の金額はいくらか。

1　4,800円
2　5,400円
3　6,000円
4　6,600円
5　7,200円

☞解答・解説は別冊 p.068

問題 2

東京都Ⅰ類（2022年度）

観客席がS席、A席、B席からなるバドミントン競技大会決勝のチケットの販売状況は、次のとおりであった。

ア　チケットの料金は、S席が最も高く、次に高い席はA席であり、S席とA席の料金の差は、A席とB席の料金の差の4倍であった。
イ　チケットは、S席が60枚、A席が300枚、B席が900枚売れ、売上額の合計は750万円であった。
ウ　B席のチケットの売上額は、S席のチケットの売上額の5倍であった。
エ　S席、A席、B席のチケットの料金は、それぞれの席ごとに同額であった。
以上から判断して、S席のチケットの料金として、正しいものはどれか。

1　14,000円
2　15,000円
3　16,000円
4　17,000円
5　18,000円

☞解答・解説は別冊 p.068

問題 3

国家専門職（2020 年度）

あるパン屋では、パンを毎日同じ数だけ作り、その日のうちに売り切っている。昨日は、200円で24個販売したところで半額に値下げして、全て売り切った。

今日は、200円で全体の $\frac{3}{8}$ を販売したところで150円に値下げし、残りが全体の $\frac{1}{8}$ になったところで100円に値下げして、全て売り切った。昨日半額で販売した数と今日150円で販売した数が同じであったとき、昨日と今日の売上げの差は何円か。

1 　300円
2 　400円
3 　500円
4 　600円
5 　700円

☞解答・解説は別冊 p.069

問題 4

刑務官（2021 年度）

陸上部に所属するA～Dの4人が同時にある距離のコースを走り、それらの合計タイムを記録する。次のことが分かっているとき4人の合計タイムが最短となる気温は何℃か。ただし、走っている間に気温は変化しないものとする。A、B、Cの3人は、気温10℃のときに、このコースを20分で走り、そこから気温が1℃上昇又は下降するごとにタイムは0.5分ずつ長くなっていく。Dは気温6℃のときに、このコースを30分で走り、そこから気温が1℃上昇又は下降するごとにタイムは1分ずつ長くなっていく。

1 　6℃
2 　7℃
3 　8℃
4 　9℃
5 　10℃

☞解答・解説は別冊 p.069

問題5

警察官Ⅰ類（2020 年度）

1人4,500円の会費で同窓会を行った。支払いの際、9,800円不足していたので、男性だけ、追加で500円ずつ集めたところ、200円余った。男性の参加者は女性の参加者より5人多かった。このとき、全員が同じ金額の会費を支払うとした場合の会費として、最も妥当なものはどれか。

1 4,780円
2 4,980円
3 5,030円
4 5,100円
5 5,120円

☞解答・解説は別冊p.070

問題6

消防官Ⅰ類（2019 年度）

AとBがテストを受けたとき、BはAの2倍より10問少なく解答し、正答数はBのほうがAより10問多かった。また、このときの正答率はAは8割、Bは6割であった。Aの正答数として、最も妥当なものはどれか。

1 24問
2 32問
3 40問
4 48問
5 56問

☞解答・解説は別冊p.070

問題 7

国家一般職（2017 年度）

ある職場では、表のような消耗品を3回に分けて必要個数だけ購入した。

○1回目は、クリアファイルを除く3種類の消耗品をそれぞれ1個以上購入し、
合計金額は1,200円であった。

○2回目および3回目は、共に4種類全ての消耗品をそれぞれ1個以上購入し、
合計金額は、2回目が2,300円、3回目が1,500円であった。

このとき、確実にいえるものはどれか。

消耗品	単価	必要個数
消しゴム	110円	7
付せん紙	170円	5
ガムテープ	290円	8
クリアファイル	530円	2

1　1回目に消しゴムを2個購入した。
2　1回目にガムテープを3個購入した。
3　2回目に付せん紙を1個購入した。
4　2回目にガムテープを3個購入した。
5　3回目に消しゴムを1個購入した。

☞解答・解説は別冊 p.070

2 二次方程式・不等式

STEP 1 要点を覚えよう！

POINT 1 二次方程式

　文章題の問題では少ないが、二次方程式を解く流れになる問題も多い。解き方を必ず復習しておこう。

例題　$2x^2+5x+2=0$を解け。

　二次方程式を解く方法として、**因数分解と解の公式**を押さえておく必要がある。**因数分解**で解くなら、以下の手順で進める。

①**最初**の数字2と**最後**の数字2について、それぞれ「かけて2になるもの」を探して、そのかけ算をそれぞれの数字の下に書く（図1）。

②これらを図2のように交差して（たすき掛けして）かけた答えの和が、真ん中の数字になるものを探す。本問であれば、「足して5になるような数字4つの並べ方」を考えると、図2のようにすれば$1\times1=1$、$2\times2=4$、$1+4=5$となる。

③並んだ数字4つが、そのまま（$\Box x+\Box$）（$\Box x+\Box$）の4つの□に入る。図をもとにすれば、上の段は1、2なので（$1x+2$）＝（$x+2$）、下の段は2、1なので（$2x+1$）となる。よって、因数分解すると$(x+2)(2x+1)=0$となる。

④$(x+2)=0$、$(2x+1)=0$になるものを考える。$(x+2)=0$になるのは

$x=-2$のとき、$(2x+1)=0$になるのは$x=-\dfrac{1}{2}$のときである。

図1

$$2x^2+5x+2$$
$$1 \qquad 2$$
$$\times \qquad \times$$
$$2 \qquad 1$$

図2

$$2x^2+5x+2$$

$$
\begin{array}{l}
1 \qquad 2 = 4 \\
\times \qquad \times \quad + \\
2 \qquad 1 = 1 \\
\qquad\qquad = \\
\qquad\qquad 5
\end{array}
$$

答え　$x=-2$、$-\dfrac{1}{2}$

　解がルートになる場合は、**解の公式**を使うとよい。これは暗記して実際に使えるようにすること。

二次方程式$ax^2+bx+c=0$（$a\neq0$）の解は、$x=\dfrac{-b\pm\sqrt{b^2-4ac}}{2a}$

特に図形の問題では二次方程式の計算が登場するので、基本事項はひととおり復習しておこう。

POINT 2 平方根の計算

「**2乗するとその数になる数**」のことを平方根という。

例えば4の平方根は「2乗すると4になる数」なので±2だが、5の平方根は「2乗すると5になる数」が±2.236067…となって簡潔に表せない。そこで、「2乗するとその数になる数」であることを表すためにルートを使う。5の平方根は±$\sqrt{5}$と表す。

なお、4の平方根は±$\sqrt{4}$であるが、ルートの中が「何らかの2乗」になっているときはルートを外す。4=2^2なので、外して前述のように±2と表せばよい。

ルートの計算は、ルートどうしではかけ算、割り算ができるが、未知数のような扱い方で計算する。

> 例題　以下の計算をせよ。
> (1) $2\sqrt{2}+4\sqrt{2}$
> (2) $5\sqrt{5}\times2\sqrt{3}$
> (3) $3\sqrt{2}\div\sqrt{3}$

（1）ルートの中身が同じなので、**未知数と同様にそのまま足し算する。**
$2\sqrt{2}+4\sqrt{2}=6\sqrt{2}$

（2）かけ算・割り算は**ルートの中の数字を計算してよい。**
$5\sqrt{5}\times2\sqrt{3}=10\sqrt{15}$

（3）割り算も同様だが、割り切れないときは**分数**にする。分母にルートが入るので、場合によっては**分母の有理化**をして分母に含まれるルートを消すこと。同じルートの数字をかければよい。

$$3\sqrt{2}\div\sqrt{3}=\frac{3\sqrt{2}}{\sqrt{3}}=\frac{3\sqrt{2}\times\sqrt{3}}{\sqrt{3}\times\sqrt{3}}=\frac{3\sqrt{6}}{3}=\sqrt{6}$$

答え　(1) $6\sqrt{2}$ (2) $10\sqrt{15}$ (3) $\sqrt{6}$

ルートの計算も特に図形の問題ではよく登場するよ。$\sqrt{2}=1.4\cdots$、$\sqrt{3}=1.7\cdots$、$\sqrt{5}=2.2\cdots$というだいたいの近似値を覚えておくだけでも、選択肢が絞れる問題もあるよ。

POINT 3 一次不等式

　文章題では、不等式で関係を表す問題も多数出題される。不等式の基本をしっかりおさえていこう。

一次不等式を解く手順

　①式の展開や移項などにより、不等式を $ax > b$、$ax < b$ の形に変形する。

　②両辺を a で割る。$ax > b → a > 0$ のとき、$x > \dfrac{b}{a}$

　　　　　　　　　　　　$a < 0$ のとき、$x < \dfrac{b}{a}$

> 両辺にマイナスをかけたり割ったりすると、不等号は逆になることを思い出しておこう。

例題　$2(3x + 5) - 1 > 8x + 13$　を解け。

$2(3x + 5) - 1 > 8x + 13$
$6x + 10 - 1 > 8x + 13$ ⟵ 展開する
$6x - 8x > 13 - 9$ ⟵ 移項する
$-2x > 4$
$x < -2$ ⟵ 両辺を -2 で割る。不等号の向きに注意！

答え $x < -2$

POINT 4 二次不等式

　出題頻度は低いが、**二次不等式**も問われることがある。二次方程式の解き方を理解していることが前提なので、POINT1の二次方程式も復習しておこう。

二次不等式を解く手順

　①式の展開や移項などにより、不等式を次のような形に変形する。

　$ax^2 + bx + c > 0$　　　$ax^2 + bx + c < 0$　　　$(a > 0)$
　$ax^2 + bx + c \geqq 0$　　　$ax^2 + bx + c \leqq 0$　　　$(a > 0)$

　②$ax^2 + bx + c = 0$　の解を、$x = a$、b $(a < b)$ とする。

　$ax^2 + bx + c > 0$　⇒　$x < a$、$\beta < x$
　$ax^2 + bx + c \geqq 0$　⇒　$x \leqq a$、$\beta \leqq x$
　$ax^2 + bx + c < 0$　⇒　$a < x < \beta$
　$ax^2 + bx + c \leqq 0$　⇒　$a \leqq x \leqq \beta$

例題　二次不等式 $2x(x - 1) - 2 < x^2 + 1$ を解け。

$2x(x-1)-2<x^2+1$
$2x^2-2x-2<x^2+1$ 〉展開する
$2x^2-2x-2-x^2-1<0$ 〉移項する
$x^2-2x-3<0$
$(x+1)(x-3)<0$ 〉因数分解する
$-1<x<3$

答え $-1<x<3$

因数分解した左辺の式から、不等号を満たす x を考えていけばよいね。

POINT 5 連立不等式

2つの不等式が出てくる問題では、2つの不等式をそれぞれ解き、数直線上にそれぞれの解を表し、共通部分を求める。

> 例題　次の連立不等式を解け。
> $$\begin{cases} 2x-3<5x+6 \\ 3(x-2)\leqq x-4 \end{cases}$$

上の式：$2x-3<5x+6$
　　　　$-3x<9$
　　　　　$x>-3$ ……①
下の式：$3(x-2)\leqq x-4$
　　　　$3x-6\leqq x-4$
　　　　　$2x\leqq 2$
　　　　　　$x\leqq 1$ ……②
　連立不等式の解は、$-3<x\leqq 1$

答え $-3<x\leqq 1$

不等号の向きに注意しようね。

CHAPTER 5 方程式・不等式

2 二次方程式・不等式

POINT 6 不等式の文章題

　不等式の文章題においても、一次方程式と同じ要領で、xやy、a、bなどの文字を用いて関係式をつくる。その際、「**未満**」「**超える**」「**余る**」「**残る**」などのワードから正しく関係式を立てることが大切である。また、**何をxで表すと解きやすい**かを考えて式を立てるとよい。

例題　ある果物を箱に詰めるため、4個入りの箱と6個入りの箱をあわせて13箱用意した。果物を箱に詰めてみると次のことがわかった。

(1) すべての箱に4個ずつ詰めると7個以上の果物が残る。
(2) 6個入りの箱だけを使用して、6個ずつ入れると17個以上の果物が残る。
(3) すべての箱を用いて果物を詰めると、6個入りの箱のうち、最後の箱には1個だけ入っている。

このときの果物の数は何個か。考えられる個数を2つ答えよ。

4個入りの箱をx箱とすると、6個入りの箱は$13-x$箱となる。
条件（1）より、果物の数は、
　　$4 \times 13 + 7 = 59$　　より、59個以上　　……①
条件（2）より、果物の数は、
　　$6 \times (13-x) + 17 = 95 - 6x$　より、$(95-6x)$個以上　　……②
条件（3）から、果物の数は、
　　$4 \times x + 6 \times (13-x) - 5 = 73 - 2x$　より、$(73-2x)$個　　……③
①、③より、$59 \leqq 73 - 2x$　　　$x \leqq 7$
②、③より、$95 - 6x \leqq 73 - 2x$　　　$5.5 \leqq x$
よって、xの範囲は、$5.5 \leqq x \leqq 7$
xは自然数なので、$x=6$、または$x=7$　であることがわかる。
この値を③に代入すると、$x=6$のとき、果物の数は$73 - 2 \times 6 = 61$より61個、
$x=7$のとき、果物の数は$73 - 2 \times 7 = 59$より、59個。
よって、果物の数として考えらえる個数は、59個、または61個。

答え　59個、61個

ここで**きわめる!** ▶ 自然数に着目

xが**個数**を表すときは、**自然数**になることに着目して、xの値を求める。

POINT 7 線形計画法（領域における最大と最小）

線形計画法とは、いくつかの一次不等式を満たす領域内で、値が最大化（または最小化）する変数の値を求めることをいう。文章題でも使えることがあるので、覚えておくとよい。手順は次のとおりである。

①問題文で与えられた条件を満たす不等式の領域を図示する
②求めるものをxやyなどの文字に置き換える
③図の領域内から、最大と最小を得る

> 例題　x、yは正の数であり、$x+4y \leqq 16$　$3x+y \leqq 15$を満たすとき、$x+y$の最大値を求めよ。

まず、問題文で与えられた不等式の
領域を図示してみる。
$x+4y \leqq 16$、$3x+y \leqq 15$をそれぞれ
yについての式にすると、

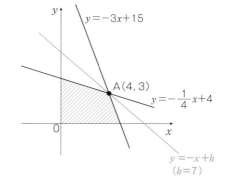

$$y \leqq -\frac{1}{4}x+4$$
$$y \leqq -3x+15$$

$x+y=k$とおくと、
$$y=-x+k \quad \cdots\cdots ①$$

よって、①は傾きが-1、y切片が
kの直線を表し、kの値が増加すると、下から上に移動する。
よって、kの値が最大になるのは、**直線①が点Aを通るとき**である。
よって、$x=4$、$y=3$　のとき、$x+y$は最大値7をとる。

答え　7

文章題の場合は、まず与えられた条件を不等式で表してみよう。求める数値が、最大値や最小値の問題の場合、この線形計画法を使って求められる場合が多いよ。

1 $-2(4x+1)>-3x+8$を解け。

$x<-2$
$-2(4x+1)>-3x+8$
$-8x-2>-3x+8$
$-5x>10$
$x<-2$

---

2 $3(5x+2)-4>8x+9$　を解け。

$x>1$
$3(5x+2)-4>8x+9$
$15x+6-4>8x+9$
$15x+2>8x+9$
$7x>7$
$x>1$

---

3 $x^2+5>2(2x+1)$　を解け。

$x<1$、$3<x$
$x^2+5>2(2x+1)$
$x^2+5>4x+2$
$x^2-4x+3>0$
左辺を因数分解して解を求める。
$(x-1)(x-3)=0$より、
$x=1$、3である。
$ax^2+bx+c>0$　$(a>0)$
のとき、$x<\alpha$、$\beta<x$
であるから、
$x<1$、$3<x$

4　次の連立不等式を解け。
$$\begin{cases} 2x-6<4x-10 \\ -8x+3\leqq-5x-6 \end{cases}$$

$x\geqq3$
$2x-6<4x-10$を解くと
　$-2x<-4$　　$x>2$ ……①
　$-8x+3\leqq-5x-6$を解くと
　$-3x\leqq-9$　　$x\geqq3$ ……②
①、②より、　　$x\geqq3$

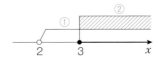

[5] $3x^2-21x-63<0$を満たす整数xは、全部で何個か。

12個

$3x^2-21x-63<0$

$x^2-7x-21<0$

$x^2-7x-21=0$を解くと、解の公式より、

$$x=\frac{-(-7)\pm\sqrt{(-7)^2-4\cdot1\cdot(-21)}}{2\times1}$$

$$=\frac{7\pm\sqrt{49+84}}{2}=\frac{7\pm\sqrt{133}}{2}$$

よって、不等式の解は、

$$\frac{7-\sqrt{133}}{2}<x<\frac{7+\sqrt{133}}{2} \quad\cdots\cdots\text{①}$$

ここで、ルートの近い数字から推測すると、$11=\sqrt{121}<\sqrt{133}<\sqrt{144}=12$より、

$$7+11<7+\sqrt{133}<7+12$$

$$\frac{18}{2}<\frac{7+\sqrt{133}}{2}<\frac{19}{2}$$

$$9<\frac{7+\sqrt{133}}{2}<9.5$$

また、$-12<-\sqrt{133}<-11$より、

同様にして、$-2.5<\dfrac{7-\sqrt{133}}{2}<-2$

よって、①を満たす整数xは、$-2\leqq x\leqq9$となり、その個数は$9-(-2)+1=12$個である。

問題 1

あるグループが区民会館で集会をすることになった。今、長椅子の1脚に3人ずつ座ると10人が座れなくなり、1脚に5人ずつ座ると使わない長椅子が3脚でき、使っている長椅子のうち1脚は4人未満になるとき、このグループの人数は何人か。

1 52人
2 55人
3 58人
4 61人
5 64人

☞解答・解説は別冊 p.071

問題 2

ある牧場では、ヒツジとヤギの2種類の家畜を飼育しており、屋外ではヒツジの数はヤギの数の5倍で、2種類の家畜の合計は1,000匹未満であった。また、屋内でもこの2種類の家畜を飼育しており、ヒツジの数はヤギの数のちょうど$\frac{1}{4}$であった。いま、屋内で飼育している2種類の家畜を全て屋外に出して、以前から屋外で飼育している家畜に合流させることとした。その結果、2種類の家畜の合計は1,000匹を超え、ヒツジの数はヤギの数の4倍となった。このとき、当初、屋内で飼育していたヒツジの数として最も妥当なものはどれか。

1 10匹
2 11匹
3 12匹
4 13匹
5 14匹

☞解答・解説は別冊 p.072

問題3

特別区Ⅰ類（2022年度）

ある催し物の出席者用に7人掛けの長椅子と5人掛けの長椅子を合わせて30脚用意した。7人掛けの長椅子だけを使って7人ずつ着席させると、85人以上の出席者が着席できなかった。7人掛けの長椅子に4人ずつ着席させ、5人掛けの長椅子に3人ずつ着席させると、67人以上の出席者が着席できなかった。また、7人掛けの長椅子に7人ずつ着席させ、5人掛けの長椅子に5人ずつ着席させると、出席者全員が着席でき、1人も着席していない5人掛けの長椅子が1脚余った。このとき、出席者の人数として、正しいものはどれか。

1　169人
2　171人
3　173人
4　175人
5　177人

☞解答・解説は別冊 p.072

問題4

国家専門職（2021年度）

x、yは、$x < y$の大小関係にある自然数（1以上の整数）であり、

$\dfrac{1}{x} + \dfrac{1}{y} = \dfrac{7}{10}$ であるとき、xとyの値を次のような方法で求めることができる。

$x < y$の大小関係から$\dfrac{1}{x} > \dfrac{1}{y}$であるため、$\dfrac{2}{x} > \dfrac{7}{10}$であることが分かる。

よって、$x \leqq 2$であることが分かり、これから$x = 2$、$y = 5$が導き出せる。いま、a、b、cは、$a < b < c$の大小関係にある自然数であり、

$\dfrac{1}{a} + \dfrac{1}{b} + \dfrac{1}{c} = \dfrac{9}{10}$ である。このとき、cの値はいくらか。

1　9
2　12
3　15
4　18
5　21

☞解答・解説は別冊 p.073

問題5

国家一般職（2020年度）

ある農家では、2種類の高級なフルーツA、Bを栽培・販売しており、フルーツ1個当たりの栽培費、輸送費及び販売価格はそれぞれ表のとおりである。栽培費の総額の上限は240万円、輸送費の総額の上限は160万円であるとき、フルーツA、Bの販売額の合計の最大値はいくらか。

（単位：千円）

	栽培費	輸送費	販売価格
フルーツA	8	4	18
フルーツB	6	5	15

1　570万円
2　600万円
3　630万円
4　660万円
5　690万円

☞解答・解説は別冊p.074

問題6

東京都Ⅰ類（2018年度）

ある自動車販売会社がトラックの販売価格を400万円としたところ、このトラックの月間販売台数は4,000台であった。次の月から、このトラックの販売価格を毎月5万円ずつ値下げするごとに月間販売台数が100台ずつ増えるものとするとき、月間売上額が最大となる販売価格として、正しいものはどれか。ただし、税及び経費は考慮しない。

1　290万円
2　295万円
3　300万円
4　305万円
5　310万円

☞解答・解説は別冊p.074

問題7

東京都Ⅰ類（2017年度）

ある催し物の出席者用に6人掛けの長椅子と4人掛けの長椅子とを合わせて21脚用意した。6人掛けの長椅子だけを使って6人ずつ着席させると、36人以上の出席者が着席できなかった。6人掛けの長椅子に5人ずつ着席させ、4人掛けの長椅子に4人ずつ着席させると、12人以上の出席者が着席できなかった。また、6人掛けの長椅子に6人ずつ着席させ、4人掛けの長椅子に4人ずつ着席させると、出席者全員が着席でき、席の余りもなかった。このとき、出席者の人数として、正しいものはどれか。

1　106人
2　108人
3　110人
4　112人
5　114人

☞解答・解説は別冊p.075

問題8

国家専門職（2017年度）

ある会社では、同社の製品A、Bを製造する工場を新設することとなった。製品A、Bの製造ライン1本当たり、設置に必要なスペースと作業員数、得られる利益は常に表のとおりであるとする。これらの製造に割り当てることができるスペースは最大で9,000m²であり、作業員数は最大で600人である。この工場が製品A、Bの製造で得られる利益を最大にするには、製品Aの製造ラインを何本にすればよいか。

	製品A	製品B
設置に必要なスペース（m²）	300	600
作業員数（人）	40	30
利益（百万円）	15	20

1　3本
2　6本
3　9本
4　12本
5　15本

☞解答・解説は別冊p.076

3 仕事算・ニュートン算

STEP 1 要点を覚えよう！

POINT 1 仕事算

　仕事算とは、ある仕事を仕上げるのにかかる日数や時間、また、水槽が満タンになる時間などを求める問題のことである。

　仕事算では、「**仕事全体を1**」**と仮定する**ことが大切である。そして、AやBが1日または1時間などの一定の単位の中で、それぞれどのくらい仕事をするかを考える。全体の仕事量を1とすると、1日の仕事量と日数の関係は次のとおりである。

　1日の仕事量＝1÷日数

　仕上げるのにかかる日数＝1÷1日の仕事量

> 例題　Aは、ある仕事をするのに30日かかり、Bは15日かかる。この仕事全体の量を1としたとき、AとBが一緒にこの仕事をすると、1日でどのくらい仕事ができるか。

ある仕事の量を1とすると、Aの1日の仕事量は、$1 \div 30 = \dfrac{1}{30}$

Bの1日の仕事量は、$1 \div 15 = \dfrac{1}{15}$

よって、AとBが一緒にこの仕事をするときの1日の**仕事量**は、$\dfrac{1}{30} + \dfrac{1}{15} = \dfrac{1}{10}$

答え $\dfrac{1}{10}$

> 例題　Aは、ある仕事をするのに30日かかり、Bは12日かかる。Aが5日間仕事をした後にBがこの仕事を引き継いだ。このとき、残りの仕事を終えるのにBは何日かかるか。

ある仕事量を1とすると、Aの1日の仕事量は$1 \div 30 = \dfrac{1}{30}$

Aが5日間でした仕事量は、$\dfrac{1}{30} \times 5 = \dfrac{1}{6}$ なので、残っている仕事量は$1 - \dfrac{1}{6} = \dfrac{5}{6}$

また、Bの1日の仕事量は　$1 \div 12 = \dfrac{1}{12}$

よって、残りの仕事をBが終える**日数**は $\dfrac{5}{6} \div \dfrac{1}{12} = 10$

答え 10 日

特に『1日の仕事量×日数＝終えた仕事量』という
式を立てることが多いよ。

POINT 2 ニュートン算

　ニュートン算は、仕事算に似ているが、仕事中にも次の仕事が入ってきて、仕事量が変化していくのが特徴の問題である。問題の種類としては、水槽の給排水の問題や、映画館や改札等の窓口処理等の問題がある。仕事量の増加分と減少分に注意して式をつくって求めればよい。

> **例題**　ある水槽を満水にするのに、Aの給水管では5時間、Bの給水管では10時間かかり、満水のときCの排水栓から流し出して、空にするには6時間かかる。Cの排水栓を開けたまま、空の水槽にAの給水管とBの給水管から同時に水を入れた。このとき満水になるまでにかかる時間を求めよ。

水槽が満水の状態を1とする。また、給水管A、Bの1時間の給水量を、それぞれ、a、bとし、排水管Cの1時間当たりの排水量をcとする。

満水にするのに、Aは5時間、Bは10時間かかるから、$a = \dfrac{1}{5}$、$b = \dfrac{1}{10}$

また、満水時から空になるまで、Cは6時間かかるから、$c = \dfrac{1}{6}$

AとBで給水し、Cで排水するとき、1時間の給水量は

$$a + b - c = \dfrac{1}{5} + \dfrac{1}{10} - \dfrac{1}{6} = \dfrac{2}{15}$$

1時間の給水量　1時間の排水量　1時間に水がたまる量

よって満水になるまでにかかる時間は、$1 \div \dfrac{2}{15} = 7.5$時間

すなわち、**7時間30分**である。

答え 7 時間 30 分

ここで差をつける！ ▶ 給排水問題の満水時

給排水問題の場合、満水時の状態を1として考えると、**一定の時間あたりの
それぞれの給排水量を表すことができる。**

1 Aは、ある仕事をするのに30日かかる。この仕事全体の量を1としたとき、Aの1日の仕事量を求めよ。

$\dfrac{1}{30}$

1日の仕事量は、1÷日数なので、

$1 \div 30 = \dfrac{1}{30}$

---

2 ある仕事をするのに、Aは45分、Bは1時間半かかる。AとBが2人一緒にその仕事を行うとき、かかる時間は何分か。

30分

ある仕事量を1とする。

Aの1分間の仕事量は、

$1 \div 45 = \dfrac{1}{45}$

Bの1分間の仕事量は、1時間半＝90分なので、

$1 \div 90 = \dfrac{1}{90}$

AとBが一緒にその仕事を行うと、1分間の仕事量は、

$\dfrac{1}{45} + \dfrac{1}{90} = \dfrac{1}{30}$

全体の仕事量が1なので、かかる時間は、1÷1分間の仕事量で、

$1 \div \dfrac{1}{30} = 30$分

---

3 AとBが協力して仕上げると8日、BとCが協力して仕上げると6日、Bが1人で仕上げると24日かかる仕事がある。この仕事をA、B、Cが協力して行った場合にかかる日数を求めよ。

4日

全体の仕事量を1とする。また、A、B、Cの1日の仕事量をそれぞれ、a、b、cとする。

AとBの2人では8日かかるから、

$a + b = \dfrac{1}{8}$ ……①

BとCの2人では6日かかるから、

$b + c = \dfrac{1}{6}$ ……②

B1人では24日かかるから、

$$b = \frac{1}{24} \quad \cdots\cdots ③$$

③を①、②に代入して、

$$a = \frac{1}{8} - \frac{1}{24} = \frac{2}{24},$$

$$c = \frac{1}{6} - \frac{1}{24} = \frac{3}{24}$$

A、B、Cの3人で行うときの1日の仕事量の合計は、

$$a + b + c = \frac{2}{24} + \frac{1}{24} + \frac{3}{24} = \frac{1}{4}$$

よって、3人で行うと、

$$1 \div \frac{1}{4} = 4 \text{日かかる。}$$

---

4 ある仕事を仕上げるのに、それぞれ、Aが1人で行うと15日、Bが1人で行うと12日、Cが1人で行うと20日かかる。

AとBの2人がこの仕事を共同で2日間行った。この後、CがBに代わってAと共同で仕事を続けるとすると、この仕事を仕上げるのにあと何日かかるか。

ただし、A、B、Cがそれぞれ行う1日の仕事量は一定である。

6日

全体の仕事量を1とする。A、B、Cそれぞれの1日の仕事量は、順に、

$$\frac{1}{15} 、 \frac{1}{12} 、 \frac{1}{20} \quad \text{と表せる。}$$

AとBが共同で2日間行った仕事量は、

$$\left(\frac{1}{15} + \frac{1}{12} \right) \times 2 = \frac{3}{10}$$

よって、残りの仕事量は

$$1 - \frac{3}{10} = \frac{7}{10}$$

この残りの仕事量を、AとC共同で、x日間で終わらせるとすると、

$$\left(\frac{1}{15} + \frac{1}{20} \right) \times x = \frac{7}{10}$$

$$\frac{7}{60} x = \frac{7}{10} \quad x = 6$$

よって、この仕事を仕上げるためには、あと6日必要になる。

問題 1

特別区Ⅲ類（2022年度）

ある満水のプールを空にするために、A、B2種類の排水ポンプを用いる。Aのポンプ3台とBのポンプ2台で排水すると60分かかり、Aのポンプ3台とBのポンプ5台で排水すると40分かかる。今、この満水のプールを、Aのポンプ2台とBのポンプ何台かで排水して50分以内に空にするとき、最低限必要なBのポンプの台数はどれか。ただし、A、Bそれぞれのポンプの能力は、常に一定であるものとする。

1 4台
2 5台
3 6台
4 7台
5 8台

☞解答・解説は別冊p.076

問題 2

消防官Ⅰ類（2022年度）

ある広場の草刈りをするのに大人4人では3時間、子供6人では8時間がかかる。大人3人と子供4人でこの広場の草刈りをしたとき、すべての作業が終了するまでに要する時間として、最も妥当なものはどれか。

1 3時間
2 4時間
3 5時間
4 6時間
5 7時間

☞解答・解説は別冊p.077

問題3

裁判所職員（2018年度）

ある仕事をA、B、Cの3人で行うと5日かかり、AとBの2人で行うと8日かかり、BとCの2人で行うと10日かかる。この仕事をBのみで行うと何日かかるか。

1　20日
2　25日
3　30日
4　35日
5　40日

☞解答・解説は別冊p.077

問題4

特別区Ⅰ類（2018年度）

A、Bの2人では25分、B、Cの2人では30分で仕上がる仕事がある。この仕事をA、B、Cの3人で10分作業をした後、Bだけが22分作業をして仕上がった。この仕事をBが1人で仕上げるのに要する時間はどれか。

1　44分
2　45分
3　46分
4　47分
5　48分

☞解答・解説は別冊p.078

問題 5

警察官 I 類（2021年度）

コンサートの入場口にすでに500人の客が並んでおり、その数は1分間に3人ずつ増え続けている。1つの受付でチケットを確認して入場をさせることができる客の数が1分間に5人であるとき、15分以内に全員の客を入場させるために必要な受付の数のうち、最小となる受付の数として、最も妥当なものはどれか。

1　5
2　6
3　8
4　9
5　11

☞解答・解説は別冊 p.078

問題 6

特別区 I 類（2022年度）

A、Bの2人で倉庫整理を行うと、ある日数で終了することが分かっている。この整理をAだけで行うと、2人で行うときの日数より4日多くかかり、Bだけで行うと9日多くかかる。今、初めの4日間は2人で整理を行い、残りはBだけで整理を終えたとき、この倉庫整理にかかった日数はどれか。ただし、A、Bそれぞれの1日当たりの仕事量は一定とする。

1　7日
2　8日
3　9日
4　10日
5　11日

☞解答・解説は別冊 p.079

問題 7

裁判所職員（2021年度）

ある仕事をAとBの2人で行うと18日かかり、BとCの2人で行うと9日かかり、AとCの2人で行うと12日かかる。この仕事をA、B、Cの3人で行うと何日かかるか。

1 4日
2 5日
3 6日
4 7日
5 8日

☞解答・解説は別冊 p.080

問題 8

警察官 I 類（2017年度）

12人で15日かかる仕事がある。この仕事を20日間で完了するよう毎日同じ人数で始めたが、12日間仕事を終えた時点で、あと3日で完了させることになった。13日目から増やす必要がある人数として、最も妥当なものはどれか。ただし、1人が1日あたりにする仕事量は同じであるものとする。

1 7人
2 9人
3 11人
4 13人
5 15人

☞解答・解説は別冊 p.080

問題9

消防官Ⅰ類（2017年度）

一定の量だけ水のたまっている井戸がある。この井戸から水をくみ出すと、一定の割合で水が湧き出る。毎分20Lくみ上げられるポンプを使って水をくむと、15分で水がなくなり、毎分30Lくみ上げられるポンプを使えば、9分で水がなくなるという。毎分25Lのポンプを使って水をくみ上げたときに、水がなくなるまでにかかる時間として、最も妥当なものはどれか。

1　11分
2　11分15秒
3　11分30秒
4　11分45秒
5　12分

☞解答・解説は別冊 p.081

問題 10

ある工場では、2種類の製品Ａ、Ｂを製造しており、その製造に要する時間は、それぞれ1個当たり、常に次のとおりである。

$$製品Ａ：4+\frac{20}{製品Ａの製造を担当している作業員の人数}（分）$$

$$製品Ｂ：6+\frac{30}{製品Ｂの製造を担当している作業員の人数}（分）$$

ある日、この工場では、合計60人の作業員を製品Ａ、Ｂのいずれか一方の製造の担当に振り分けて同時に製造を開始したところ、4時間後の時点で、この日に製品Ｂを製造した個数がちょうど35個となり、製造を一時停止した。製品Ａの製造を担当する作業員を新たに何人か追加して製造を再開したところ、再開して2時間20分後に、この日に製品Ａを製造した個数がちょうど80個となり製造を終了した。この日、製品Ａの製造を担当する作業員を新たに追加した後、製品Ａの製造を行っていた作業員の人数は何人か。

ただし、作業員は、担当となった種類の製品の製造のみを行うものとする。

1　28人
2　30人
3　32人
4　34人
5　36人

☞解答・解説は別冊p.081

4 平均算・年齢算・時計算

STEP 1 要点を覚えよう！

POINT 1 平均算

平均算は、平均を求めたり、平均の数値から合計を求めたりする計算のことをいう。合計を人数や個数で割ったものが、平均になる。

平均＝合計÷個数 **（又は人数等）**
合計＝平均×個数 **（又は人数等）**

なお、平均の問題は、特に**合計に着目して解くことが多い**ので、解き方のコツとして覚えておこう。

> 例題　国語、数学、英語の3種類のテストの平均点は58点で、国語は英語よりも4点低く、英語は数学よりも11点高かった。数学のテストの点数は何点か。

国語の点数を x、数学の点数を y、英語の点数を z とおくと、
$x = z - 4 \cdots$ ①、$z = y + 11 \cdots$ ② がいえる。
①に②を代入すると、$x = (y + 11) - 4$ より、$x = y + 7 \cdots$ ③ となる。
3種類のテストの合計点である $x + y + z$ に③と②を代入すると、$(y + 7) + y + (y + 11)$ より、$3y + 18$ と表せる。
合計＝平均×人数なので、$3y + 18 = 58 \times 3$ が成り立つ。
$3y = 156$　$y = 52$

答え 52 点

POINT 2 年齢算

年齢算とは、人の年齢に関する問題である。**文字**を使って現在の年齢の関係式を作り、さらに過去や未来の年齢についての式を作って解くことが多い。

> 例題　両親と子ども2人の4人家族がいる。今年の両親の年齢の和は子ども2人の年齢の和の3倍より2歳多い。5年後には両親の年齢の和は子供2人の年齢の和の2.5倍より4歳多くなる。現在の子ども2人の年齢の和を求めよ。

今年の両親の年齢の和を X 歳、子ども2人の年齢の和を Y 歳とする。
今年の年齢の関係から、$X = 3Y + 2$ ……①
5年後の年齢の関係から、$X + 5 \times 2 = 2.5(Y + 5 \times 2) + 4$ ……②
②より、$X + 10 = 2.5Y + 29$

この式に①を代入して、

$(3Y+2)+10=2.5Y+29$　　　$Y=34$

答え 34 歳

> x年後／y年前などの話が出てきたときは、必ず人数分だけxを足す／yを引くことを押さえよう。一人ひとりの年齢をプラス、マイナスするところでケアレスミスが多いよ。

POINT 3　時計算

時計算は、時計の長針と短針についての問題で、長針と短針が重なる時刻や、特定の角度になる時刻などを求める問題である。長針と短針の動きには、下記のような一定の法則がある。旅人算（📖26ページ）と似た考え方で解くとよい。

長針：1時間（60分）で1回転（360°）するので
　　　1分間では6°、x分では$6x$°回転する

短針：1時間（60分）で$\dfrac{360}{12}$°$=30$°回転するので、　1分間では$\dfrac{30}{60}$°

$=\dfrac{1}{2}$°（0.5°）回転する

> ここで動き止める！▶ **1分間に長針が短針に追いつく角度**
>
> 時計算では、長針と短針が、12時などのピッタリの位置から何°回転したかを考える。1分間に$6-\dfrac{1}{2}=\dfrac{11}{2}$°（$=5.5$°）長針は短針に追いつく。

> 例題　3時から4時の間で、長針と短針が重なるのは何時何分何秒のときか。

　まず、3時のとき、長針と短針の間の角度は90°である。このあと長針が短針にピッタリ重なるとき、**長針が短針に90°追いついたことになる。**

1分間で、長針は短針に、$6-\dfrac{1}{2}=\dfrac{11}{2}$°追いつくので、

追いつくために必要な時

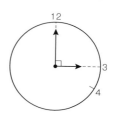

間は、$90\div\dfrac{11}{2}=\dfrac{180}{11}=16\dfrac{4}{11}$分　　　$\dfrac{4}{11}$分は、$\dfrac{240}{11}$秒$=21\dfrac{9}{11}$秒

よって、3時16分21秒のとき、長針と短針が重なる。

答え 3 時 16 分 21 秒

1 あるクラスの男子と女子の人数の比は3：5であり、女子の平均身長は男子の平均身長より4cm低く、クラス全体の平均身長は156.5cmであった。このとき、女子の平均身長を求めよ。

155cm

女子の平均身長を x cmとすると、男子の平均身長は、$(x+4)$ cmと表される。

クラス全体の平均身長は156.5cmだから、合計に着目して

$3(x+4)+5x=8\times156.5$ が成り立つ。

$8x+12=1252$

$8x=1240$

$x=155$

よって、女子の平均身長は155cmである。

2 現在、兄の年齢は弟の年齢の1.5倍で、父の年齢は兄の年齢の2.4倍である。11年後に兄と弟の年齢の和と父の年齢が等しくなるとき、現在の父の年齢を求めよ。

36歳

弟の年齢を x 歳とすると、兄の年齢は、$1.5x$ 歳、父の年齢は、$2.4\times1.5x=3.6x$ 歳と表せる。11年後の兄、弟、父の年齢は、それぞれ、$(1.5x+11)$ 歳、$(x+11)$ 歳、$(3.6x+11)$ 歳となるから、$(1.5x+11)+(x+11)=3.6x+11$ が成り立つ。

$x=10$

よって、現在の父の年齢は、$3.6\times10=36$ 歳である。

3 年齢の異なるＡ、Ｂ、Ｃの3人がいる。ＡとＢの年齢の比は、今から8年前には6：5であったが、今から8年後には10：9となる。また、ＡとＣの年齢の比は、今から8年前には2：1であった。このとき、ＢとＣの年齢の差はいくらか。

8歳

今から8年前のＡとＢの年齢の比は6：5、ＡとＣの年齢の比は2：1＝6：3

連比より、3人の年齢の比は、Ａ：Ｂ：Ｃ＝6：5：3となるので、8年前のＡ、Ｂ、Ｃの年齢をそれぞれ $6a$ 歳、$5a$ 歳、$3a$ 歳とする。

このときから16年後、ＡとＢの年齢

の比は10：9になるから、

$(6a+16):(5a+16)=10:9$

$9(6a+16)=10(5a+16)$

$a=4$

よって、BとCの年齢の差は、

$5a-3a=2a=2×4=8$歳である。

---

4 7時と8時の間で、長針と短針が初めて30°の角度になる時刻は、何時何分何秒か。

7時32分43秒

7時ちょうどの状態で、長針と短針の角度は$30×7=210°$離れている。これが角度を縮めて30°になるので、$210-30=180°$長針が追いつけばよい。

長針と短針は1分あたりで$\dfrac{11}{2}°$角度を縮めるので、180°縮まるには

$180÷\dfrac{11}{2}=\dfrac{360}{11}$分かかる。

$\dfrac{360}{11}=32\dfrac{8}{11}$分であり、

$\dfrac{8}{11}$分$=\dfrac{480}{11}$秒$=43\dfrac{7}{11}$秒

よって、7時32分43秒である。

---

5 ある学校の入学試験で、受験者の25%が合格した。合格者の平均点は合格点より4点高く、不合格者の平均点は合格点より12点低かった。また、全受験者の平均点は52点であった。合格者の平均点を求めよ。

64点

合格点をx点とすると、合格者の平均点は$(x+4)$点、不合格者の平均点は$(x-12)$点と表せる。

また、受験者全体をy人とすると、合格者は受験者の25%なので$0.25y$人、不合格者は残りの75%なので$0.75y$人と表せる。

平均×人数＝合計より、

$(x+4)×0.25y+(x-12)×0.75y=52y$が成り立つ。

$x=60$なので、合格者の平均点は60＋4＝**64**点である。

問題 1

警察官Ⅲ類（2020年度）

現在、父、母、姉、妹の4人の年齢の合計は80歳である。姉は母が30歳のとき
に産まれ、その2年後に妹が産まれている。また、母は父よりも若く、その年齢差は、
姉妹の年齢差に等しい。このとき、姉妹の年齢の和が父の年齢と等しくなるのは
何年後か。

1　25年後
2　26年後
3　27年後
4　28年後
5　29年後

☞解答・解説は別冊p.082

問題 2

警察官Ⅰ類（2018年度）

数の書かれた4枚のカード2、3、6、7のうち3枚を並べてできる3桁の自然数を
すべて考えるとき、それらの数の平均として、最も妥当なものはどれか。

1　499.5
2　500
3　500.5
4　501
5　501.5

☞解答・解説は別冊p.082

問題 3

ある4人家族の父、母、姉、弟の年齢について、今年の元日に調べたところ、次のA～Dのことが分かった。

A　姉は弟より4歳年上であった。
B　父の年齢は姉の年齢の3倍であった。
C　5年前の元日には、母の年齢は弟の年齢の5倍であった。
D　2年後の元日には、父と母の年齢の和は、姉と弟の年齢の和の3倍になる。

　以上から判断して、今年の元日における4人の年齢の合計として、正しいものはどれか。

1　116歳
2　121歳
3　126歳
4　131歳
5　136歳

☞解答・解説は別冊p.083

問題 4

ある学校でマラソン大会を実施した。今、生徒の完走時間について次のア～オのことが分かっているとき、完走時間が1時間以上の生徒は何人か。

ア　全生徒の完走時間の平均は、71分であった。
イ　完走時間が45分未満の生徒は20人おり、その完走時間の平均は43分であった。
ウ　完走時間が45分以上1時間未満の生徒は全体の40%であり、その完走時間の平均は54分であった。
エ　完走時間が1時間以上1時間30分未満の生徒の完走時間の平均は、75分であった。
オ　完走時間が1時間30分以上の生徒は全体の20%であり、その完走時間の平均は105分であった。

1　100人
2　160人
3　220人
4　280人
5　340人

☞解答・解説は別冊p.083

問題5

警察官Ⅰ類（2017年度）

両親と長男、次男の4人家族がいる。現在の両親の年齢の和は、長男と次男の年齢の和の6倍であるが、2年後には5倍になるという。また、現在の父の年齢は、次男の7倍で、母より2歳年上であるという。このとき、長男と次男の年齢の差として、最も妥当なものはどれか。ただし、それぞれの年齢差は常に変わらないものとする。

1　1歳
2　2歳
3　3歳
4　4歳
5　5歳

☞解答・解説は別冊p.084

問題6

警察官Ⅰ類（2022年度）

ある2人の現在の年齢の積と、1年後の2人の年齢の積を比較するとその差は90である。また数年前の2人の年齢の積は1100であった。2人のうち1人の年齢の10の位が3年後に1増加するとき、3年後の2人の年齢の積として、最も妥当なものはどれか。

1　1890
2　1920
3　1950
4　1980
5　2010

☞解答・解説は別冊p.084

問題 7

国家専門職（2021 年度）

ある学生が8月の1か月間、数学の夏期講習を受講した。この学生が申し込んだプランでは、任意参加の数学の理解度チェックテストが1日1回実施され、学生は最大で31回受けることができる。この学生が受けた理解度チェックテストの点数はそれぞれ異なっており、最も点数の高かった回と最も点数の低かった回の点数差は、ちょうど56点であった。また、この学生が受けた全ての理解度チェックテストの点数について、最も点数の高かった回を除いた場合の平均点は54.7点、最も点数の低かった回を除いた場合の平均点は57.5点であった。このとき、この学生が受けた理解度チェックテストの回数は何回か。

1 15回
2 17回
3 19回
4 21回
5 23回

☞解答・解説は別冊 p.085

問題 8

警察官Ⅲ類（2018 年度）

次の図のように、7時から8時の間で、時計の長針と短針の位置が文字盤の6の目盛りを挟んで左右対称になる時刻として、最も妥当なものはどれか。

1 7時23分

2 7時23$\dfrac{1}{13}$分

3 7時23$\dfrac{3}{13}$分

4 7時23$\dfrac{9}{13}$分

5 7時23$\dfrac{12}{13}$分

☞解答・解説は別冊 p.085

問題 9

表は、A～Dの4人について、6月1～5日の5日間の交通費をまとめたものである。ア～エには、440円、500円、580円、660円のいずれかの金額（ただし、重複を許す。）が入る。

(円)

人＼日付	6月1日	6月2日	6月3日	6月4日	6月5日
A	440	ア	440	100	660
B	580	100	イ	440	660
C	440	580	580	100	ウ
D	440	440	440	エ	440

次のことが分かっているとき、ア～エの合計は何円か。

○ Aの交通費の平均値は、Bの交通費の平均値を上回っている。

○ Bの交通費の中央値（大きさの順に並べたとき、中央に位置する値）は、Cの交通費の中央値を上回っている。

○ Cの交通費の最大値とDの交通費の最大値との差は、80円である。

○ Dの交通費の平均値は、Bの交通費の平均値を下回っている。

1 1,940円
2 2,020円
3 2,100円
4 2,180円
5 2,260円

☞解答・解説は別冊p.086

CHAPTER

図形

👆 この章で学ぶこと

⭕ 解くうえで必要な図形の性質・知識はインプットする

図形の問題を解くうえでは、やはり**図形に関する知識**が必須です。例えば「三角形の重心」などといわれても、何のことかわからなければ解くことができません。したがって、問題を解くうえで使うことになる知識は広く確認しておきましょう。もちろん、**必要な知識は原則として中学数学まで**でよく、高校数学の知識は（知っていれば使ってもよいですが）基本的には不要です。

もちろん、東京都や裁判所など、一部の試験では高校数学の知識が前提になる出題もないわけではありません。ただし、そのような出題は多くの受験生が解くことができず、正答できないからといって他の受験生と差がつくこともありません。あまり知識を追いかけすぎることのないようにしましょう。

⭕ 多くの受験生が苦手にすることを前提に対策する

受験生全体の傾向として、図形の問題は非常に正答率が低くなりやすいことが挙げられます。これは図形に関する知識が不足しているわけではなく、むしろ知識があってもその知識を「どこで使えばよいのか」がわかっていないケースが多いためです。図形の問題は、特にどの知識をどこで使うという誘導がないため、受験生自身で気づかなければならない、という点が非常に厄介です。したがって、本試験の問題を解きながら、**どの知識がどこで出てきやすいか**という傾向を掴むことが重要になってきます。

そうはいっても、なかなか安定して正解にたどり着くのが難しいのが図形の問題なので、あまりこだわりすぎずに他の分野での得点を目指すというのも、一つの有効な戦略です。

⭕ 計量の問題がメインになるが、判断推理の非言語分野との重複もある

数的推理で扱う図形はいわゆる**計量**を題材にした問題であり、「面積はいくらか」「長さはいくらか」という問われ方になります。一方、判断推理でも立体図形の展開図や断面図、図形を転がした軌跡などを題材にするような問題（いわゆる**「空間把握」**や**「空間概念」**と呼ばれる分野）も存在します。両者は重複することもあり、切断面の面積を答えさせるなどの融合問題も存在するので、判断推理の図形も合わせて学習を進めるとよいでしょう。

国家一般職

　例年1～2問程度は出題され、他の試験種では見られない独特な出題も多い。全体的に難易度が高いため、まずは基本知識をしっかりマスターしたうえで臨んでほしい。

国家専門職

　出題数が安定せず、数的推理の図形としては出題されない年も確認されている。ただし、判断推理の図形（空間把握）との融合問題として出てくることがあるので、合わせて学習する必要があるだろう。

地方上級

　図形はほぼ毎年のように出題されており、平面図形よりも立体図形のほうが出題頻度は高い。ただし、平面図形も立体図形も知識はリンクしているので、広く学習することが必要だろう。

裁判所職員

　例年1～2問程度は出題され、他の試験種では見られない独特な出題も多い。ほぼ数学の範疇といえる図形の問題や、文章を読んで実際の図形を作図しなければ解けないような厄介な出題もあるため、注意が必要である。

東京都Ⅰ類

　毎年1～2問程度は出題され、平面図形の出題が多い。図形の計量はほぼ毎年問われるので、注意しておきたい。ただし、他の試験では見ないような特殊なものや、高校数学の知識を問う出題などもあるので、あまりこだわりすぎないほうがよいだろう。

特別区Ⅰ類

　毎年1～2問程度は出題され、平面図形の出題が多い。傾向は東京都と似ているが、東京都ほど特殊な出題はない。難易度はかなり上下しやすく、単純な問題になると受験生全体の正答率も高くなるので、確実に得点できるように準備しておきたい。

市役所

　基本的に図形自体の出題頻度は低いといえる。出題されたとしても難易度が低いので、簡単な問題を取れる程度の対策は必要である。

三角形と多角形

STEP 1 要点を覚えよう！

POINT 1 三平方の定理

三角形の問題では、**三平方の定理**を使って**長さ**を求めるような問題が多く出題される。直角三角形が出てきたら、ほとんどの場合三平方の定理を使うと考えてよい。

三平方の定理
直角三角形の斜辺の長さの2乗は、直角をはさむ2辺の長さの2乗の和に等しい。

$$a^2 + b^2 = c^2$$

POINT 2 直角三角形の3辺の比

三平方の定理より、特別な**直角三角形の3辺の長さの比**は、右図のようになっている。

例題　右の図の直角三角形 ABC の辺 BC の長さを求めよ。

3辺の長さの比より、6：BC ＝ 2：$\sqrt{3}$
2BC ＝ 6$\sqrt{3}$
BC ＝ 3$\sqrt{3}$

答え 3$\sqrt{3}$

POINT 3 三角形の合同条件

次のいずれかを満たしているとき、それらの**三角形**は合同である。

三角形の合同条件

①3組の辺がそれぞれ等しい

②2組の辺とその間の角がそれぞれ等しい

③1組の辺とその両端の角がそれぞれ等しい

直角三角形の合同条件

直角三角形の場合、次のいずれかを満たしているとき、それらは合同である。

①斜辺と1つの鋭角がそれぞれ等しい

②斜辺と他の1辺がそれぞれ等しい

POINT 4 三角形の相似条件

次のいずれかを満たしているとき、それらの三角形は相似（形が同じ）である。

三角形の相似条件

①3組の辺の比がすべて等しい

②2組の辺の比とその間の角がそれぞれ等しい

③2組の角がそれぞれ等しい

ここで動き出せる! ▶ 相似の性質

相似な図形には、対応する辺の比（相似比）が全て等しいという性質があるので、ここから辺の長さなどを求めていく流れになりやすい。特に平行線が絡むと相似な図形が登場しやすい。平行線と関連して同位角・錯角、さらに対頂角なども確認してほしい。

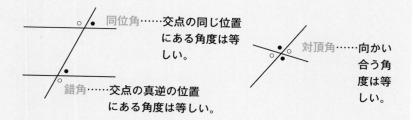

同位角……交点の同じ位置にある角度は等しい。

対頂角……向かい合う角度は等しい。

錯角……交点の真逆の位置にある角度は等しい。

相似な図形が見つかると、そこから辺の長さや角の情報を得ることができるよ。

POINT 5 頂角の二等分線

△ABCの∠Aの**二等分線**と辺BCとの交点をDとすると、点Dは、辺BCをAB：ACに**内分**する。

AB：AC＝BD：DC

POINT 6 三角形の外心、内心、重心

外心 三角形の3辺の垂直二等分線は、1点で交わり、この点Oを三角形の外心という。

この点Oを中心とした半径OA、OB、OCの円を、△ABCの**外接円**という。

内心 三角形の3つの内角の二等分線は1点で交わり、この点Iを三角形の内心という。

この点Iを中心とした半径ID、IE、IFの円を、△ABCの**内接円**という。

重心 三角形の3本の中線（頂点から向かい合う辺の中点に引いた直線）は1点で交わりその点は各中線を2：1に内分する。

この点を三角形の**重心**という。

例題 次の図において、点Gが△ABCの重心であるとき線分AGの長さを求めよ。

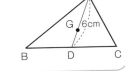

点Gは△ABCの重心であるから、AG：GD＝2：1

AD＝6cmなので、　AG＝$6 \times \dfrac{2}{3} = 4$

答え 4cm

POINT 7 平行線と線分の比

△ABCで、辺AB、AC上に、
それぞれ点P、Qがあるとき、次のことが
成り立つ。

PQ//BC ⇒ AP：AB＝AQ：AC
PQ//BC ⇒ AP：PB＝AQ：QC

POINT 8 中点連結定理

△ABCの辺AB、ACの中点を、それぞれM、N
とするとき、次が成り立つ。

MN//BC
$$MN = \frac{1}{2}BC$$

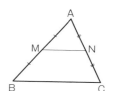

△AMNと△ABCが相似であることから導けるよ。
図の中に平行な線があると、相似が題材になることが
多いので注意しよう。特に中点連結定理は問題を解く
のに平行も比もわかって強力な定理だね。

POINT 9 多角形の内角の和

n角形の内角の和は、次の式で求められる。

$$180° \times (n-2)$$

n角形	内角の和
三角形	180°
四角形	360°
五角形	540°
六角形	720°

POINT 10 多角形の外角の和

多角形の**外角の和**は、360°である。

> どんな多角形でも、外角の和は常に360°だよ。

STEP 1

要点を覚えよう!

例題　下の図において、∠A〜∠Iの九つの角度を全て足したときの合計の角度を求めよ。

三角形の外角は、隣り合わない2つの内角の和と等しい性質がある。

右図で、①の三角形より、

∠a＝D＋E

②の三角形より

∠b＋∠c＝D＋E

よって、角度A〜Iの和は

四角形③の内角の和と五角形④の内角の和の合計となるので、

360°＋540°＝900°である。

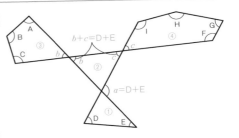

答え 900°

ここで差をつける！▶ 内角と外角の性質

三角形の外角は、隣り合わない2つの内角の和と等しい。**角度を求める問題では、この性質**は基本となるから、しっかり頭に入れておこう。

POINT 11 二等辺三角形の性質

三角形の中でも**二等辺三角形**は出題頻度が高いので、基本の特徴は覚えてほしい。

①二等辺三角形は底角が等しい。
②頂角から底辺に垂線を下ろすと、垂直二等分線になる。

POINT 12 四角形の性質

多角形は基本的に三角形が題材になるが、四角形も代表的な性質は押さえておきたい。以下は、問題を解きながら、わからない知識があれば確認するとよいだろう。

台形	①1組の対辺（上底と下底）が平行である。
平行四辺形	①2組の対辺が平行である。
	②対辺の長さが等しい。
	③向かい合う2つの内角がそれぞれ等しい。
	④2本の対角線が互いに中点で交わる。
ひし形	①2組の対辺が平行である。
	②4辺の長さが等しい。
	③向かい合う2つの内角がそれぞれ等しい。
	④2本の対角線が互いに中点で垂直に交わる。
長方形	①2組の対辺が平行である。
	②対辺の長さが等しい。
	③内角が全て直角である。
	④2本の対角線が互いに中点で交わる。
	⑤2本の対角線の長さが等しい。
正方形	①2組の対辺が平行である。
	②4辺の長さが等しい。
	③内角が全て直角である。
	④2本の対角線が互いに中点で垂直に交わる。
	⑤2本の対角線の長さが等しい。

特にひし形と正方形の違いは過去に問われたこともあるから注意しよう。

CHAPTER

6

図形

1

三角形と多角形

1 六角形の内角の和を求めよ。

720°

n角形の内角の和は、

$180° \times (n-2)$で求められるから、

$180° \times (6-2) = 180 \times 4$

$= 720°$

---

2 下の図において、点Oは△ABCの外心である。∠OBC＝35°のとき、∠BACの大きさを求めよ。

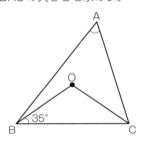

55°

点Oは△ABCの**外心**だから、OA を直線で結ぶとOA＝OB＝OCとなり、

二等辺三角形の底角は等しいので、

∠OAB＝∠OBA＝a、∠OCA＝∠OAC＝bとおける。

∠OBC＝∠OCB＝35°とあわせて、

△ABCの内角の和から、

$2a + 2 \times 35° + 2b = 180°$

$a + b = 55°$

よって、

∠BAC＝∠OAB＋∠OAC

　　　＝$a + b = 55°$

---

3 下の図で、BC＝6cm、AB＝ACのときxの値を求めよ。

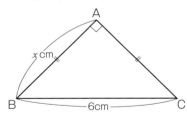

$3\sqrt{2}$

AB＝AC、∠BAC＝90°なので、

直角三角形の3辺の比より、

AB：BC＝$1 : \sqrt{2}$

よって、$x : 6 = 1 : \sqrt{2}$

$\sqrt{2}\,x = 6$

$x = \dfrac{6}{\sqrt{2}} = \dfrac{6\sqrt{2}}{2} = 3\sqrt{2}$

4 次の図において、角度a〜fの和を求めよ。

360°

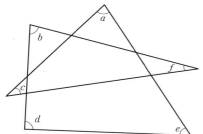

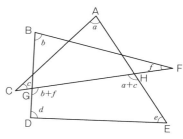

上図で、△ACHの内角と外角の性質から、

∠GHE = $a + c$

△BGFの内角と外角の性質から、

∠DGH = $b + f$

よって、角度a〜fの和は、

四角形DEHGの内角の和と等しいから、360°である。

---

5 下の図のように、△ABCを5つの三角形ができるように区切る。5つの三角形それぞれの面積が等しいとき、BD：ECの値を求めよ。

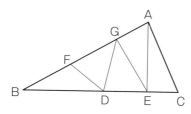

8：3

△BDGと△BEGの底辺をそれぞれ辺BD、BEとすると、高さは共通だから、底辺比と面積比が等しい性質がある（参247ページ）。

BD：BE = △BDG：△BEG = 2：3

となるので、

$BE = \dfrac{3}{2} BD$ ……①

△ABEと△AECの底辺をそれぞれ辺BE、ECとすると、高さは共通だから、前述と同様に

BE：EC = △ABE：△AEC = 4：1

となるので、

BE = 4EC ……②

①、②より、$\dfrac{3}{2}$ BD = 4ECが成り立ち、

3BD = 8ECより、BD：EC = 8：3

CHAPTER

6

図形

1

三角形と多角形

問題 1

特別区Ⅲ類（2018 年度）

次の図において、角度 A ～ G の和はどれか。

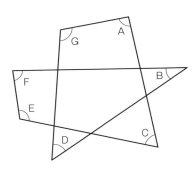

1　540°
2　570°
3　600°
4　630°
5　720°

☞解答・解説は別冊 p.087

問題 2

特別区Ⅲ類（2019 年度）

次の図のように、三角形 ABC の辺 AB 上に点 D、辺 BC 上に点 E 及び点 F があり、AC = AF = DF = DE = BE である。今、∠BAC ＝100°であるとき、∠ABC の大きさはどれか。

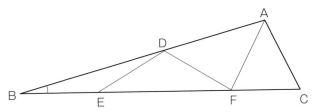

1　16°
2　17°
3　18°
4　19°
5　20°

☞解答・解説は別冊 p.087

問題 3

特別区Ⅲ類（2018 年度）

1辺が20cmの正方形のマットを、図のように縦2m、横3mに透き間なく敷き詰めた。今、点Aから点Cへ、点Bから点Dへそれぞれ直線を引いたとき、直線が通過するマットの枚数はどれか。ただし、直線の幅は考えないものとする。

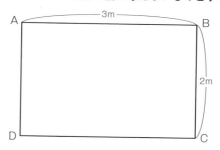

1　37枚
2　38枚
3　39枚
4　40枚
5　41枚

☞解答・解説は別冊 p.088

問題 4

警察官Ⅲ類（2020 年度）

△ABCの内心をIとし、直線AIを延長した直線と辺BCの交点をDとする。AB＝8、BC＝7、AC＝4であるとき、AIとIDの長さの比として、最も妥当なものはどれか。

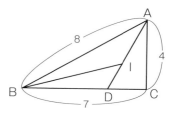

1　11：8
2　12：7
3　13：6
4　14：9
5　15：11

☞解答・解説は別冊 p.088

問題 5

下の図のような台形の高さ h として、正しいものはどれか。

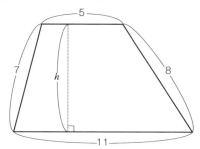

1　$\dfrac{7\sqrt{3}}{2}$

2　$\dfrac{7\sqrt{15}}{4}$

3　$\dfrac{3\sqrt{21}}{2}$

4　$\dfrac{5\sqrt{39}}{4}$

5　$\dfrac{3\sqrt{30}}{2}$

☞解答・解説は別冊 p.089

問題 6

裁判所職員（2018 年度）

次の図において、四角形 ABCD は AD//BC の台形であり、P、Q はそれぞれ辺 AB、対角線 AC の中点である。また、R は AC と PD の交点である。
AD ＝ 6cm、BC ＝ 16cm のとき、RQ：QC の値として正しいものはどれか。

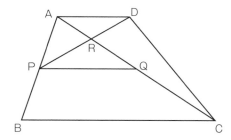

1　7：8

2　3：4

3　5：7

4　5：8

5　4：7

☞解答・解説は別冊 p.089

問題7

次の図のように、短辺の長さが1、長辺の長さが3の長方形ABCDがある。今、線分BEの長さが1となるように点Eをとり、線分ACと線分DEの交点をFとするとき、∠CFEの大きさはどれか。

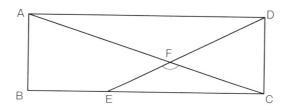

1　105°
2　120°
3　135°
4　150°
5　165°

☞解答・解説は別冊p.090

問題8

三角形ABCにおいて、∠Aの二等分線と辺BCの交点をD、∠Aの外角の二等分線と辺BCの延長との交点をEとする。AB＝15、AC＝5、BC＝12のとき、線分DEの長さとして正しいものはどれか。

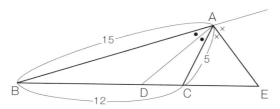

1　6
2　7
3　8
4　9
5　10

☞解答・解説は別冊p.090

裁判所職員（2017年度）

問題9

下の図のように∠BAC＝75°の△ABCを、線分DEを折り目として点Aが辺BC上の点A′に来るように折り返す。∠BA′D＝90°、線分AD＝6、線分BA′＝2√3とするとき、辺BCの長さはいくらか。

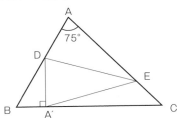

1　$10\sqrt{3}$
2　$6+8\sqrt{3}$
3　$8+6\sqrt{3}$
4　$9+5\sqrt{3}$
5　$12+2\sqrt{3}$

☞解答・解説は別冊p.091

国家一般職（2021年度）

問題10

図のように、一辺の長さが1の正方形Aに内接し、30°傾いた正方形を正方形Bとする。また、正方形Bに内接し、45°傾いた長方形の長辺をa、短辺をbとする。aとbの長さの比が2：1であるとき、aの長さはいくらか。

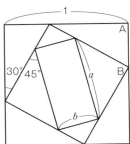

1　$\dfrac{2\sqrt{3}-2\sqrt{2}}{3}$

2　$\dfrac{2\sqrt{3}-2}{3}$

3　$\dfrac{\sqrt{6}-\sqrt{2}}{2}$

4　$\dfrac{2\sqrt{6}-2\sqrt{2}}{3}$

5　$\dfrac{\sqrt{6}+\sqrt{2}}{3}$

☞解答・解説は別冊p.092

問題 11

裁判所職員（2019 年度）

長方形 ABCD を、正方形 ABEF と長方形 FECD に分ける。次に長方形 FECD を、正方形 FGHD と長方形 GECH に分ける。以下同様にして、長方形を正方形と長方形に分ける操作を繰り返していくことにする。下の【例図】は、5回目の操作で、合同な正方形が2つできたことを示している。

【例図】

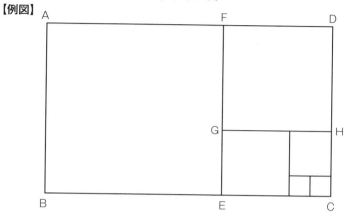

ある長方形 X において上記の操作を繰り返したとき、9回目の操作で一辺が3の正方形が2つできた。このとき、長方形 X の長いほうの一辺の長さはどれだけか。

1　165
2　199
3　233
4　267
5　301

☞ 解答・解説は別冊 p.093

SECTION

2 | 円

STEP 1 要点を覚えよう！

POINT 1 円の接線

　円の接線には、以下のような性質がある。円の図形問題を解く上で最も基本的な性質なのでしっかり頭に入れておこう。

①円の接線
直線 l が、円Oの周上の点Aに接するとき、
OAと l は**垂直**である。

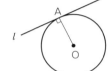

②円の接線の長さ
円の外部の1点からその円に引いた、
2本の接線の長さは等しい。

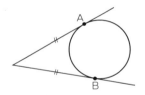

POINT 2 接弦定理

　円の接線とその接点を通る弦（円周上のある2点を結ぶ直線）の作る角は、その角の内部にある弧に対する**円周角**に等しい。

POINT 3 円に内接する四角形

　四角形の対角の和は**180°**である。円に内接する四角形の1つの内角（α）は、その**対角（β）と隣り合う外角**に等しい。

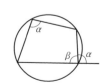

POINT 4 円周角と中心角

1つの弧に対する円周角は**一定**であり、**弧の長さ**と対応する。半円の弧に対する円周角は90°である。

1つの弧に対する**中心角**は、同じ弧に対する**円周角の2倍**である。

POINT 5 方べきの定理

円の2つの弦AB、CDの交点、またはそれらの延長の交点をPとすると、

PA：PD＝PC：PB

PA×PB＝PC×PD

直線の一方が接線の場合は、

PA×PB＝PT²

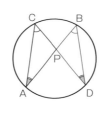

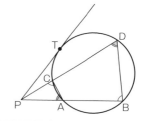

> ここで書き止める！ ➤ 方べきの定理
>
> **もし、方べきの定理を忘れてしまったら、円周上の点ABCDを結んでみよう。**
> **三角形の相似の関係**からこの定理が導き出せる。

例題　下の図のように、円Oの円周上に4点A、B、C、Dがある。点Aと点B、点Cと点Dを結び、その延長線上の交点を点Pとすると、PA＝5cm、PC＝CD＝6cmとなった。このとき、ABの長さを求めよ。

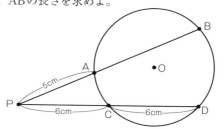

AB＝$x$cmとする。

方べきの定理から、PA×PB＝PC×PDなので、

$5(5+x)=6(6+6)$

$5x=47$

$x=\dfrac{47}{5}=9.4$cm

答え 9.4cm

1 次の図において、AC＝BCのとき、α の角度を求めよ。ただし、直線lは円Oの接線で、Aは接点である。

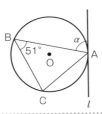

78°

AC＝BCより、△ABCは二等辺三角形で底角が等しいので、∠CAB＝51°
また、接弦定理から、弦ACと接線lが作る角も51°である。
よって、
$\angle \alpha = 180° - (51° + 51°) = 78°$

2 次の図のように、円Oに内接する四角形ABCDがある。
∠OBC＝37°、∠CAD＝33°のとき、∠BCDの角度を求めよ。

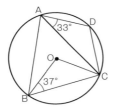

94°

$\angle BOC = 180° - 37° \times 2 = 106°$
$\overset{\frown}{BC}$ に対して、円周角の定理から、
$\angle BAC = \dfrac{1}{2} \angle BOC = \dfrac{1}{2} \times 106°$
$= 53°$
よって、$\angle BAD = \angle BAC + \angle CAD$
$= 53° + 33° = 86°$
円に内接する四角形の対角の和は180°だから、
$\angle BCD = 180° - \angle BAD$
$= 180° - 86° = 94°$

3 次の図のように円Oの円周上の点Pから円Oの中心を通る直線を引き、この直線と円Oの円周上の点Aを通る接線TT′との交点をBとしたところ、∠PAT＝67°であった。このとき、∠PBAの角度を求めよ。

44°

点Pから円Oの中心を通る直線と円との交点をCとすると、線分PCは円の直径であるから、中心角は180°であり、円周角の∠PAC＝90°となる。
接弦定理より、
$\angle PAT = \angle PCA = 67°$
△ACPの内角の和は180°であるから、
$\angle APC = 180° - 90° - 67° = 23°$

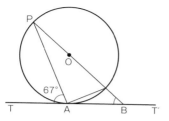

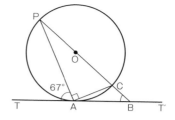

ここで、∠PAT は△ABP の外角であるから、内角と外角の性質より
∠PBA =∠PAT −∠APC
= 67° − 23° = 44°

----

4 次の図のように、点Pから円Oに引いた接線の接点をA、Bとし、弧AB上の点をCとする。∠APB ＝50°のとき∠ACB の角度を求めよ。

115°

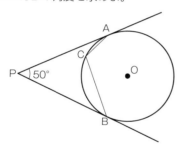

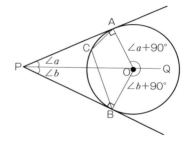

接線PA、PB はそれぞれ半径OA、OB と垂直に交わるから、
∠PAO =∠PBO = 90°
上図で、△PAO、△PBO の内角と外角の性質から、∠ACB の中心角は、
∠AOB =∠AOQ +∠BOQ
= (∠a + 90°) + (∠b + 90°)
= 50° + 180° = 230°
よって、

$$\angle ACB = \frac{1}{2} \times 230° = 115°$$

STEP 3 過去問にチャレンジ！

問題1

刑務官（2020年度）

図において∠AOB＝110°のとき、∠CADはいくらか。
ただし、Oは円の中心であり、線分ADと線分BCは平行である。

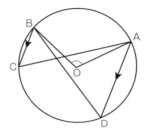

1　50°
2　55°
3　60°
4　65°
5　70°

☞解答・解説は別冊 p.094

問題2

特別区Ⅲ類（2018年度）

次の図のように、斜辺の長さが8で、1つの角が45°の直角三角形がある。この三角形の辺上を半径2の円が滑ることなく回転して出発点に戻ってくるとき、円の中心Oが描く軌跡の長さはどれか。ただし、円周率はπとする。

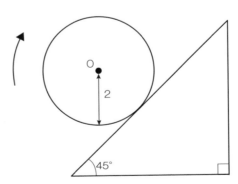

1　$8+2\sqrt{2}+2\pi$
2　$8+2\sqrt{2}+4\pi$
3　$8+4\sqrt{2}+4\pi$
4　$8+8\sqrt{2}+2\pi$
5　$8+8\sqrt{2}+4\pi$

☞解答・解説は別冊 p.094

STEP 3

過去問にチャレンジ！

問題 3

警察官Ⅲ類（2022年度）

下図は、1辺の長さが4の破線で描かれた正六角形の各頂点である黒点を中心に半径1の円を6つ配置し、その円周にひもを1周巻き付け正六角形の内側から6つの円をひもで結んだ状態を示したものである。このときひもの全長として最も妥当なものはどれか。ただし、ひもは緩みがなく張った状態で結ぶものとする。

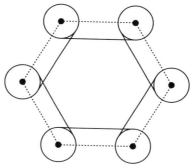

1 $20 + 10\pi$
2 $24 + 10\pi$
3 $20 + 12\pi$
4 $24 + 12\pi$
5 $24 + 14\pi$

☞解答・解説は別冊 p.095

問題 4

次の図のように、円A、円B、円Cは縦8cm、横12cmの長方形の辺に接し、円Aと円C及び円Bと円Cはそれぞれ接している。円A、円Bの半径がともに2cmであるとき、円Cの半径として、最も妥当なものはどれか。

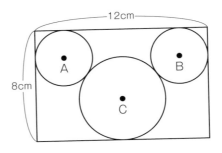

1　2.6cm
2　2.8cm
3　3.0cm
4　3.2cm
5　3.4cm

☞解答・解説は別冊 p.096

STEP 3

過去問にチャレンジ！

問題 5

裁判所職員（2019年度）

次の図において、x と y の値の組み合わせとして正しいものはどれか。

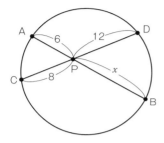
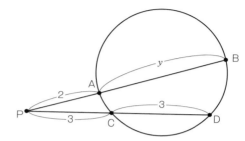

	x	y
1	14	6
2	14	7
3	16	5
4	16	6
5	16	7

☞解答・解説は別冊 p.096

問題6

東京都Ⅰ類（2018年度）

下の図のような、一辺20cmの正五角形の内側に、各頂点を中心として各辺を半径とする円弧を描いたとき、図の斜線部分の周りの長さとして、正しいものはどれか。ただし、円周率はπとする。

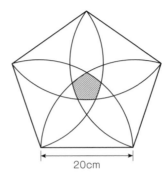

20cm

1　$\dfrac{4}{3}\pi$ cm

2　$\dfrac{10}{3}\pi$ cm

3　$\dfrac{5\sqrt{3}}{2}\pi$ cm

4　$\dfrac{20}{3}\pi$ cm

5　$\dfrac{25\sqrt{3}}{2}\pi$ cm

☞解答・解説は別冊p.097

問題 7

国家一般職（2017年度）

図のように、円A、B、Cと直線*l*が互いに接している。円Aと円Bの半径が等しく、また、円Cの半径が2であるとき、円Aの半径はいくらか。

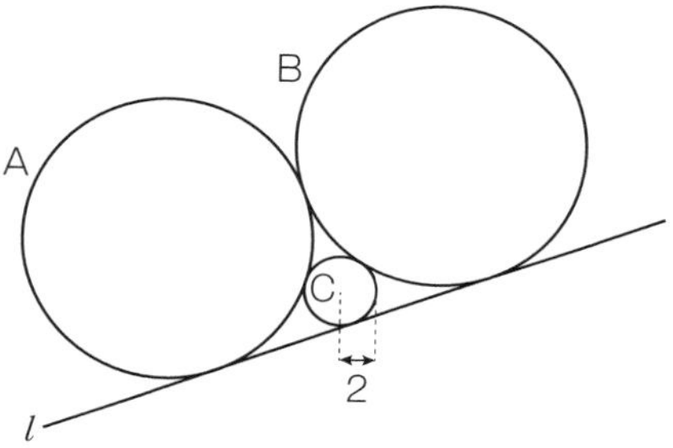

1 $4\sqrt{3}$
2 7
3 8
4 $6\sqrt{2}$
5 9

☞解答・解説は別冊 p.098

3 面積

STEP 1 要点を覚えよう！

POINT 1 多角形の面積の公式

　面積を求める公式は、代表的なものを確認しておくとよい。高校で学習するものはほぼ登場しないので、中学までの知識で抜けているものがあれば確認してほしい。

①**三角形の面積**……底辺×高さ×$\dfrac{1}{2}$

特に**正三角形**の場合、一辺の長さをaとすると、$\dfrac{\sqrt{3}}{4}a^2$で求められる。

> 正三角形の面積は求める頻度が高いので、覚えておくといいね。

②**四角形の面積**

長方形……縦×横

正方形……一辺×一辺

台形……（上底＋下底）×高さ×$\dfrac{1}{2}$

平行四辺形……底辺×高さ

ひし形……対角線×対角線×$\dfrac{1}{2}$

　次の③、④は、余裕があれば押さえておこう。

③**内接円の半径と三角形の面積**

　三角形ABCの3辺の長さa、b、cと、内接円の半径rで三角形ABCの面積を求めることができる。三角形ABCの面積をSとすると、

$$S=\dfrac{1}{2}r(a+b+c)$$

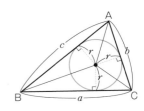

④ヘロンの公式

3辺の長さa、b、cから、下記のヘロンの公式で三角形ABCの面積Sを求めることができる。

$$S=\sqrt{s(s-a)(s-b)(s-c)} \quad ただし、s=\frac{a+b+c}{2}$$

> 例題　3辺の長さが6、8、10である三角形ABCの内接円の半径を求めよ。

三角形の面積をヘロンの公式で求めると、

$$s=\frac{a+b+c}{2}=\frac{6+8+10}{2}=\frac{24}{2}=12 なので、$$

$$三角形の面積S=\sqrt{12(12-6)(12-8)(12-10)}$$
$$=\sqrt{12\times6\times4\times2}=\sqrt{2^2\times6^2\times2^2}=2\times6\times2=24$$

内接円の半径をrとすると、$S=\frac{1}{2}r(a+b+c)$ の公式より、

$$24=\frac{1}{2}r(6+8+10)$$
$$24=12r \qquad r=2$$

答え 2

POINT 2　面積比

①高さや底辺が等しい三角形の面積比

高さが同じ三角形は、底辺の比と面積比が一致する。
底辺が同じ三角形は、高さの比と面積比が一致する。
例えば右の時、△ABD：△ADC＝$m:n$

②相似な三角形の面積比

相似な三角形は、その相似比がわかれば、面積比も求めることができる。
相似比が$a:b$の図形の面積比は、$a^2:b^2$である。

> 例題　下の図のような△ABCの辺AB上にAP：PB＝1：2となるように点Pを、また、辺AC上にAQ：QC＝2：3となるような点Qをとったとき、△ABCに対する△APQの面積比を求めよ。

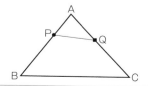

右図のように、2点B、Qを結び、
△ABQをつくる。

AQ：QC＝2：3より、

$\dfrac{AQ}{AC} = \dfrac{2}{5}$ なので、

$△ABQ = △ABC \times \dfrac{2}{5}$ ……①

AP：PB＝1：2より、

$\dfrac{AP}{AB} = \dfrac{1}{3}$ なので、$△APQ = △ABQ \times \dfrac{1}{3}$ ……②

②に①を代入すると、

$$△APQ = △ABC \times \dfrac{2}{5} \times \dfrac{1}{3}$$

$$= △ABC \times \dfrac{2}{15}$$

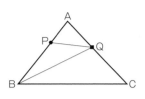

答え $\dfrac{2}{15}$

POINT 3 円の面積と円周の長さ

円の面積や**弧の長さ**など、基本事項を確認しておこう。

円の面積……半径×半径×π（πr^2）
円周の長さ……直径×π（$2\pi r$）
おうぎ形の面積……半径×半径×π×$\dfrac{中心角}{360}$
おうぎ形の弧の長さ……直径×π×$\dfrac{中心角}{360}$

例題　下の図のように、半径1の円に正六角形が内接しているとき、斜線部分
の面積を求めよ。ただし、円周率はπとする。

右図のように補助線を引く。おうぎ形OABの半径は1で中心角は60°である。求める面積は、おうぎ形OABから正三角形OABを除いた図形の面積の6倍だから、

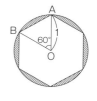

$$= \left(\pi \times 1^2 \times \frac{60}{360} - \frac{\sqrt{3}}{4} \times 1^2 \right) \times 6$$

$$= \left(\frac{\pi}{6} - \frac{\sqrt{3}}{4} \right) \times 6$$

←1辺が1の正三角形の面積

$$= \pi - \frac{3\sqrt{3}}{2}$$

答え $\pi - \dfrac{3\sqrt{3}}{2}$

POINT 4 円弧図形の面積

円弧図形の面積を求める問題では、以下を意識して解くとよい。
①円の中心や2つの円の交点を結び、補助線を引く。
②補助線でできた三角形や四角形の面積と、おうぎ形の面積を求める。
③引き算や足し算で求めたい部分の面積を求める。

例題　次の図のように、半径6cmの2つの円がそれぞれの中心を通るように交わっているとき、斜線部分の面積を求めよ。ただし、円周率はπとする。

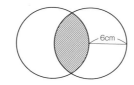

右図のように補助線を引くと、斜線部分は、**1辺が6cmの正三角形2**つと、**半径6cm**の円の**弓形4**つでできていることがわかる。よって、正三角形の面積と弓形の面積がわかれば、斜線部分の面積を求めることができる。

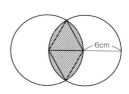

1辺が6cmの正三角形の面積は、公式より

$$\frac{\sqrt{3}}{4} \times 6^2 = 9\sqrt{3}$$

また、弓形の面積は、おうぎ形の面積から正三角形の面積を引けばよいので、

$$\pi \times 6^2 \times \frac{60}{360} - 9\sqrt{3} = 6\pi - 9\sqrt{3}$$

よって、斜線部分の面積は、

$$9\sqrt{3} \times 2 + (6\pi - 9\sqrt{3}) \times 4$$
$$= 24\pi - 18\sqrt{3}$$

答え $24\pi - 18\sqrt{3}$ cm²

1 次の図のような、等しい二辺の長さが 10cm の直角二等辺三角形 ABC と、それに重なる円について、斜線部分の面積を求めよ。

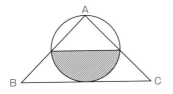

$\dfrac{25}{4} \pi$ cm^2

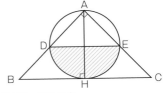

∠DAE = 90° より、線分 DE は円の直径である。

円の直径の長さは、線分 AH の長さと等しく、△ABH は直角二等辺三角形なので、

$$AH = BH = \frac{1}{2} BC$$

$$= \frac{1}{2} \times 10\sqrt{2} = 5\sqrt{2} \text{ cm}$$

よって、斜線部分の面積は、直径 $5\sqrt{2}$ cm の半円の面積なので、

$$\pi \times \left(\frac{5\sqrt{2}}{2} \right)^2 \times \frac{1}{2} = \frac{25}{4} \pi \text{ cm}^2$$

2 次の図のように、同じ大きさの正方形を2個並べ、両端の辺を延長した直線とそれぞれの正方形の頂点を通る直線を結んだ台形 ABCD がある。辺 AB の長さが 28cm、辺 CD の長さが 21cm であるとき、台形 ABCD の面積を求めよ。

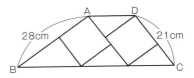

546 cm^2

正方形の1辺の長さを $x$cm とする。下図で、AD//GC、AG//DC より、四角形 AGCD は平行四辺形なので、AG = DC = 21 cm

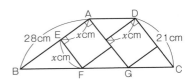

また、EF//AG より△BEF と△BAG は相似であり、BE : BA = EF : AG なので、

$(28 - x) : 28 = x : 21$

$x = 12$

台形 ABCD $= \triangle$ ABG $+ \square$ AGCD

$$= \frac{1}{2} \times \text{AG} \times \text{AB} + \text{AG} \times x$$

$$= \frac{1}{2} \times 21 \times 28 + 21 \times 12 = 546\,\text{cm}^2$$

---

3 次の図のような、円に内接する正三角形 ABC と、円に外接する正方形 DEFG がある。正方形 DEFG の面積は、正三角形 ABC の面積の何倍か。

$\dfrac{16\sqrt{3}}{9}$ 倍

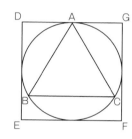

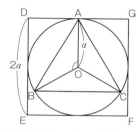

正方形 DEFG の 1 辺の長さを $2a$ とすると、正方形 DEFG の面積は $4a^2$ であり、円の半径は a と表せる。また、正三角形 ABC は $\triangle$ OAB、$\triangle$ OBC、$\triangle$ OCA の 3 つに分かれており、いずれも合同である。例えば $\triangle$ OBC の頂角 O から垂線を下ろすと、$\triangle$ OBH は 30°、60°、90° の直角三角形で、辺の比より OH $= \dfrac{1}{2}a$、BH $= \dfrac{\sqrt{3}}{2}a$ である。したがって、正三角形 ABC の面積は $\dfrac{\sqrt{3}}{2}a \times 2 \times \dfrac{1}{2}a$

$\times \dfrac{1}{2} \times 3 = \dfrac{3\sqrt{3}}{4}a^2$ となる。

よって、

$4a^2 \div \dfrac{3\sqrt{3}}{4}a^2 = \dfrac{16\sqrt{3}}{9}$ 倍

STEP 3　過去問にチャレンジ！

問題 1

東京都Ⅲ類（2020年度）

下の図のように、長方形 ABCD を平行線で8等分し、AC 間を直線で結んだとき、着色部分アとイの面積比として、正しいものはどれか。

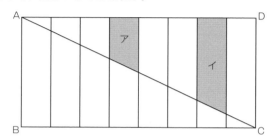

　ア：イ
1　8：15
2　7：13
3　6：11
4　4：7
5　9：14

☞解答・解説は別冊 p.099

問題 2

警察官Ⅲ類（2019年度）

下図のように、平行四辺形 ABCD の辺 AB の延長上に AB を3：1に外分する点 P をとる。DP と AC の交点を Q、DP と BC の交点を R とするとき、△AQD と △CQR の面積の比として、最も妥当なものはどれか。

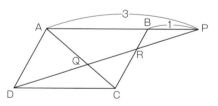

1　2：1
2　3：2
3　5：2
4　8：3
5　9：4

☞解答・解説は別冊 p.099

問題3

警察官Ⅲ類（2017年度）

次の図で、D、E、Fはそれぞれ辺BC、CA、ADの3等分点である。△ABDと△AFEの面積の比として、最も妥当なものはどれか。

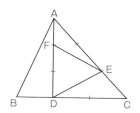

1 3：1
2 5：2
3 7：3
4 9：4
5 2：1

☞解答・解説は別冊p.100

問題4

消防官Ⅰ類（2019年度）

下の図のように、1辺が2の正方形を45°回転させた。斜線部分の面積として、最も妥当なものはどれか。

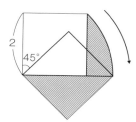

1 π
2 $2+\pi$
3 2π
4 $2+2\pi$
5 3π

☞解答・解説は別冊p.100

問題 5

下の図のように、一辺の長さ4aの正方形ABCDの頂点Aに、一辺の長さ3aの正方形EFGHの対角線の交点を合わせて二つの正方形を重ねたとき、太線で囲まれた部分の面積として、正しいものはどれか。

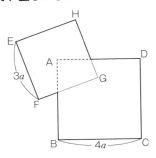

1 $\dfrac{89}{4}a^2$

2 $\dfrac{91}{4}a^2$

3 $\dfrac{93}{4}a^2$

4 $\dfrac{95}{4}a^2$

5 $\dfrac{97}{4}a^2$

☞解答・解説は別冊 p.101

問題6

特別区Ⅰ類（2019年度）

次の図のように、辺BC＝24cmとする長方形ABCDがあり、辺ABの中点をE、辺ADを4等分した点をそれぞれF、G、Hとし、F、G、Hから辺BCに垂線を引いた。今、CからA、EおよびGに直線を引き、∠CGD＝45°であるとき、斜線部の面積はどれか。

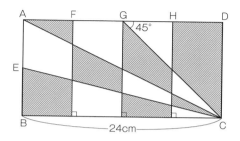

1　108cm²
2　126cm²
3　144cm²
4　162cm²
5　180cm²

☞解答・解説は別冊 p.101

問題7

警察官Ⅰ類（2021年度）

△ABCにおいて、辺BC、辺ABの中点をそれぞれM、Nとする。また、線分AMと線分NCの交点をGとする。このとき、△GNMと△ABCの面積の比として、最も妥当なものはどれか。

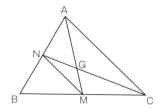

1　1：10
2　1：11
3　1：12
4　1：13
5　1：14

☞解答・解説は別冊 p.102

問題 8

特別区Ⅰ類（2021年度）

次の図のように、1辺が6cmの正方形が2つあり、正方形の対角線の交点Oを中心として、一方の正方形を30°回転させたとき、2つの正方形が重なり合ってできる斜線部の面積はどれか。

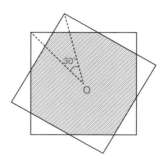

1　12（9－4$\sqrt{3}$）cm²
2　 6（6－$\sqrt{3}$）cm²
3　 6（3＋$\sqrt{3}$）cm²
4　24（3－$\sqrt{3}$）cm²
5　12（1＋$\sqrt{3}$）cm²

☞解答・解説は別冊p.103

問題 9

特別区Ⅰ類（2017年度）

次の図のように、短辺の長さが6cm、長辺の長さが8cmの長方形ABCDの内部に点Eがある。三角形BCEと三角形ADEとの面積比が1対2、三角形CDEと三角形ABEとの面積比が1対3であるとき、三角形BDEの面積はどれか。

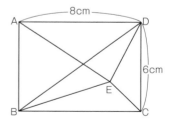

1　 7cm²
2　 8cm²
3　 9cm²
4　10cm²
5　11cm²

☞解答・解説は別冊p.104

問題 10

国家専門職（2019 年度）

図のように、扇形OABに一辺の長さが6の正方形PQRSが内接している。辺PS
の中点を点Tとし、∠TOP＝30°、∠OTP＝90°のとき、扇形OABの面積は
いくらか。

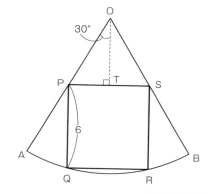

1 $(12+6\sqrt{2})\pi$
2 $(24-\sqrt{3})\pi$
3 $(12+6\sqrt{3})\pi$
4 $(24-\sqrt{2})\pi$
5 $(12+8\sqrt{2})\pi$

☞解答・解説は別冊p.104

問題 11

国家一般職（2018 年度）

一辺の長さが1の正方形の各辺を4等分し、4等分した点の一つと頂点を、図のよ
うに線分で結んだとき、網掛け部分の図形の面積はいくらか。

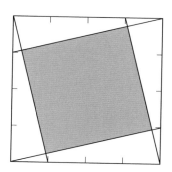

1 $\dfrac{9}{17}$

2 $\dfrac{7}{13}$

3 $\dfrac{19}{17}$

4 $\dfrac{8}{13}$

5 $\dfrac{11}{17}$

☞解答・解説は別冊p.105

4 変化する図形

STEP 1 要点を覚えよう！

POINT 1 図の動きを読み取る

変化する図形の問題では、図がどのように動いて変化していくのかを、問題文から**正確に読み取る**ことが大切である。

変化する図形の問題には、主に以下のパターンがある。

①点Pが一定の条件で動く問題

点Pが図形上を一定の速さで動いたり、長さや角度が等しいなどの**特定の条件で動いていく問題**のことである。一定の速さで動く問題では、**速さの関係式**を使う。

② 「滑ることなく回転」する図形の問題

ある図形が**回転**したときに描く**軌跡**の長さや、面積を求める問題である。回転の**中心**と、回転する**角度**、**半径**に着目し、**回転した軌跡をできるだけ正確に図示して**みるとよい。

例題　下図のような四角形ABCDがある。点Pが辺BC上をBからCに向かって秒速2cmの速さで動くとき、三角形ABP：四角形APCDの面積が2：3となるのは何秒後か。

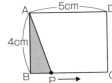

面積が2：3となるときのBPの長さを$x$cmとおくと、三角形ABPと四角形APCDの面積は以下のように表せる。

三角形ABPの面積$= x \times 4 \times \dfrac{1}{2} = 2x$

四角形APCDの面積$= \{5 + (5 - x)\} \times 4 \times \dfrac{1}{2} = 20 - 2x$

面積は2：3になるので、$2x : (20 - 2x) = 2 : 3$　　これを解いて、$x = 4$

秒速2cmなので、距離÷速さ＝時間の関係式より、

$4 \div 2 = 2$

答え **2 秒後**

例題　次の図のような、1辺の長さが1の正方形が、Pの位置からQの位置まで、線上を滑ることなく矢印の方向に回転するとき、辺ABが描く軌跡の面積を求めよ。ただし、円周率はπとする。

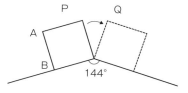

右図のように補助線を引いてみると、∠ABO＝90°で、△ABOは直角二等辺三角形だから、AB：BO：AO＝1：1：$\sqrt{2}$である。

辺ABが描く軌跡を描いてみると、右図の点Oを中心に、Aは半径$\sqrt{2}$の円周上の弧を描き、Bは半径1の円周上の弧を描いていることがわかる。

辺ABが描く軌跡は、図1の網掛け部分であるから、この部分の面積を、図2のようにおうぎ形OADからおうぎ形OBCを引いて求める。

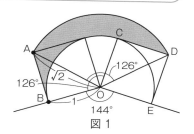

図 1

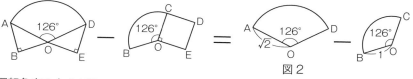

図 2

回転角度の大きさは、
∠AOD＝∠BOC＝360°－144°－90°＝126°
また、OA＝$\sqrt{2}$、OB＝1であるから、
求める面積は、

$$\underbrace{\pi \times (\sqrt{2})^2 \times \frac{126}{360}}_{\text{半径}\sqrt{2}\text{のおうぎ形の面積}} - \underbrace{\pi \times 1^2 \times \frac{126}{360}}_{\text{半径1のおうぎ形の面積}} = \frac{7}{20}\pi$$

答え　$\dfrac{7}{20}\pi$

ここで動きがめる！　計算のテクニック

△ABOの面積＋△ODEの面積＝四角形COEDの面積なので、
引き算で0になることを見越して、最初から取って計算を楽にしよう。

1 下の図のように、一辺の長さが a の正方形が直線 L 上を滑ることなく1回転したとき、点 P が描く軌跡と直線 L に囲まれた部分の面積を求めよ。

$(\pi + 1)a^2$

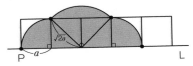

点 P が描く軌跡は上図のようになる。囲まれた部分は、

半径 a の $\dfrac{1}{4}$ 円2個、半径 $\sqrt{2}\,a$ の $\dfrac{1}{4}$ 円1個、直角をはさむ2辺の長さが a の直角二等辺三角形2個の和だから、

$$\frac{\pi a^2}{4} \times 2 + \frac{\pi(\sqrt{2}\,a)^2}{4} + \frac{a^2}{2} \times 2$$
$$=(\pi + 1)a^2$$

- -

2 下の図のように、辺 AB の長さが4、辺 BC の長さが3の長方形の内側に、1辺の長さが1の正方形がある。今、正方形が矢印の方向に滑ることなく回転して出発点に戻ってくるとき、正方形の頂点 P が描く軌跡の長さを求めよ。ただし、円周率は π とする。

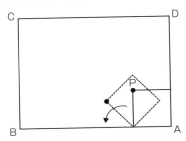

$\left(\dfrac{5}{2} + \sqrt{2}\right)\pi$

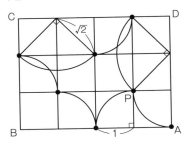

点 P が描く軌跡は上図のようになる。

軌跡の長さは、半径1の $\dfrac{1}{4}$ 円の弧の長さ5個分と半径 $\sqrt{2}$ の $\dfrac{1}{4}$ 円の弧の長さ2個分の和だから、

$$\frac{2\pi \times 1}{4} \times 5 + \frac{2\pi \times \sqrt{2}}{4} \times 2$$
$$=\left(\frac{5}{2} + \sqrt{2}\right)\pi$$

3 下の図において、∠ABP = ∠DCP = 90°、AB = 5、BC = 5とする。点 Pが線分BC上を動く点であるとき、AP + PD が最小の値13であるときの CDの値を求めよ。

7

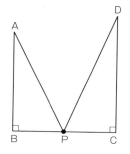

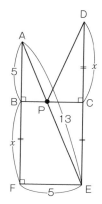

上図のように、点Dを直線BCに対して対称移動した点をEとすると、PD = PEだから、AP + PD = AP + PEである。

よって、AP + PDが最小となるのは、3点A、P、Eが同一直線上にあるときである。

次に、点Eから直線ABの延長線上に垂線EFを引く。

BF = xとすると、

BF = CE = CD = x

直角三角形AFEで、AE = 13、AF = AB + BF = 5 + x

FE = BC = 5だから、三平方の定理より、

$(5 + x)^2 + 5^2 = 13^2$

$(5 + x)^2 = 13^2 - 5^2 = 144 = 12^2$

$5 + x > 0$より、$5 + x = 12$、$x = 7$

よって、CDの長さは7である。

STEP 3 過去問にチャレンジ！

問題 1

国家一般職高卒（2021 年度）

図のような縦12cm、横21cmの長方形ABCDがあり、辺ABの中点をEとし、辺CDの中点をFとする。点Pは線分FE上を点Fの位置から毎秒1cmの速度で、点Qは辺BC上を点Bの位置から毎秒2cmの速度で同時に移動する。このとき、三角形APQの面積が、最初に長方形ABCDの面積の7分の1になるのは、点P及び点Qが移動を始めてから何秒後か。

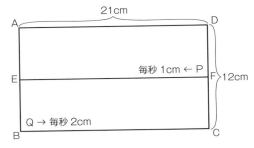

1　6秒後
2　6.5秒後
3　7秒後
4　7.5秒後
5　8秒後

☞解答・解説は別冊p.106

問題 2

東京都Ⅰ類（2018 年度）

下の図のように、直径aの円が長方形の内側を辺に接しながら1周したとき、円が描いた軌跡の面積として、正しいものはどれか。ただし、円周率はπとする。

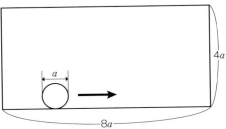

1　$(16+\pi)a^2$

2　$\left(19+\dfrac{\pi}{4}\right)a^2$

3　$\left(20+\dfrac{\pi}{4}\right)a^2$

4　$\left(21+\dfrac{\pi}{4}\right)a^2$

5　$(24+\pi)a^2$

☞解答・解説は別冊p.106

問題3

東京都Ⅰ類（2021年度）

下の図のように、一辺の長さ a の正三角形が、一辺の長さ a の五つの正方形でできた図形の周りを、正方形の辺に接しながら、かつ、辺に接している部分が滑ることなく矢印の方向に回転し、一周して元の位置に戻るとき、頂点Pが描く軌跡の長さとして、正しいものはどれか。ただし、円周率は π とする。

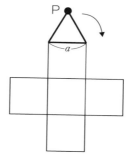

1   $\dfrac{26\pi a}{3}$

2   $9\pi a$

3   $\dfrac{28\pi a}{3}$

4   $\dfrac{29\pi a}{3}$

5   $10\pi a$

☞解答・解説は別冊p.107

国家一般職（2022 年度）

図のように、一辺の長さが6cm の正方形の頂点A、B、C から動点P、Q、Rが
それぞれ同時に出発し、点P は毎秒1cm、点Qと点R は毎秒2cm の速さで矢印
の向きに辺上を進む。点P、Q、R が出発してから3秒後までの間で点A、P、Q、
R によって囲まれる斜線部分の面積の最小値はいくらか。

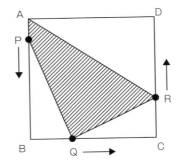

1 14cm^2
2 15cm^2
3 16cm^2
4 17cm^2
5 18cm^2

☞解答・解説は別冊p.108

問題5

東京都Ⅰ類（2020年度）

下の図のように、直線a上の点Xを始点として、動点Pが直線aと45度の角度をなして直線bに向けて出発した。動点Pは直線bに到達したところで直角に曲り、直線cに到達すると再び直角に曲り、直線bに向かって進んだ。これを点Pが点Yに限りなく近づくまで繰り返したとすると、動点Pが進む距離として、最も近い数値はどれか。ただし、XY間の距離は8cmとする。

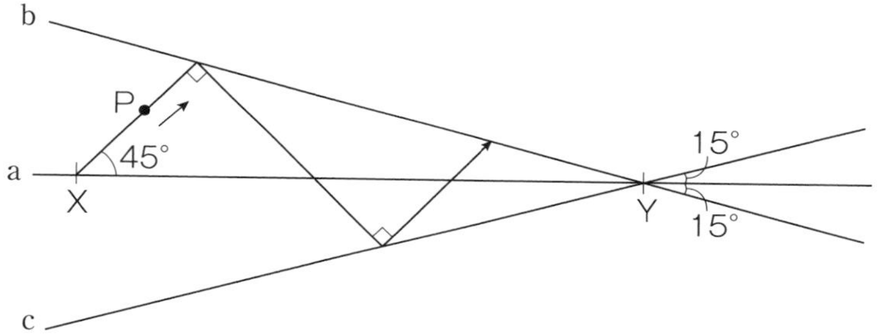

b

P
45°
a
X

15°
15°

Y

c

1   $4\sqrt{3}$ cm
2   $8\sqrt{2}$ cm
3   $8\sqrt{3}$ cm
4   $16\sqrt{2}$ cm
5   $16\sqrt{3}$ cm

☞解答・解説は別冊p.109

5 立体図形

STEP 1 要点を覚えよう！

POINT 1 立体図形の体積と表面積

立体図形の体積と表面積を求める公式は、立体図形の問題を解く際には必須の知識である。しっかりと頭に入れていこう。

①角柱・円柱

三角柱・四角柱・円柱の**体積**………底面積×高さ

三角柱・四角柱・円柱の**表面積**……底面積×2＋側面積

 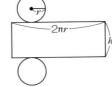

円柱の体積：$V = \pi r^2 h$

円柱の表面積：$S = \pi r^2 \times 2 + h \times 2\pi r$
$= 2\pi r(r+h)$

②角すい・円すい

三角すい・四角すい・円すいの**体積**……$\dfrac{1}{3} \times$底面積×高さ

三角すい・四角すい・円すいの**表面積**……底面積＋側面積

 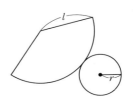

円すいの**体積**：$V = \dfrac{1}{3}\pi r^2 h$
$(h = \sqrt{l^2 - r^2})$

円すいの**表面積**：$S = \pi r^2 + \pi l^2 \times \dfrac{中心角}{360}$
$= \pi r^2 + \pi l^2 \times \dfrac{2\pi r}{2\pi l}$
$= \pi r(r+l)$

③球

半径rの球の**体積**……$V = \dfrac{4}{3}\pi r^3$

半径rの球の**表面積**……$S = 4\pi r^2$

例題 図のように、直角二等辺三角形を直線 l を軸として1回転させたときにできる立体の体積は何 cm³か。

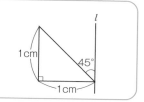

できる立体は、底面が半径1cm、高さ1cmの円柱から、底面が半径1cm、高さ1cmの円すいを取り除いた立体なので、求める体積は、

$$\pi \times 1^2 \times 1 - \frac{1}{3} \times \pi \times 1^2 \times 1 = \frac{2}{3}\pi$$

円柱の体積 V　　　円すいの体積 V

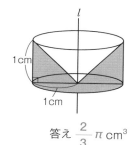

答え $\dfrac{2}{3}\pi$ cm³

POINT 2 直方体・立方体の対角線の長さ

縦、横、高さがそれぞれ a、b、c の**直方体の**
対角線の長さは、三平方の定理より、
$l = \sqrt{a^2 + b^2 + c^2}$ で求められる。
1辺が a の**立方体の対角線の長さ**は、
$l = \sqrt{a^2 + a^2 + a^2}$
$ = \sqrt{3a^2} = \sqrt{3}\,a$ となる。

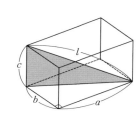

POINT 3 体積比

相似な図形の**体積比**は、相似比が $a : b$ の場合、$a^3 : b^3$

例題 右の図のような円すい状のグラスに小さなコップで1杯の水を入れたら、半分の高さまで水が入った。このグラスを満水にするには、あと何杯の水が必要か。

半分の高さまで水が入った部分と、円すい状のグラスは相似で、相似比は $1 : 2$ であるから、体積比は $1^3 : 2^3 = 1 : 8$ である。
よって、このグラスを満水にするためには、$8 - 1 = 7$ で、あと7杯の水が必要である。

答え 7杯

CHAPTER 6 図形

5 立体図形

1 次の図のように、中心をOとする直径12cmの半円の円周上に点C、Dをとり、それぞれの点からの垂線が直線ABと交わる点をE、Fとする。垂線の長さがCE＝5cm、DF＝4cmのとき、直線ABを軸として斜線部分を1回転させてできる立体の体積は何cm³か。ただし、円周率はπとする。

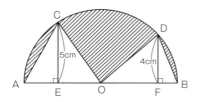

$206\pi\,\text{cm}^3$

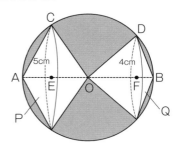

できる立体は、上図で、直径12cmの球から、立体P、Qを取り除いたものである。立体P、Qはいずれも円すいを組み合わせた立体である。よって、求める体積は、

（球の体積）−（立体Pの体積）−（立体Qの体積）

$$= \frac{4}{3}\,\pi \times AO^3 - \left(\frac{1}{3}\,\pi \times CE^2 \times AE \right.$$

$$+ \frac{1}{3}\,\pi \times CE^2 \times EO \Big)$$

$$- \left(\frac{1}{3}\,\pi \times DF^2 \times OF \right.$$

$$+ \frac{1}{3}\,\pi \times DF^2 \times FB \Big)$$

直径は12cmなので、AE＋EO＝OF＋FB＝6cmより、

$$= \frac{4}{3}\,\pi \times 6^3 - \frac{1}{3}\,\pi \times 5^2 \times 6 - \frac{1}{3}\,\pi \times 4^2 \times 6$$

$$= 206\pi\,\text{cm}^3$$

2 次の図のような直角台形と長方形からできた容器に、深さ12cmまで水が入っている。このとき、入っている水の体積は何cm³か。

$3840\,\text{cm}^3$

水の体積は、容器の側面の台形部分（次図の台形BCFE）を底面とした高さ20cmの四角柱の体積と等しい。辺AD上にCD//BGとなるよう

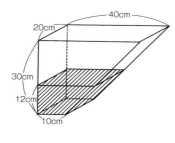

に、点Gをとると、

AG = AD − GD = 40 − 10 = 30cm

EH//AGより△BEHと△BAGは相似であり、BE：BA = EH：AG = 12：30 = EH：30となる。

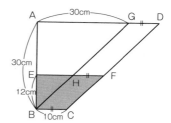

したがって、EH = 12cm　なので、

EF = EH + HF = 12 + 10 = 22cm

求める体積は、

$$\left\{\frac{1}{2}(\text{BC} + \text{EF}) \times \text{BE}\right\} \times 20$$

$$=\left\{\frac{1}{2}(10 + 22) \times 12\right\} \times 20$$

$$=3840\,\text{cm}^3$$

過去問にチャレンジ！

警察官Ⅲ類（2018年度）

問題 1

下図のような底面の半径が6cm、母線の長さが10cmの直円すいに球が内接している。この球の体積として、最も妥当なものはどれか。ただし、円周率を π とする。

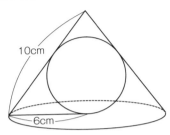

1　$12\pi \mathrm{cm}^3$
2　$24\pi \mathrm{cm}^3$
3　$36\pi \mathrm{cm}^3$
4　$48\pi \mathrm{cm}^3$
5　$60\pi \mathrm{cm}^3$

☞解答・解説は別冊 p.110

裁判所職員（2018年度）

問題 2

次の図の三角すい A － BCD において、∠ABD ＝45°、∠ACD ＝30°、BD ⊥ AD、CD ⊥ AD、BD ⊥ CD である。
BC ＝12cm のとき、この三角すいの体積として正しいものはどれか。

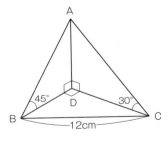

1　$36\mathrm{cm}^3$
2　$36\sqrt{3}\ \mathrm{cm}^3$
3　$36\sqrt{6}\ \mathrm{cm}^3$
4　$54\sqrt{3}\ \mathrm{cm}^3$
5　$72\mathrm{cm}^3$

☞解答・解説は別冊 p.110

問題 3

警察官 I 類（2020 年度）

上底の長さが3cm、下底の長さが9cm、高さが8cmの下図のような台形を、辺ABを軸に120°回転させてできる立体がある。この立体の表面積として、最も妥当なものはどれか。ただし、円周率をπとする。

1 $(67\pi + 48)$ cm^2
2 $(67\pi + 96)$ cm^2
3 $(70\pi + 48)$ cm^2
4 $(70\pi + 96)$ cm^2
5 $(105\pi + 48)$ cm^2

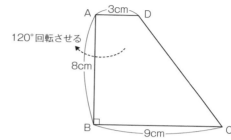

☞解答・解説は別冊 p.111

問題 4

消防官 I 類（2017 年度）

下の図のような立体を、斜線を引いた面が切り口になるように、ア、イ、ウの3つに切断した。このとき、アとウの体積の比として、最も妥当なものはどれか。ただし、立体の上面、底面および斜線を引いた面は水平とする。

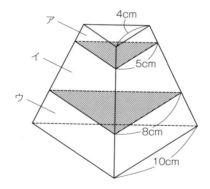

ア：ウ
1 1：4
2 1：5
3 1：6
4 1：7
5 1：8

☞解答・解説は別冊 p.112

問題 5　　　　　　　　　　　　　　　　　　　　　　　　警察官Ⅰ類（2020年度）

次の図のような直円錐がある。この直円錐を底面から $\dfrac{1}{4}$ の高さで、底面に平行な平面で切ったときにできる円錐と円錐台の体積の比として、最も妥当なものはどれか。

1　27 : 37
2　27 : 64
3　64 : 27
4　9 : 7
5　7 : 9

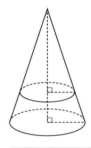

☞解答・解説は別冊 p.113

問題 6　　　　　　　　　　　　　　　　　　　　　　　　国家専門職（2020年度）

高さ h の円錐を底面と水平な面で切断したところ、新たにできた小さな円錐の体積は、切断前の円錐の体積の $\dfrac{1}{8}$ であった。このとき、小さな円錐を取り除いた後に残る円錐台の高さとして正しいものはどれか。

1　$\dfrac{1}{4}h$

2　$\dfrac{1}{2}h$

3　$\dfrac{5}{8}h$

4　$\dfrac{3}{4}h$

5　$\dfrac{7}{8}h$

☞解答・解説は別冊 p.113

問題7

裁判所職員（2019 年度）

図1のように、円柱形の容器に水が入っている。この容器の中に円柱を底面が容器の底にぴったりとつくように入れたところ、図2のように水面との高さが同じになった。円柱の底面の半径が、容器の底面の半径の$\frac{2}{3}$のとき、図1の水面の高さと図2の水面の高さの比として正しいものはどれか。なお、容器の厚みは考えないでよいものとする。

図1

図2

1　4：9
2　1：2
3　6：11
4　5：9
5　3：5

☞解答・解説は別冊p.114

問題8

裁判所職員（2020 年度）

底面が一辺6cmの正六角形で6つの側面は全て正方形の正六角柱がある。この正六角柱で、次の図のように4つの頂点ABCDを結んだときにできる四角形（斜線部）の面積として正しいものはどれか。

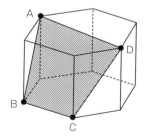

1　$24\sqrt{3}$ cm²
2　$24\sqrt{7}$ cm²
3　$27\sqrt{3}$ cm²
4　$27\sqrt{7}$ cm²
5　$28\sqrt{3}$ cm²

☞解答・解説は別冊p.114

問題 9

特別区 I 類（2020 年度）

次の図のような、1辺の長さが8cmの立方体がある。辺ABの中点をP、辺BCの中点をQとして、この立方体を点F、P、Qを通る平面で切断したとき、△FPQを底面とする三角すいの高さはどれか。

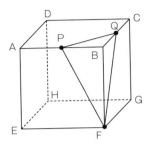

1　$\dfrac{4}{3}$ cm

2　$\sqrt{2}$ cm

3　2cm

4　$\dfrac{8}{3}$ cm

5　$2\sqrt{2}$ cm

☞解答・解説は別冊p.115

問題 10

国家専門職（2017 年度）

図のように、水平な机の上に置かれた円柱形の容器の中に、水と半径3cmの球が入っており、球は水の中に完全に沈んでいる。いま、この球を容器から取り出したところ、球を取り出す前と比べて、容器の底から水面までの高さが4％下がった。容器に入っている水の体積はいくらか。ただし、円周率はπとする。

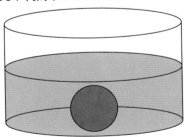

1　824π cm³

2　844π cm³

3　864π cm³

4　884π cm³

5　904π cm³

☞解答・解説は別冊p.116

問題 11

消防官Ⅰ類（2021 年度）

次の図のように、全ての辺の長さが a の正四角すいのすべての面に球が内接して
いるとき、この球の半径として、最も妥当なものはどれか。

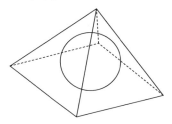

1　$\dfrac{\sqrt{3} - \sqrt{2}}{2}a$

2　$\dfrac{\sqrt{6} - \sqrt{3}}{4}a$

3　$\dfrac{\sqrt{6} - \sqrt{2}}{4}a$

4　$\dfrac{\sqrt{6} - \sqrt{3}}{2}a$

5　$\dfrac{\sqrt{6} - \sqrt{2}}{2}a$

☞解答・解説は別冊 p.116

問題 12

消防官Ⅰ類（2018 年度）

下の図のような、底面の半径が4cm、母線の長さが12cm の円すいがある。底面
の円周上の点Aから側面を一周する線を引いたとき、その最短の長さとして、最
も妥当なものはどれか。

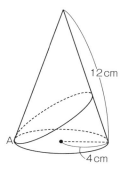

12 cm

A

4 cm

1　$6\sqrt{2}$ cm

2　$6\sqrt{3}$ cm

3　$12\sqrt{2}$ cm

4　$12\sqrt{3}$ cm

5　$16\sqrt{2}$ cm

☞解答・解説は別冊 p.117

下の図のような辺AB＝3、辺AD＝2、辺AE＝5の直方体ABCD－EFGHがある。糸をこの直方体の表面に張り、頂点Aと頂点Gを結ぶとき、張った糸が最短となる長さはいくらか。なお、下の図に示した糸の張り方は一例であり、糸は必ずしもこの面を通るとは限らない。

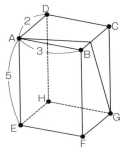

1　$2\sqrt{7}$
2　6
3　$\sqrt{42}$
4　$5\sqrt{2}$
5　$\sqrt{58}$

☞解答・解説は別冊p.118

問題 14

下の図のような、1辺の長さが1cm の立方体28個を積み上げて作った立体がある。
この立体の表面積として、最も妥当なものはどれか。

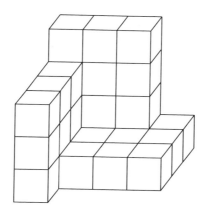

1 74cm²
2 75cm²
3 76cm²
4 77cm²
5 78cm²

☞ **解答・解説は別冊 p.119**

きめる！ KIMERU SERIES

索 引

278

きめる！公務員試験　数的推理

カバーデザイン	野条友史（BALCOLONY.）
本文デザイン	宮嶋章文
本文イラスト	ハザマチヒロ
編集協力	コンデックス株式会社
校正	松本尚士、TKM合同会社、株式会社シー・キューブ
データ作成	コンデックス株式会社
印刷所	凸版印刷株式会社
編集担当	山下順子

読者アンケートご協力のお願い
※アンケートは予告なく終了する場合がございます。

この度は弊社商品をお買い上げいただき、誠にありがとうございます。本書に関するアンケートにご協力ください。右のQRコードから、アンケートフォームにアクセスすることができます。ご協力いただいた方のなかから抽選でギフト券（500円分）をプレゼントさせていただきます。

アンケート番号：　　　802033

※QRコードは株式会社デンソーウェーブの登録商標です。

NR

［別冊］
数的推理
Numerical Reasoning

解答解説集

きめる！ 公務員試験

数的推理

解答解説

1 1 速さ 基本

問題1 特別区Ⅰ類（2017年度） ………………………………………… **本冊P.024**

正解：4

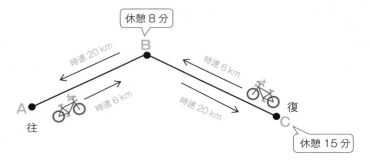

休憩時間の合計は、**15＋8＝23**（分）だから、地点Aと地点Cを往復するのに
実際にかかった時間は、**1時間15分－23分＝52**（分）である。
地点A→地点Cまでの距離をx kmとする。
地点Aと地点Cを往復するとき、上り坂の距離の合計は、
往路の地点A→地点Bの距離と復路の地点C→地点Bの
距離を合わせた、地点A→地点Cまでの距離と等しいのでx kmである。
同様に、下り坂の距離の合計もx kmである。
よって、時間の関係から、
上り坂でかかった時間＋下り坂でかかった時間＝52分

52分＝$\dfrac{52}{60}$ 時間なので、

$$\dfrac{x}{6}+\dfrac{x}{20}=\dfrac{52}{60}\Big\rangle\times 60$$
$$10x+3x=52$$
$$13x=52$$
$$x=4 \ (km)$$

よって、地点Aから地点Cまでの距離は**4** km、すなわち**4000** mである。

問題2 国家専門職（2013年度） ……………………………………………… 本冊P.024

正解：3

徒歩の場合、往路と復路の速さの比は、（往路）：（復路）＝1：$\frac{2}{3}$＝3：2

同じ距離を進むとき、速さと時間は反比例するから、
往路に要する時間と復路に要する時間の比は、（往路）：（復路）＝2：3である。

往路に要する時間は10分だから、復路に要する時間は、$10 \times \frac{3}{2}$＝15（分）である。
よって、徒歩で地点A、B間を一往復するのに要する時間は、
10＋15＝25（分）である。

同じように自転車の場合、往路と復路の速さの比は、

（往路）：（復路）＝1：$\frac{1}{2}$＝2：1だから、同じ距離であれば、

往路に要する時間と復路に要する時間の比は、（往路）：（復路）＝1：2である。
また、往路について、自転車の速さは徒歩の速さの4倍だから、

往路に要する時間は、徒歩の$\frac{1}{4}$倍で、$10 \times \frac{1}{4}$＝$\frac{5}{2}$（分）

復路に要する時間は、$\frac{5}{2} \times 2$＝5（分）である。
よって、自転車で地点A、B間を一往復するのに要する時間は、

$\frac{5}{2}$＋5＝7.5（分）である。
徒歩と自転車の時間の差は、25－7.5＝17.5（分）
すなわち、17分30秒である。

問題3 国家専門職（2016年度） ……………………………………………… 本冊P.025

正解：3

A、B、Cが同じ距離を泳いだ時にかかった時間は、A：B：C＝10：15：18であり、
速さは時間に反比例する（逆比になる）。逆比を作るには分母と分子をひっくり返せばよいので、速さの比は

A：B：C＝$\frac{1}{10} : \frac{1}{15} : \frac{1}{18}$＝9：6：5である。
同じ時間進むのであれば速さと距離は比例する（速ければ速いほど距離も進める）ので、泳いだ距離の比も9：6：5となる。つまり、Aが9往復するとき、Bは6往復、Cは5往復していることになる。プールは片道50m、1往復100mなので、

Aの泳いだ距離は、100×9＝900（m）である。

1 | 2 旅人算

問題1 消防官Ⅰ類（2022年度） ⋯⋯⋯⋯⋯⋯⋯⋯⋯⋯⋯⋯⋯⋯ 本冊P.030

正解：3

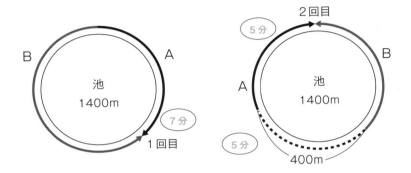

上図より、2人が初めてすれ違うのは、AとBの歩いた距離の合計が1400mのときである。

Aは分速80mで、Bは分速120mで歩くので、1分間当たりの、AとBの歩いた距離の合計は、80＋120＝200（m）である。よって、AとBの歩いた距離の合計が1400mとなるのは、同時に出発してから、1400÷200＝7（分後）である。
次に、初めてすれ違った後、Bが5分間休んでいる間に、Aは
80×5＝400（m）進むから、
2回目にすれ違うのは、AとBの歩いた距離の合計が、1400－400＝1000（m）のときである。
AとBの歩いた距離の合計が1000mとなるのは、1000÷200＝5（分後）である。
よって、2回目にすれ違うのは、同時に出発してから、7＋5＋5＝17（分後）である。
同じようにして、3回目にすれ違うのは、2回目にすれ違ってから10分後なので、
3回目のすれ違いが起こるまでに要する時間は、
17＋10＝27（分）である。

問題2　警察官Ⅰ類（2019年度） ……………………………………………… 本冊P.030

正解：4

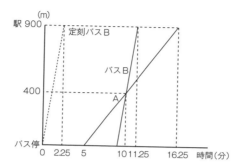

上図は、バス停からの距離と定刻からの時間との関係を表したグラフである。

Aは分速80mで歩き始めてから5分後（定刻より10分後）にバスBに抜かれたので、抜かれた地点は、バス停から、80×5＝400（m）離れている。その地点は駅の手前500mだから、バス停から駅までの距離は、400＋500＝900（m）である。また、500÷80＝6.25（分）より、Aが駅に着いたのは定刻の10＋6.25＝16.25（分後）である。

したがって、バスBが駅に到着したのは、その5分前なので、定刻の11.25分後である。

バスBはAを追い越した地点から駅までの500mの距離を進むのに、11.25－10＝1.25（分）かかっているので、バスBの速さは、500÷1.25＝400（m/分）である。

よって、定刻通りのときバスBは、定刻の、900÷400＝2.25（分後）に駅に着く。

ゆえに、AがバスBの定刻の駅到着時刻より遅れた時間は、16.25－2.25＝14（分）である。

正解：**2**

地点P、Q間の距離を$x$kmとする。

右図より、2人が初めて出会うのは、AとBの
歩いた距離の合計が、地点P、Q間の距離2つ
分だから、$x×2＝2x$（km）のときである。

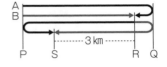

Aは時速5km、Bは時速4kmで歩くから、1時
間当たりの、AとBの歩いた距離の合計は、

$5＋4＝9$（km）である。よって、AとBの歩いた距離の合計が$2x$kmとなるのは、

同時に出発してから、$2x÷9＝\dfrac{2x}{9}$（時間後）である。

このとき、Bが進む距離は、$4×\dfrac{2x}{9}＝\dfrac{8x}{9}$（km）だから、$PR＝\dfrac{8x}{9}$（km）である。

また、2回目に出会うのは、地点P、Q間の距離4つ分だから、

AとBの歩いた距離の合計が$x×4＝4x$（km）のときである。

AとBの歩いた距離の合計が$4x$kmとなるのは、同時に出発してから、

$4x÷9＝\dfrac{4x}{9}$（時間後）である。このとき、Aが進む距離は、$5×\dfrac{4x}{9}＝\dfrac{20x}{9}$（km）

だから、

$PS＝\dfrac{20x}{9}－2x＝\dfrac{2x}{9}$（km）である。

$SR＝PR－PS$なので、$\dfrac{8x}{9}－\dfrac{2x}{9}＝\dfrac{6x}{9}＝\dfrac{2x}{3}$

$SR＝3$kmより、$\dfrac{2x}{3}＝3$　$x＝\dfrac{9}{2}＝4.5$となる。

よって、地点P、Q間の距離は、**4.5**kmである。

問題4 警察官Ⅰ類（2018年度） ················· 本冊P.031

正解：3

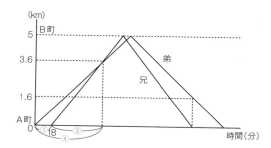

上図は兄と弟がA町を出発してからB町に行きA町に戻るまでのA町からの距離と時間との関係を表したものである。

兄が弟を追い越してから兄がA町に戻るまでの時間で進む距離は

兄が、（5－3.6）＋5＝6.4（km）

弟が、（5－3.6）＋（5－1.6）＝4.8（km）

したがって、進む距離の比は、兄：弟＝6.4：4.8＝4：3である。

このとき、時間が等しいので、兄と弟の速さの比も、兄：弟＝4：3である。

兄、弟がA町を出発してから、3.6kmを進むのにかかる時間の比は距離が等しいことから速さの比と反比例し、兄：弟＝③：④である。兄は弟より18分遅れてA町を出発するから、比の①に相当する値は18分である。よって、兄が弟を追い越したのは、兄が出発してから、18×3＝54（分後）である。

1 3 流水算

問題 1　国家一般職（2022年度）　…………………………………………………　本冊P.036

正解：2

距離が等しい地点 AB 間を往復するのに上りは**20**分、下りは**12**分かかるので、時間の比と速さの比が反比例する（逆比になる）ことを利用する。
時間の比は（上り）：（下り）＝20：12＝**5：3**なので、速さの比は（上り）：（下り）＝**3：5**である。

ここで、静水時の速さは$\dfrac{\text{上りの速さ＋下りの速さ}}{2}$で求めることができ、これを比で表すと$\dfrac{3+5}{2}=4$となる。また、流速は$\dfrac{\text{下りの速さ－上りの速さ}}{2}$で求めることができ、これを比で表すと$\dfrac{5-3}{2}=1$となる。

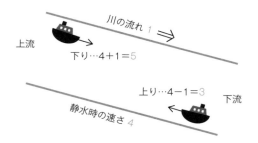

静水時の速さを1.5倍にすると**4×1.5＝6**であり、この速さで川を上ると、実際の上りの速さは**6－1＝5**となる。5の速さで川を進むときにかかる時間は、通常の静水時の速さで下るときの5と同じなので、かかる時間も等しくなる。よって、**12**分である。

問題2 特別区Ⅰ類（2020年度） ‥‥‥‥‥‥‥‥‥‥‥‥‥‥‥‥‥‥‥‥‥‥ 本冊P.036

正解：**4**

静水時の船Bの速さを$v$km/時とすると、船Aの速さは1.5$v$km/時である。
船AがP地点からQ地点へ上る時間と、船BがQ地点からP地点へ下る時間との
比は、A：B＝3：1.5＝2：1なので、速さの比は、A：B＝1：2である。
川の流れの速さは8km/時なので、船Aが上るときの速さは、$(1.5v-8)$km/時
であり、船Bが下るときの速さは、$(v+8)$km/時である。
速さの比から、$(1.5v-8):(v+8)＝1:2$が成り立つ。
$2(1.5v-8)＝v+8$
$3v-16＝v+8$
$2v＝24$
$v＝12$（km/時）
よって、船Aが川を上るときの速さは、$1.5×12-8＝10$（km/時）であり、
船Bが川を下るときの速さは、$12+8＝20$（km/時）である。

48分後

船A、BがそれぞれP地点、Q地点を出発してから48分で移動した距離は
船Aが$10×\dfrac{48}{60}＝8$（km）、船Bが$20×\dfrac{48}{60}＝16$（km）、
また、P地点とQ地点の間の距離は、$10×3＝30$（km）である。
したがって、48分後の船A、B間の距離は、$30-(8+16)＝6$（km）
ここからAは川に流されて8km/時でPへ進む。

よって、船BがAに追いつくのは、$6÷(20-8)＝\dfrac{1}{2}$（時間）＝30（分後）である。

正解：2

地点Ａ、Ｂを往復するのにかかる時間の比は（下り）：（上り）＝25：30＝5：6 なので、距離が等しいとき、速さの比は（下り）：（上り）＝6：5である。

ここで、静水時の速さは $\dfrac{上りの速さ＋下りの速さ}{2}$ より $\dfrac{5＋6}{2}＝5.5$ となり、

流速は、$\dfrac{下りの速さ－上りの速さ}{2}$ より $\dfrac{6－5}{2}＝0.5$ となる。

よって、静水時の船の速さと川の流れの速さの比は11：1である。

正解：5

自転車が8km/時の速さで地点ＰからＱまで行くのに60分（＝1時間）かかったので、地点Ｐ、Ｑ間の距離は、$8×1＝8$（km）である。

また、川の流れの速さは4km/時なので、15分間で船が流された距離は、

$4×\dfrac{15}{60}＝1$(km)である。船がエンジンをかけて川を上った時間は、$60－15＝45$(分)であり、上った距離は、流された1kmも合わせて$8＋1＝9$（km）なので、上りの

速さは、$9÷\dfrac{45}{60}＝12$（km/時）である。

よって、静水時の船の速さは、$12＋4＝16$（km/時）である。

1 4 通過算

問題 1 裁判所職員（2018年度）……………………………………………… 本冊P.042

正解：1

列車Ａは時速50km、列車Ｂは時速75kmで走るから、列車Ｂの先頭と列車Ａの先頭は1時間当たり、$75-50=25$（km）距離が縮まり、列車Ｂの先頭が列車Ａの先頭を抜き去ってからは1時間当たり25km離れる。

これは1秒間当たり、$25000 \div 3600 = \dfrac{125}{18}$（m）であり、

列車Ｂの最後尾が列車Ａの先頭を抜き去る瞬間までに14秒かかるから、

（列車Ａの長さ＋列車Ｂの長さ）$= \dfrac{125}{18} \times 14 = \dfrac{875}{9}$（m）となる。

また、反対方向に走るとき、それぞれの列車の先頭は1時間当たり、$75+50=125$（km）離れる。

すなわち、1秒間当たり、$125000 \div 3600 = \dfrac{625}{18}$（m）差が開く。

よって、先頭どうしがすれ違う瞬間から最後尾どうしがすれ違う瞬間までに要する時間は（列車Ａの長さ＋列車Ｂの長さ）$\div \dfrac{625}{18} = \dfrac{875}{9} \times \dfrac{18}{625} = 2.8$（秒）かかる。

問題 2 東京都Ⅰ類（2020年度）……………………………………………… 本冊P.043

正解：3

自動車の速さを秒速xm、トラックの速さを秒速ymとすると、
オートバイの速さは秒速$1.4x$mと表せる。

オートバイがトラックに追い付いてから追い抜くまでに、$\dfrac{8}{3}$秒かかったので

$(1.4x-y) \times \dfrac{8}{3} = 2+18$ が成り立つ。

$8(1.4x-y)=60$
$2(1.4x-y)=15$
$2.8x-2y=15$ ……①

自動車がトラックに追い付いてから追い抜くまでに、$\dfrac{46}{5}$ 秒かかったので

$(x-y) \times \dfrac{46}{5} = 5 + 18$ が成り立つ。

$46(x-y) = 115$

$2(x-y) = 5$

$2x - 2y = 5 \quad \cdots\cdots ②$

①－②より、$0.8x = 10 \quad x = 12.5$

オートバイの速さである $1.4x$ に代入すると、$1.4x = 1.4 \times 12.5 = 17.5$（m/秒）となる。

これを時速に直すと、$17.5 \times 60 \times 60 = 17.5 \times 3600 = 63000$（m）より、時速 63km である。

問題3 国家専門職（2001年度） ··· 本冊P.044

正解：2

時速140kmの上りの列車が、3分おきに時速40kmの下り列車とすれ違うので、時速140km特急列車が先行の普通列車と出会ってから、次の普通列車に出会うまでの距離は、

3分間 $= \dfrac{1}{20}$ 時間より、$(140 + 40) \times \dfrac{1}{20} = 9$（km）となる。

この9kmとは、以下のように先行の普通列車と、次を走る普通列車との間の距離になる。

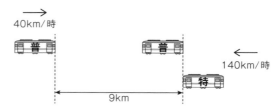

また、時速80kmの準急列車が先行の普通列車とすれ違い終わったとき、次の普通列車の先頭までの距離は、列車の長さは普通も準急も同じ250m、9km ＝ 9000mなので、$9000 - (250 + 250) = 8500\text{m} = 8.5$km離れている。

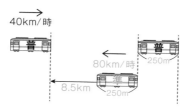

よって、準急列車が先行の普通列車とすれ違い終わってから次の普通列車に出会うまでの距離は**8.5**kmである。時速80kmの準急列車と時速40kmの普通列車がこの8.5kmをすれ違うので、かかった時間は、

$$8.5 \div (\mathbf{80+40}) = \frac{8.5}{120} = \frac{4.25}{60}$$

（時間）である。単位を換えて

$$\frac{4.25}{60} \times \mathbf{60} = 4.25 （分） = 4\frac{1}{4} （分） = \mathbf{4}分\mathbf{15}秒である。$$

問題1 警察官Ⅰ類（2017年度） ……………………………………………………… 本冊P.052
正解：5

各年代の増加数を、それぞれx万人とする。

例えば0〜19歳は、「**20年前の人口の25％に当たる人数がx人**」という意味なので、

（20年前の人口）$\times \dfrac{25}{100} = x$という式が成り立つ。したがって、（20年前の人口）

$= x \div \dfrac{100}{25} = x \times \dfrac{100}{25} = 4x$（万人）であり、現在の人口は、$4x + x = 5x$（万人）

となる。

同様に、20〜39歳は、（20年前の人口）$\times \dfrac{40}{100} = x$が成り立ち、式を整理すると

（20年前の人口）$= \dfrac{5}{2}x$（万人）であり、現在の人口は$\dfrac{5}{2}x + x = \dfrac{7}{2}x$（万人）

となる。

40〜59歳は、（20年前の人口）$\times \dfrac{20}{100} = x$が成り立ち、式を整理すると、（20年

前の人口）$= 5x$（万人）であり、現在の人口は$5x + x = 6x$（万人）となる。

60歳以上は、（20年前の人口）$\times \dfrac{100}{100} = x$が成り立ち、式を整理すると（20年前

の人口）$= x$（万人）であり、現在の人口は$x + x = 2x$（万人）となる。

現在の人口の合計は330万人なので、

$5x + \dfrac{7}{2}x + 6x + 2x = 330$が成り立つ。これを整理すると、$\dfrac{33}{2}x = 330$となり、

$x = 20$（万人）となる。

よって、20年前のA県の人口は、$330 - 4x = 330 - 4 \times 20 = 250$（万人）である。

問題2 国家一般職（2019年度） ……………………………………………………… 本冊P.052
正解：3

A組が用意したお茶の量をxとすると、残った量は、その$\dfrac{4}{5}$だから、

$x \times \dfrac{4}{5} = \dfrac{4}{5}x$であり、消費した量は、$x - \dfrac{4}{5}x = \dfrac{1}{5}x$である。

また、B組が用意したお茶の量は、A組の量の$\frac{2}{3}$だから、$x \times \frac{2}{3} = \frac{2}{3}x$であり、

残った量は、$\frac{2}{3}x \times \frac{1}{10} = \frac{1}{15}x$であるから、消費した量は、$\frac{2}{3}x - \frac{1}{15}x = \frac{3}{5}x$である。

A組とB組が消費したお茶の量の差は、$\frac{3}{5}x - \frac{1}{5}x = \frac{2}{5}x$であり、

B組が消費した飲み物の量はA組の$\frac{9}{8}$倍である。

よって、A組が消費した量を1とすると、その$\frac{1}{8}$は$\frac{2}{5}x$にあたるから

A組が消費した飲み物の量は、$\frac{2}{5}x \div \frac{1}{8} = \frac{16}{5}x$に相当する。

したがって、A組が用意したジュースの量は、$\frac{16}{5}x - \frac{1}{5}x = 3x$だから、
A組が用意した飲み物全体に占めるお茶の割合は
$x \div (3x + x) = x \div 4x = 0.25$
よって、25％である。

問題3 　国家専門職（2019年度）　·· 本冊P.053

正解：5

昨年の販売用のコメの量を⑩とすると、売れ残った量は⑳である。
今年は、昨年と比べて収穫量が30％減少したので、販売用のコメの量は今年収穫した分の⑩×（1−0.3）=⑦と、昨年の売れ残りの⑳を合わせた⑨である。
このうち、10％が売れ残ったので、その量は、⑨×0.1=⑨である。
この量が、今年収穫したコメの量の9％にあたるので、今年収穫したコメの量は、⑨÷0.09=⑩である。
よって、自家消費用は、⑩−⑦=㉚より、30％となる。

問題4 　国家一般職（2017年度）　·· 本冊P.053

正解：5

Aの今年度の人口は昨年度より3万人減り、昨年度の95％になったことから
昨年度の5％にあたる数が3万人となる。
したがって、Aの昨年度の人口は、3÷0.05=60（万人）であり、
今年度の人口は60−3=57（万人）である。

次に、Bの昨年度の人口をx万人とする。このうちB出身者は$0.74x$万人と表せる。今年度のBの人口は、昨年度と比べて、$3+47=50$（万人）増えて、$(x+50)$万人である。

このうち、B出身者は3万人増えて、Bの総人口に占める割合は70%となるから、$0.74x+3=0.7(x+50)$が成り立つ。

$0.04x=32$

$x=800$

よって、Bの今年度の人口は、$800+50=850$（万人）となり、Aとの差は$850-57=793$（万人）である。

問題5 特別区Ⅰ類（2019年度） 本冊P.054

正解：3

A、B、C各社の売上高の増加した金額を、それぞれx百万円とする。

例えばA社は、「10年前の売上高の9%にあたる金額がx百万円」という意味なので、（10年前の売上高）$\times\dfrac{9}{100}=x$という式が成り立つ。したがって、

（10年前の売上高）$=x\div\dfrac{9}{100}=x\times\dfrac{100}{9}=\dfrac{100}{9}x$（百万円）である。

同様にB社は（10年前の売上高）$\times\dfrac{18}{100}=x$という式が成り立つので、

（10年前の売上高）$=x\div\dfrac{18}{100}=x\times\dfrac{100}{18}=\dfrac{100}{18}x$（百万円）である。

C社は（10年前の売上高）$\times\dfrac{12}{100}=x$という式が成り立つので、

（10年前の売上高）$=x\div\dfrac{12}{100}=x\times\dfrac{100}{12}=\dfrac{100}{12}x$（百万円）である。

10年前の3社の売上高の合計は5850百万円なので、

$\dfrac{100}{9}x+\dfrac{100}{18}x+\dfrac{100}{12}x=5850$が成り立つ。

$\dfrac{400+200+300}{36}x=5850$

$\dfrac{900}{36}x=5850$

$25x=5850$

$x=234$

よって、現在のC社の売上高は$\dfrac{100}{12}\times234+234=2184$（百万円）

問題 6　特別区Ⅰ類（2018年度）······························· 本冊P.054

正解：4

乗車定員の68%が座れる車両の乗車定員をx人とすると、この車両2両で座れる

人数は、$2 \times \dfrac{68}{100}x = \dfrac{34}{25}x$（人）である。

また、乗車定員の76%が座れる車両の乗車定員をy人とすると、

この車両1両で座れる人数は、$\dfrac{76}{100}y = \dfrac{19}{25}y$（人）である。

よって、3両編成で運行したとき、座れる人数は$\left(\dfrac{34}{25}x + \dfrac{19}{25}y\right)$人であり、

145人は全員が座れるが165人は座れない乗客がでるから、

$145 \leqq \dfrac{34}{25}x + \dfrac{19}{25}y < 165$が成り立つ。

ここで、$\dfrac{34}{25}x$、$\dfrac{19}{25}y$は自然数だから、x、yはともに25の倍数である。

m、nを自然数として、$x = 25m$、$y = 25n$とすると、それぞれ代入して

$145 \leqq 34m + 19n < 165$となる。

この不等式を満たすm、nの値を調べる。

$m = 1$のとき、$145 \leqq 34 \times 1 + 19n < 165$、$111 \leqq 19n < 131$、$n = 6$

このとき、座席数は、$34 \times 1 + 19 \times 6 = 148$（席）

$m = 2$のとき、$145 \leqq 34 \times 2 + 19n < 165$、$77 \leqq 19n < 97$、$n = 5$

このとき、座席数は、$34 \times 2 + 19 \times 5 = 163$（席）

$m = 3$のとき、$145 \leqq 34 \times 3 + 19n < 165$、$43 \leqq 19n < 63$、$n = 3$

このとき、座席数は、$34 \times 3 + 19 \times 3 = 159$（席）

$m = 4$のとき、$145 \leqq 34 \times 4 + 19n < 165$、$9 \leqq 19n < 29$、$n = 1$

このとき、座席数は、$34 \times 4 + 19 \times 1 = 155$（席）

mが5以上のとき、不等式は成り立たない。

以上から、選択肢にある159席となる。

問題 7　裁判所職員（2020年度）······························· 本冊P.055

正解：2

先月のノートＡの売上冊数をa冊、ノートＢの売上冊数をb冊とする。

先月、Ｂの売上額はＡの売上額より22000円多いので、

$150b = 100a + 22000$ ……①

今月の売上冊数の関係から、

$(1-0.3)\,a+(1+0.4)\,b=(1+0.2)\,(a+b)$

$0.7a+1.4b=1.2\,(a+b)$

$0.7a+1.4b=1.2a+1.2b$

$-0.5a=-0.2b$

$5a=2b$ ……②

②を①に代入して、

$75×5a=100a+22000$

$275a=22000$

$a=80$

よって、先月のノートＡの売上冊数は80冊だから、今月は、$0.7×80=56$（冊）である。

2 2 割合 比

問題1 警察官Ⅰ類（2018年度） ・・・ 本冊P.060

正解：2

	男性	女性	計
電車	90	$8k-126$	$8k-36$
バス	$7k-90$	126	$7k+36$
計	$7k$	$8k$	$15k$

男性と女性の人数比は7：8なので、kを整数として、男性の人数を$7k$、女性の人数を$8k$と表す。電車通勤者のうち男性は90人なので、バス通勤者のうち男性は、$(7k-90)$人である。

また、バス通勤者のうち女性は126人なので、電車通勤者のうち女性は、$(8k-126)$人である。

よって、電車通勤者は、男女合わせて、$90+(8k-126)=8k-36$（人）、

バス通勤者は、男女合わせて、$(7k-90)+126=7k+36$（人）である。

電車通勤者とバス通勤者の比は4：5なので、

$(8k-36):(7k+36)=4:5$が成り立つ。

$5\,(8k-36)=4\,(7k+36)$

$40k-180=28k+144$

$12k=324$ $k=27$

したがって、全職員数は、$15×27=405$（人）である。

問題2 国家専門職（2020年度） ················· 本冊P.060

正解：1

1回目の試験で不合格であった生徒の人数比は、A：B：C＝1：2：4だから、各組の不合格者数は、kを整数として、A＝k人、B＝$2k$人、C＝$4k$人　と表せる。

2回目の試験で不合格であった生徒数は、A＝$k \times \left(1 - \dfrac{80}{100}\right) = 0.2k$（人）、

B＝$2k \times \left(1 - \dfrac{90}{100}\right) = 0.2k$（人）であり、これが合計4人だから、

$0.2k + 0.2k = 4$　　$k = 10$となる。

したがって、1回目のA組の不合格者は**10**人で、2回目で合格した生徒は**8**人である。

また、1回目の試験の不合格者は、$k + 2k + 4k = 7k = 7 \times 10 = $**70**（人）なので、合格者は、$100 - 70 = $**30**（人）である。

A組とB組では同じ人数の生徒が合格し、C組は全員が不合格であったので、

A組で合格した人数は、$30 \div 2 = $**15**（人）である。

よって、A組の人数は、$15 + 10 = $**25**（人）となる。

以上から、求める割合は、$8 \div 25 = $**0.32**より**32%**である。

問題3 国家一般職（2018年度） ················· 本冊P.061

正解：3

条件より、$(A+B) : (A+C) : (B+C) = \dfrac{7}{18} : \dfrac{4}{9} : \dfrac{1}{3} = 7 : 8 : 6 = 14 : 16 : 12$

となるので、kを整数として、

A＋B＝$14k$ …①、A＋C＝$16k$ …②、B＋C＝$12k$ …③と表せる。

全て足すと、2（A＋B＋C）＝$42k$

A＋B＋C＝$21k$ …④となり、

④－③よりA＝**9k**、④－②よりB＝**5k**、④－①よりC＝**7k**となる。

AがBに4本渡すとAとBの本数は**等しく**なるから、

$9k - 4 = 5k + 4$が成り立ち、

$4k = 8$　　$k = 2$

③に代入して、B＋C＝$12 \times 2 = $**24**（本）であり、BとCに分けられた缶ジュース

の本数の合計は全体の本数の$\dfrac{1}{3}$だから、全体の本数は$24 \times 3 = $**72**（本）である。

また、AとBとCに分けられた缶ジュースの本数の合計は、④に代入してA＋B＋C＝$21 \times 2 = $**42**（本）だから、

DとEに分けられた缶ジュースの本数の合計は、$72 - 42 = $**30**（本）である。

問題 4 裁判所職員（2021年度） ··· 本冊P.061

正解：1

逆にたどって考える。
最後のA、B、Cの持っているあめ玉の数の比
から、
A：B：C＝6：9：5

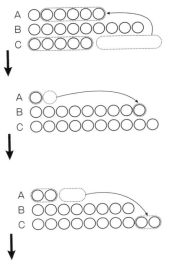

その一つ前は、Cはあめ玉の半分をAに渡した、
つまり、最後の状態にCが持っているあめ玉の
数と同じ数を渡しているから、渡す前のあめ玉
の数の比は、
A：B：C＝(6−5)：9：(5+5)＝1：9：10

その一つ前は、Aはあめ玉の半分をBに渡した
から、同じように渡す前のあめ玉の数の比は、
A：B：C＝(1＋1)：(9−1)：10＝2：8：
10

さらに、その一つ前は、Aはあめ玉の半分をC
に渡したから、渡す前のあめ玉の数の比は、
A：B：C＝(2+2)：8：(10−2)＝4：8：8
となり、最初にBとCが持っていたあめ玉の数
の比はB：C＝8：8＝1：1である。

2 3 売買算

問題 1 刑務官（2020年度） ··· 本冊P.066

正解：4

商品Aの仕入れ価格をx円、希望小売価格をy円とする。
販売価格を希望小売価格の2割引きにすると、利益は160円なので
$(1−0.2)y−x＝160$が成り立つ。
$0.8y−x＝160$ ……①
販売価格を希望小売価格の3割引きにすると、利益は100円なので
$(1−0.3)y−x＝100$が成り立つ。
$0.7y−x＝100$ ……②
①−②より、

$0.1y＝60$

$y＝600$

これを②に代入して、$420－x＝100$

$x＝320$

よって、商品Aの仕入れ価格は320円である。

問題2 裁判所職員（2019年度） ……………………………………… 本冊P.066

正解：3

1個600円で売ったときの利益は、$96000×0.25＝24000$（円）である。
また、何個かを1個600円で売り、残りを1個500円で売ったときの利益は
$96000×0.15＝14400$（円）である。
このときの利益の差は、$24000－14400＝9600$（円）であり、
1個500円で売ると、1個あたり$600－500＝100$（円）利益が減るので、
1個500円で売った個数は、$9600÷100＝96$（個）である。
全部を1個600円で売ったときの売上総額は
$96000＋24000＝120000$（円）なので、品物の個数は
$120000÷600＝200$（個）となる。
よって、1個600円で売った個数は$200－96＝104$（個）である。

問題3 消防官I類（2019年度） ……………………………………… 本冊P.067

正解：5

この商品の定価をx円、仕入れ値をy円とする。
1個につき400円の利益が出るから、$x－y＝400$が成り立つ。
$y＝x－400$ ……①
また、定価の10%引きで11個売ったときの利益は、
$(1－0.1)x×11－11y＝9.9x－11y$（円）であり、
定価の5%引きで6個売ったときの利益は、
$(1－0.05)x×6－6y＝5.7x－6y$（円）である。
これらは等しいから、
$9.9x－11y＝5.7x－6y$が成り立つ。
$4.2x＝5y$ ……②
①を②に代入して、
$4.2x＝5(x－400)$
$－0.8x＝－2000$
$x＝2500$
よって、この商品の定価は2500円である。

2 4 濃度算

問題1 東京都Ⅰ類（2022年度） ··· 本冊P.072

正解：5

右図のてんびんは、果汁20％のジュース
に水を加えて果汁12％のジュースを作っ
たことを表している。
うでの長さの比は、
$(12-0):(20-12)=12:8=③:②$
重さの比は逆比なので、（水）：（果汁20％）＝②：③である。
これより、水を$2x$g、果汁20％のジュースを$3x$g混ぜて果汁12％のジュースを
$5x$g作ったとする。

次に、果汁4％のジュース500gと果汁
12％のジュース$5x$gを混ぜて果汁8％の
ジュースを表したのが右図である。
うでの長さの比は、
$(8-4):(12-8)=4:4=①:①$
だから、重さの比も①：①である。
したがって、$500:5x=1:1$
$x=100$
よって、果汁20％のジュースの量は、$3×100=300$（g）である。

問題2 国家専門職（2021年度） ··· 本冊P.072

正解：1

食塩水Ａの濃度をa％、食塩水Ｂの濃度
をb％とする。
右図のてんびんは、ＡとＢを1：2の割合
で混ぜて濃度10％の食塩水になったこと
を表している。
うでの長さの比は、重さの比①：②の逆比なので、
$(a-10):(10-b)=②:①$
$a-10=2(10-b)$
$a+2b=30$ ……①

次に、右ページの図のてんびんは、ＡとＢを2：1の割合で混ぜて濃度15％の食塩

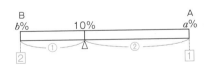

水になったことを表している。

うでの長さの比は、重さの比$\boxed{2}:\boxed{1}$の逆比なので、

$(a-15):(15-b)=\text{①}:\text{②}$

$2(a-15)=15-b$

$2a+b=45$ ……②

①×2-②より、$3b=15$　$b=5$

よって、Bの濃度は5％である。

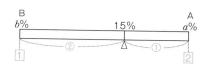

問題3　警察官Ⅰ類（2022年度）…………………………………………… 本冊P.073

正解：4

食塩水Aの濃度をx％とし、混ぜ合わせた後の食塩水Bの濃度をy％とする。

右図のてんびんは、食塩水A50gと食塩水B100gを混ぜて濃度y％の食塩水150gになったことを表している。

うでの長さの比は、重さの比$100:50=\boxed{2}:\boxed{1}$の逆比なので、

$(y-4):(x-y)=\text{①}:\text{②}$

$2(y-4)=x-y$

$x-3y=-8$ ……①

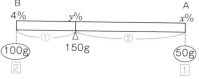

次に、右図のてんびんは、食塩水A50gと、混ぜ合わせた後の食塩水B75gを混ぜて濃度6％の食塩水になったことを表している。

うでの長さの比は、重さの比

$75:50=\boxed{3}:\boxed{2}$の逆比なので、

$(6-y):(x-6)=\text{②}:\text{③}$

$3(6-y)=2(x-6)$

$2x+3y=30$ ……②

①+②より、$3x=22$　$x=7.33\cdots$

よって、Aの濃度はおよそ7.3％である。

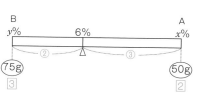

正解：1

最初に、濃度25%の食塩水をxg捨てて、同じ量の水を補うと、濃度y%の食塩水ができたとする。この状態を表したのが、次の図である。

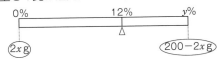

うでの長さの比は、$y:(25-y)$
重さの比は逆比だから、次の式が成り立つ。
$x:(200-x)=(25-y):y$
$xy=(200-x)(25-y)$
$xy=200\times25-200y-25x+xy$
$0=200\times25-200y-25x$
$0=200-8y-x$
$x=200-8y$ ……①

次に、濃度y%の食塩水から、$2x$gを捨てて、同じ量の水を補うと濃度12%の食塩水ができる。この状態を表したのが、次図である。
うでの長さの比は、$12:(y-12)$で、重さの比は逆比だから、次の式が成り立つ。
$2x:(200-2x)=(y-12):12$
$x:(100-x)=(y-12):12$
$12x=(100-x)(y-12)$
$12x=100y-1200-xy+12x$
$100y-1200-xy=0$ ……②

①を②に代入して、
$100y-1200-y(200-8y)=0$
$2y^2-25y-300=0$
2次方程式を因数分解すると、
$(2y+15)(y-20)=0$となる。
$y=-\dfrac{15}{2}$、20　となるが、$y>0$より、$y=20$
①に代入して、$x=200-8\times20=40$
よって、最初に捨てた食塩水の量は40gである。

3 1 場合の数　順列

問題1 東京都Ⅲ類（2021年度） ·· 本冊P.084

　　正解：2

千の位で場合分けする。

千の位が**1**のとき、つまり1〇〇〇となる整数は、空欄の〇3つに1以外の数字（2、3、4、5）の4つの数字のいずれかが入るので、$_4P_3=$**24**（個）ある。

千の位が**2**のとき、つまり2〇〇〇となる整数も、$_4P_3=$**24**（個）ある。

ここまでで24＋24＝**48**個ある。この次から千の位が**3**になり、3124（49個目）、3125（50個目）…と続く。よって、50番目の整数は**3125**である。

問題2 東京都Ⅲ類（2017年度） ·· 本冊P.084

　　正解：5

1〜7までの数字で5桁の整数をつくるとき、その数が奇数となるのは、一の位が1、3、5、7のいずれかになるときである。さらに、40000より大きい整数となるのは、一万の位が4、5、6、7のいずれかになるときである。そこで、それぞれの場合について考える。

（ⅰ）一の位が1のとき

まず、一万の位は2〜7の6通り、千の位は残る5通り、百の位は残る4通り、十の位は残る3通り、一の位は1の1通りなので、

6×5×4×3×1＝**360**通りある。

このうち一万の位が4以上になるのは、2〜7の6つある数字のうち、4、5、6、7の4つの場合なので、$360×\dfrac{4}{6}=$**240**（通り）ある。

（ⅱ）一の位が3のとき

一の位が1のときと同じように考えられるので、**240**通りある。

（ⅲ）一の位が5のとき

一万の位が4以上なのは、4、6、7の3つのいずれかになるので、$360×\dfrac{3}{6}=$**180**（通り）。

（ⅳ）一の位が7のとき

一万の位が4以上なのは、4、5、6の3つのいずれかになるので、$360×\dfrac{3}{6}=$**180**（通り）。

よって、240＋240＋180＋180＝**840**（通り）である。

問題3　特別区Ⅰ類（2019年度）　·· 本冊P.085

正解：3

T、T、U、U、O、K、B、Eの8文字の並べ方は、同じものを含む順列より

$$\frac{8!}{2!2!}=\frac{8\times7\times6\times5\times4\times3\times2\times1}{2\times1\times2\times1}=10080（通り）ある。$$

2つのTの間に他の文字が入らない場合、すなわち、2つのTが隣り合う並べ方は、
T T を1つの文字として、T T 、U、U、O、K、B、E
の7文字を並べると考えればよい。

$$\frac{7!}{2!}=\frac{7\times6\times5\times4\times3\times2\times1}{2\times1}=2520（通り）$$

よって、2つのTの間に他の文字が1つ以上入る並べ方は、
$$10080-2520=7560（通り）$$

問題4　裁判所職員（2019年度）　·· 本冊P.085

正解：4

順番に何通りあるか計算すればよい。
A○○○○○の形の文字列の総数は、5！＝120（通り）
B○○○○○の形の文字列の総数は、5！＝120（通り）
CA○○○○の形の文字列の総数は、4！＝24（通り）
CB○○○○の形の文字列の総数は、4！＝24（通り）
CDA○○○の形の文字列の総数は、3！＝6（通り）
CDB○○○の形の文字列の総数は、3！＝6（通り）
CDE○○○の形の文字列の総数は、3！＝6（通り）
その次は、CDFABE、CDFAEBであるから、
$$120\times2+24\times2+6\times3+2=308$$
よって、308番目である。

問題5　国家専門職（2017年度）································· 本冊P.086

正解：4

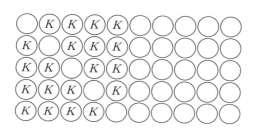

上記のように、左から1番目から5番目までは、Kが4つと他の文字が1つ並ぶ。
他の文字が左から1番目と右の5個になる並べ方は、O、O、U、U、A、Mの6文字の並べ方と等しいから、

$$\frac{6!}{2!2!}=\frac{6\times5\times4\times3\times2\times1}{2\times1\times2\times1}=180（通り）$$

他の文字が、左から2番目、3番目、4番目、5番目にくるときも同様に180通りずつあるから、180×5＝900（通り）

問題6　裁判所職員（2020年度）································· 本冊P.086

正解：4

偶数になるのは、一の位が0、2、4、6のときである。
（ⅰ）一の位が0のとき
　百の位と十の位の数字の選び方は、残りの6個の数字から2個並べる順列の総数と等しいから、
　$_6P_2=6\times5=30$（通り）

（ⅱ）一の位が2か4か6のとき
　一の位の選び方は、3通り。
百の位の数字の選び方は、0と一の位の数字を除いた5通り。
十の位の数字の選び方は、百の位と一の位の数字を除いた5通りあるから、
積の法則より、3×5×5＝75（通り）

（ⅰ）（ⅱ）より、
30＋75＝105（通り）

正解：2

パスワードの総数は、10個の数から4個の数を並べるから、

$_{10}P_4 = 10 \times 9 \times 8 \times 7 = 5040$（通り）ある。

現在のパスワードで使用している4つの数をまったく使わない新しいパスワードの総数は、使用していない6個の数から4個の数を並べるから、

$_6P_4 = 6 \times 5 \times 4 \times 3 = 360$（通り）ある。

よって、現在のパスワードで使用している数を少なくとも1つ使用している新しいパスワードの総数は、

$5040 - 360 = 4680$（通り）である。

この中には、現在のパスワードが含まれるから、新しいパスワードの場合の数は、$4680 - 1 = 4679$（通り）である。

正解：3

数学的には「重複組合せ」と呼ばれる問題であるが、同じものを含む順列の問題として解くことができる。
商品10個を横一列に並べて、ここに仕切りを3本置くことで、どの種類の商品を買うか、内訳を考えていけばよい。商品を〇、仕切りを｜として組み合わせ方を考えると、例えば以下のようになる。

〈Aを2個、Bを3個、Cを4個、Dを1個買うとき〉

〈Aを0個、Bを4個、Cを0個、Dを6個買うとき〉

ただし、本問は「どの商品も少なくとも1個買う」ので、0個になると問題に反する。そこで、先にA、B、C、Dを1個ずつ買うと考えて、残り$10-4=6$（個）で上記

の考え方をすればよい。

〈Aを2個、Bを3個、Cを1個、Dを0個買うとき〉

これであればすでに1個ずつ買っているので、Dは0個でも問題に反しない。
ここから、同じものである〇6個と｜3本の並べ替えと考えればよいので、「同じ
ものを含む順列」として解くことができる。
全部で9個のうち、同じものは〇6個、｜3個なので、

$$\frac{9!}{6! \times 3!} = 84 \text{通り}$$

よって、商品の買い方は84通りある。

3　2　場合の数　組合せ

問題1 裁判所職員（2022年度） ·· 本冊P.092

正解：4

3桁の整数の各位の数の和が3の倍数になるとき、3桁の整数は3の倍数になる性
質があるので、これを利用する。
3つの数の和が3の倍数となるようなカードの組合せは、
{1，1，4}、{1，2，3}、{1，3，5}、{2，3，4}、{3，4，5} である。
{1，1，4} のとき、できる3桁の整数は、114、141、411の3個あり、
{1，2，3}、{1，3，5}、{2，3，4}、{3，4，5} のとき、
できる3桁の整数は、それぞれ 3!＝6（個）ある。
よって、3＋6×4＝27（個）

問題2 裁判所職員（2017年度） ·· 本冊P.092

正解：3

3つの班それぞれの人数に合わせて場合分けする。

（ⅰ）1人、1人、4人のとき
4人の班の作り方は、6人の中から4人選ぶから、

$$_6\text{C}_4 = {_6\text{C}_2} = \frac{6 \times 5}{2 \times 1} = 15 \text{（通り）}$$

残った2人が、それぞれ1人の班となる。よって、**15**通り。

（ⅱ）1人、2人、3人のとき
1人の班の作り方は、$_6C_1 = $ **6**（通り）
残りの5人から、2人の班を作る作り方は、

$$_5C_2 = \frac{5 \times 4}{2 \times 1} = \mathbf{10}（通り）$$

残りの3人で、1つの班を作る。よって、$6 \times 10 = $ **60**（通り）。

（ⅲ）2人、2人、2人のとき
まず6人の中から2人を選んで班を作るのに$_6C_2$通りあり、残りの4人の中から2人を選んで班を作るのに$_4C_2$通りあり、残りの2人が1つの班を作る。
したがって、3つの班の分け方は$_6C_2 \times _4C_2$通りある。
しかし、例えば $\{(A、B)、(C、D)、(E、F)\}$ と $\{(C、D)、(A、B)、(E、F)\}$ は同じ班分けになってしまう。このようなパターンは3つの班の並べ替えと同じなので**3!**通りずつある。これらは重複なので、割って処理すればよい。

$$_6C_2 \times _4C_2 \div 3! = \frac{6 \times 5}{2 \times 1} \times \frac{4 \times 3}{2 \times 1} \div (3 \times 2 \times 1) = \mathbf{15}（通り）$$

（ⅰ）～（ⅲ）より、3つの班に分ける方法は、$15 + 60 + 15 = $ **90**（通り）

問題3 国家専門職（2019年度） ……………………………………… 本冊P.093

正解：2

サラダ、スープ、デザートのうちから2種類以上を選ぶことができないので、最も多い組合せは全体から**4種類**である。

（ⅰ）全体から2種類選ぶとき
前菜、肉料理、魚料理の3種類から2種類選ぶ場合は
$_3C_2 = _3C_1 = $ **3**（通り）

前菜、肉料理、魚料理の3種類から1種類、サラダ、スープ、デザートの3種類から1種類選ぶ場合は
$_3C_1 \times _3C_1 = $ **9**（通り）
合わせて$3 + 9 = $ **12**（通り）

（ⅱ）全体から3種類選ぶとき
前菜、肉料理、魚料理の3種類から3種類選ぶ場合は
$_3C_3 = $ **1**（通り）

前菜、肉料理、魚料理の3種類から2種類、サラダ、スープ、デザートの3種類から1種類選ぶ場合は

$_3C_2 \times _3C_1 = 9$（通り）

合わせて$1+9=10$（通り）

（ⅲ）　全体から4種類選ぶとき

前菜、肉料理、魚料理の3種類から3種類、サラダ、スープ、デザートの3種類から1種類選ぶ場合は

$_3C_3 \times _3C_1 = 3$（通り）

（ⅰ）～（ⅲ）より、$12+10+3=25$（通り）

問題4　**国家一般職（2020年度）** ··· 本冊P.093

正解：4

12人から4人を選ぶ組合せは、

$$_{12}C_4 = \frac{12 \times 11 \times 10 \times 9}{4 \times 3 \times 2 \times 1} = 495 \text{（通り）}$$

4人ともアルバイトとなる1通りを除いて、グループの作り方は494通りある。

よって、494日間となる。

問題5　**裁判所職員（2022年度）** ··· 本冊P.094

正解：1

千円札を〇、500円硬貨を×で表して、以下のように人数を少しずつ増やして検討する。

（ⅰ）500円硬貨1枚の人が2人、千円札1枚の人が2人の4人が並んでいるとき
　　〇2個と×2個を合わせた4個の並べ方は

$$\frac{4!}{2!2!} = 6 \text{（通り）}$$

　　このうち、〇〇××はお釣りが返せない。

　　よって、お釣りが返せる場合は、$6-1=5$（通り）

（ⅱ）500円硬貨1枚の人が3人、千円札1枚の人が3人の6人が並んでいるとき
　　〇3個と×3個を合わせた6個の並べ方を考える。

　　最初が〇〇…の場合はお釣りが返せない。

最初が〇×…、×〇…の場合は、それ以降（ⅰ）と同じ状況になるので、それぞれ5通りある。

　最初が××…の場合は、500円硬貨が3枚受付にあることになるから、それ以降残りの〇3個と×1個はどのように並べてもお釣りが返せる。

　　このとき、$\dfrac{4!}{3!}=4$（通り）

　　よって、お釣りが返せる場合は、5×2+4＝**14**（通り）

（ⅲ）500円硬貨1枚の人が4人、千円札1枚の人が4人の8人が並んでいるとき

　　〇4個と×4個を合わせた8個の並べ方を考える。

　　最初が〇〇…の場合はお釣りが返せない。

　　最初が〇×…、×〇…の場合は、それ以降（ⅱ）と同じ状況になるので、それぞれ14通りある。

　　最初が××…の場合は、500円硬貨が3枚受付にあり、それ以降の残りの〇4個と×2個の並べ方は、$\dfrac{6!}{4!2!}=15$（通り）あるが、このうち、〇〇〇〇××はお釣りが返せないから14通りになる。

　　よって、お釣りが返せる場合は、14×2+14＝**42**（通り）

問題6　警察官Ⅰ類（2022年度） ·························· 本冊P.095

　　正解：2

図1

		2	
1	c	a	d
		3	
	4	b	

図2

4	3	2	1
1	2	4	3
2	1	3	4
3	4	1	2

図3

3	1	2	4
1	3	4	2
4	2	3	1
2	4	1	3

図1のように空マスをa、b、c、dとする。縦の列から、a、bには、1、4が入るが1を含む横の列の数字と異なるように入れるから、aは4、bは1となる。
次に、1を含む横の列から、c、dには2、3が入る。
図2は、cに2、dに3を入れた場合、図3は、cに3、dに2を入れた場合である。
よって、2通りである。

3 3 場合の数 道順・最短経路

問題1 東京都Ⅰ類（2022年度） ·· 本冊P.100

正解：1

下図のように、地点Ａから地点Ｘを通って地点Ｂまで最短経路で行くとき、各交差点や曲がり角を通る場合の数を書き入れる。
図から、求める最短経路は48通りである。

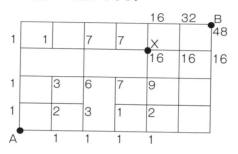

問題2 警察官Ⅰ類（2021年度） ·· 本冊P.100

正解：2

図1より、点Ａから点Ｂまでの最短経路は51通りある。

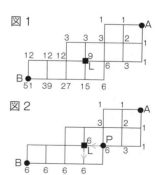

図1

図2は、点Ａから点Ｂまでの最短経路のうち、L地点で左折をする場合である。
このとき、点PからL地点に行って左折することに注意して数え上げると6通りである。

図2

よって、点Ａから点Ｂまでの最短経路のうち、L地点で左折をしない経路は
51−6＝45（通り）ある。

次に図3より、点Ｂから点Ｃまでの最短経路は35通りある。

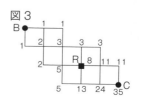

図3

図4は、点Bから点Cまでの最短経路のうち、R地点で右折をする場合である。

このとき、点Qから R地点に行って右折することに注意して数え上げると5通りである。

よって、点Bから点Cまでの最短経路のうち、R地点で右折をしない経路は35−5＝30（通り）ある。

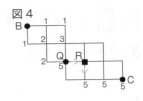

よって、求める経路の数は、45×30＝1350（通り）

問題3 裁判所職員（2022年度） 本冊P.101

正解：2

進み方のパターンをもれなく数え上げることで解いていく。

右に1区画進むことを「右」、左に1区画進むことを「左」、上に1区画進むことを「上」、下に1区画進むことを「下」で表す。

右図のように、S地点からG地点まで行くのに、S地点→P地点→G地点とS地点→Q地点→G地点の場合がある。

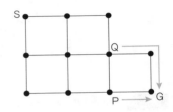

（ i ）S地点からP地点までの経路の数
・右2回、下2回（最短経路）の場合

$$\frac{4!}{2!2!}=6$$（通り）

・右3回、左1回、下2回の場合
（右下左下右右）、（右右下左下右）の2通り

・右2回、上1回、下3回の場合
（下右上右下下）、（下下右上右下）の2通り

・右4回、左2回、下2回の場合
（右右下左左下右右）の1通り

・右2回、上2回、下4回の場合
（下下右上上右下下）の1通り

よって、S地点からP地点までの経路は、
6＋2×2＋1×2＝12（通り）

（ ii ） S地点からQ地点までの経路の数
・右2回、下1回（最短経路）の場合

$$\frac{3!}{2!}=3\ (通り)$$

・右2回、上1回、下2回の場合
（右下下右上）、（下右上右下）、（下右下右上）、（下下右上右）、（下下右右上）の5通り

・右2回、上2回、下3回の場合
（下下右上上右下）の1通り

・右3回、左1回、上1回、下2回の場合
（右下左下右右上）の1通り

よって、S地点からQ地点までの経路は、
3＋5＋1×2＝10（通り）

（i）、（ii）より、求める経路の総数は、12＋10＝22（通り）

3 4 確率 基本

問題1 東京都Ⅰ類（2017年度） ·· 本冊P.106

正解：3

合計23人の生徒から3人を選ぶ組合せは$_{23}C_3$通りあり、白組の生徒10人から1人、赤組の生徒7人から1人、青組の生徒6人から1人をそれぞれ選ぶから、求める確率は、

$$\frac{_{10}C_1\times_7C_1\times_6C_1}{_{23}C_3}=\frac{10\times7\times6}{\dfrac{23\times22\times21}{3\times2\times1}}=\frac{10\times6}{23\times11}=\frac{60}{253}$$

問題2 警察官Ⅰ類（2021年度） ·· 本冊P.106

正解：2

3個のサイコロなので、出た目の数の和の最小値は3で最大値は18であり、3以上18以下の8の倍数は8、16である。
（i）和が8のとき
3数の組合せは，{1，1，6}、{1，2，5}、{1，3，4}、{2，2，4}、{2，3，3}である。
また、大中小どのサイコロにどの目が出るかは、

{1，1，6}、{2，2，4}、{2，3，3}の場合はそれぞれ$\dfrac{3!}{2!}=3$（通り）あり、

{1，2，5}、{1，3，4}の場合はそれぞれ3!＝6（通り）あるから、
合わせて、3×3＋6×2＝21（通り）

（ⅱ）和が16のとき

3数の組合せは、{4，6，6}、{5，5，6}であり、

大中小どのサイコロにどの目が出るかはそれぞれ $\dfrac{3!}{2!}=3$（通り）あるから、

$3\times2=6$（通り）

（ⅰ）、（ⅱ）より、目の和が8または16となる場合の数は、21＋6＝27（通り）

よって、求める確率は、$\dfrac{27}{6^3}=\dfrac{1}{8}$

　問題3 　東京都Ⅰ類（2020年度） ・・・・・・・・・・・・・・・・・・・・・・・・・・・・・・・・・・ 本冊P.107

正解：4

20本のくじの中から、2本のくじを引く組み合わせは $_{20}C_2$ 通りある。また、3本の当たりくじから1本、17本のはずれくじから1本引く場合は、$_3C_1\times{}_{17}C_1$ 通りある。よって、求める確率は、

$$\frac{_3C_1\times{}_{17}C_1}{_{20}C_2}=\frac{3\times17}{\dfrac{20\times19}{2\times1}}=\frac{51}{190}$$

　問題4 　裁判所職員（2018年度） ・・・・・・・・・・・・・・・・・・・・・・・・・・・・・・・・・・ 本冊P.107

正解：3

9枚のカードから5枚を取り出す組合せは $_9C_5={}_9C_4$ 通りある。また、数字の小さい順に左から1列に並べるとき、左から1番目が①、②、③、④の中から1枚のカード、2番目が⑤のカード、3番目から5番目までは、⑥、⑦、⑧、⑨の中から3枚のカードが並ぶ。

よって、カードの取り出し方は、①、②、③、④の4枚のカードから1枚と⑤のカードと⑥、⑦、⑧、⑨の4枚のカードから3枚だから、

$_4C_1\times1\times{}_4C_3=16$（通り）

よって、求める確率は、

$$\frac{16}{_9C_4}=\frac{16}{\dfrac{9\times8\times7\times6}{4\times3\times2\times1}}=\frac{8}{63}$$

問題5 警察官Ⅰ類（2017年度） ················· 本冊P.108

正解：5

赤い玉の個数を n 個とすると、白い玉の個数は $(8-n)$ 個と表せる。
8個の玉の中から、2個の玉を取り出す組合せは ${}_8C_2$ 通りある。
また、n 個の赤い玉の中から1個、$(8-n)$ 個の白い玉の中から1個取り出す場合は、

${}_nC_1 \times {}_{8-n}C_1$ 通りある。赤い玉と白い玉を1個ずつ取り出す確率が $\dfrac{3}{7}$ だから、

$$\frac{{}_nC_1 \times {}_{8-n}C_1}{{}_8C_2} = \frac{n \times (8-n)}{\dfrac{8 \times 7}{2 \times 1}} = \frac{3}{7}$$

$$\frac{n(8-n)}{28} = \frac{3}{7}$$

$$n^2 - 8n + 12 = 0$$
$$(n-2)(n-6) = 0$$
$$n = 2、6$$

よって、赤い玉の個数は、**2個または6個**である。

問題6 国家一般職（2019年度） ················· 本冊P.109

正解：3

青玉2個、黄玉2個、赤玉3個を合わせた7個の玉の
並べ方は、

$$\frac{7!}{2!2!3!} = 210 \text{（通り）}$$

左右対称となるように並べるには、中央に、他の色より1個多い赤玉を置き、その左側に、青玉、黄玉、赤玉をそれぞれ1個ずつ並べればよい。右側は、左右対称となるように置くので、置き方は自動的に決まる。
よって、左右対称となる並べ方は、3!＝6（通り）あるから、求める確率は、

$$\frac{6}{210} = \frac{1}{35}$$

問題1　警察官Ⅲ類（2018年度）　……………………………………………………… 本冊P.114

正解：**1**

赤球5個と白球4個の並べ方は、

$$\frac{9!}{5!4!}=\frac{9\times8\times7\times6}{4\times3\times2\times1}=126 \text{（通り）ある。}$$

左から3番目と4番目に赤球が並ぶ並べ方は、残りの場所に、赤球3個と白球4個が並ぶので、

$$\frac{7!}{3!4!}=\frac{7\times6\times5}{3\times2\times1}=35 \text{（通り）}$$

左から3番目と4番目に白球が並ぶ並べ方は、残りの場所に、赤球5個と白球2個が並ぶので、

$$\frac{7!}{5!2!}=\frac{7\times6}{2\times1}=21 \text{（通り）}$$

よって、求める確率は、

$$\frac{35+21}{126}=\frac{56}{126}=\frac{4}{9}$$

問題2　特別区Ⅲ類（2019年度）　…………………………………………………… 本冊P.114

正解：**1**

3人でじゃんけんをするときの手の出し方は、$3^3=27$（通り）あり、2人でじゃんけんをするときの手の出し方は、$3^2=9$（通り）ある。

2回目で勝者が決まるのは、次の場合である。

（ⅰ）1回目に1人が負けて、2回目に勝者が1人に決まる場合

1回目に3人でじゃんけんをして1人だけ負けるのは、全27通りの手の出し方のうち（グー、グー、チョキ）（チョキ、チョキ、パー）（パー、パー、グー）の3通りがあり、さらに誰が負けるかによって3通りあるので、

$$\frac{3}{27}\times3=\frac{1}{3}$$

2回目に2人でじゃんけんをして1人が勝つのは、全9通りの手の出し方のうち（グー、チョキ）（チョキ、パー）（パー、グー）の3通りがあり、さらに誰が負けるかによって2通りあるので、$\dfrac{3}{9}\times2=\dfrac{2}{3}$

よって、1回目に1人が負けて、2回目に勝者が1人に決まる確率は、$\dfrac{1}{3} \times \dfrac{2}{3} = \dfrac{2}{9}$

（ⅱ）1回目はあいこで、2回目に勝者が1人に決まる場合

1回目に3人でじゃんけんをしてあいこになるのは、全27通りの手の出し方のうち全員が同じ手の（グー、グー、グー）（チョキ、チョキ、チョキ）（パー、パー、パー）の3通りと、全員が異なる手の（グー、チョキ、パー）がある。ただし、グー、チョキ、パーをそれぞれ誰が出すかによって3!＝6（通り）ある。

したがって、あいこは全部で3＋6＝9（通り）あるので、$\dfrac{9}{27} = \dfrac{1}{3}$

2回目に3人でじゃんけんをして1人が勝つのは、全27通りの手の出し方のうち（グー、チョキ、チョキ）（チョキ、パー、パー）（パー、グー、グー）の3通りがあり、さらに誰が勝つかによって3通りあるので、$\dfrac{3}{27} \times 3 = \dfrac{1}{3}$

よって、1回目はあいこで、2回目に勝者が1人に決まる確率は、$\dfrac{1}{3} \times \dfrac{1}{3} = \dfrac{1}{9}$

（ⅰ）、（ⅱ）より、求める確率は$\dfrac{2}{9} + \dfrac{1}{9} = \dfrac{3}{9} = \dfrac{1}{3}$

問題3　警察官Ⅲ類（2019年度）　……………………………… 本冊P.115

　　正解：5

底面に書かれている数の出方の総数は、$4^3 = 64$通りである。
また、1から4までの3つの数の和の最小値は3、最大値は12であり、
3以上12以下の素数は、3、5、7、11である。
3のとき、(1, 1, 1) の1通りある。
5のとき、3つの数の組合せは{1, 1, 3}、{1, 2, 2}であり、数の出方は、

$\dfrac{3!}{2!} + \dfrac{3!}{2!} = 6$（通り）ある。

7のとき、3つの数の組合せは{1, 2, 4}、{1, 3, 3}、{2, 2, 3}だから、数の出方は、

$3! + \dfrac{3!}{2!} + \dfrac{3!}{2!} = 12$（通り）ある。

11のとき、3つの数の組合せは{3, 4, 4}だから、数の出方は、

$$\frac{3!}{2!} = 3 \text{（通り）ある。}$$

以上から、3つの数の和が素数となるのは、1＋6＋12＋3＝22（通り）

よって、求める確率は、

$$\frac{22}{64} = \frac{11}{32}$$

問題4 裁判所職員（2021年度） ⋯⋯⋯⋯⋯⋯⋯⋯⋯⋯⋯⋯⋯⋯⋯⋯⋯ 本冊P.115

正解：2

a＋b＋c＋d＋e＋f＝1＋2＋3＋4＋5＋6＝21

この式に、a＋b＋c＝d＋fを代入して

2（d＋f）＋e＝21 ⋯⋯①

右辺は奇数なので左辺も奇数であるが、2（d＋f）は2の倍数で偶数なので、eが奇数でなければならないことがわかる。

（ⅰ）e＝1のとき

①に代入して、d＋f＝10

よって、d、fは4、6となり、a、b、cは2、3、5となる。

このとき、カードの並べ方は、3!×2!＝12（通り）ある。

（ⅱ）e＝3のとき

①に代入して、d＋f＝9

よって、d、fは4、5となり、a、b、cは1、2、6となる。

このとき、カードの並べ方は、3!×2!＝12（通り）ある。

（ⅲ）e＝5のとき

①に代入して、d＋f＝8

よって、d、fは2、6となり、a、b、cは1、3、4となる。

このとき、カードの並べ方は、3!×2!＝12（通り）ある。

（ⅰ）～（ⅲ）より、a＋b＋c＝d＋fとなるような並べ方は、12×3＝36通りある。

よって、求める確率は、

$$\frac{36}{6!} = \frac{1}{20}$$

問題5 警察官Ⅰ類（2020年度） ⋯⋯⋯⋯⋯⋯⋯⋯⋯⋯⋯⋯⋯⋯⋯⋯ 本冊P.116

正解：5

1回で袋の中が白玉4個になることはないから、2回か3回である。

（ⅰ）2回のとき
赤玉、赤玉の順に取り出せば、2回で白玉4個になる。

1回目に赤玉を取り出す確率は $\dfrac{2}{4}$、2回目に赤玉を取り出す確率は $\dfrac{1}{4}$ なので、

2回で袋の中が白玉4個になる確率は、$\dfrac{2}{4} \times \dfrac{1}{4} = \dfrac{1}{8}$ である。

（ⅱ）3回のとき
（ア）赤玉、白玉、赤玉の順に取り出す場合か、（イ）白玉、赤玉、赤玉の順に取り出せば、3回で白玉4個になる。

（ア）の確率は、$\dfrac{2}{4} \times \dfrac{3}{4} \times \dfrac{1}{4} = \dfrac{3}{32}$

（イ）の確率は、$\dfrac{2}{4} \times \dfrac{2}{4} \times \dfrac{1}{4} = \dfrac{1}{16}$ である。

よって、3回で袋の中が白玉4個になる確率は、$\dfrac{3}{32} + \dfrac{1}{16} = \dfrac{5}{32}$

（ⅰ）、（ⅱ）より、求める確率は、

$$\dfrac{1}{8} + \dfrac{5}{32} = \dfrac{9}{32}$$

問題6 **消防官Ⅰ類（2019年度）** ·················· 本冊P.116

正解：4

出た目のうち最も大きな数が4である確率を直接計算するとなると、場合分けが複雑になりそうなので、**余事象**で検討すればよい。
つまり、「**出た目の最大が4以下である確率**」から「**出た目の最大が3以下である確率**」を引けば、「**出た目の最大が4以下で、少なくとも1つは4が含まれる確率**」を求めることができる。

サイコロを3つ投げたときの、全ての目の出方の場合の数は $6^3 = 216$（通り）ある。
サイコロを3つ投げたときの、出た目の最大が4以下である場合の数は、目の出方が1、2、3、4の4通りしかないので $4^3 = 64$（通り）ある。

したがって、その確率は $\dfrac{64}{216}$ である。

サイコロを3つ投げたときの、出た目の最大が3以下である場合の数は、目の出方が1、2、3の3通りしかないので $3^3 = 27$（通り）ある。

したがって、その確率は $\dfrac{27}{216}$ である。

よって、求める確率は $\dfrac{64}{216} - \dfrac{27}{216} = \dfrac{37}{216}$

問題7 刑務官（2022年度） ··· 本冊P.117

正解：5

7枚のカードの中から2枚のカードを取り出す組合せは、$_7C_2$通りある。
また、2枚のカードを取り出すとき、事象「白いカードが少なくとも1枚含まれる」
の余事象は、「2枚とも黒いカードである」となる。
よって、求める確率は、
1－（2枚とも黒いカードを取り出す確率）

$= 1 - \dfrac{_4C_2}{_7C_2} = 1 - \dfrac{4\times3}{7\times6} = 1 - \dfrac{2}{7} = \dfrac{5}{7}$

問題8 国家一般職（2022年度） ·· 本冊P.118

正解：4

選ばれた4人のうち、事象「2人以上の誕生月が同じになる」の余事象は、
「4人とも誕生月が異なる」である。
よって、求める確率は、
　1－（4人とも誕生月が異なる確率）

$= 1 - \dfrac{12}{12} \times \dfrac{11}{12} \times \dfrac{10}{12} \times \dfrac{9}{12}$

$= 1 - \dfrac{55}{96} = \dfrac{41}{96}$

問題9 国家専門職（2021年度） ·· 本冊P.119

正解：4

事象「マスが2つのみ塗りつぶされる」の余事象は、「マスが1つのみ塗りつぶされるまたはマスが3つ塗りつぶされる」である。

（i）マスが1つのみ塗りつぶされるとき
1回目は1から9までの9通り、2回目、3回目は、1回目と同じ数字の1通りだから

$$\frac{9}{9} \times \frac{1}{9} \times \frac{1}{9} = \frac{1}{81}$$

（ⅱ）マスが3つ塗りつぶされるとき

1回目は1から9までの9通り、2回目は1回目と違う数字の8通り、3回目は、1回目と2回目と違う数字の7通りだから

$$\frac{9}{9} \times \frac{8}{9} \times \frac{7}{9} = \frac{56}{81}$$

（ⅰ）、（ⅱ）より、求める確率は、

$$1 - \left(\frac{1}{81} + \frac{56}{81} \right) = \frac{8}{27}$$

3 6 確率　反復試行・期待値

問題1　東京都Ⅲ類（2021年度）　⋯⋯⋯⋯⋯⋯⋯⋯⋯⋯⋯⋯⋯⋯　本冊P.124

正解：3

1つの問題を正解する確率は$\frac{1}{5}$、間違える確率は$1 - \frac{1}{5} = \frac{4}{5}$だから、

5問中3問正解する確率は、

$\left(\frac{1}{5} \right)^3 \times \left(\frac{4}{5} \right)^2$である。

また、「何問目に正解するか」のタイミングについて、5問中3問正解するタイミングの組合せを考えればよいので、全部で$_5C_3 = 10$（通り）のパターンがある。

したがって、求める確率は$\left(\frac{1}{5} \right)^3 \times \left(\frac{4}{5} \right)^2 \times 10 = \frac{32}{625}$

問題2　裁判所職員（2020年度）　⋯⋯⋯⋯⋯⋯⋯⋯⋯⋯⋯⋯⋯⋯⋯　本冊P.124

正解：4

1または2の目が出る確率、3または4の目が出る確率、5または6の目が出る確率は、それぞれ$\frac{1}{3}$である。

また、点Pが＋1の点で止まるパターンを書き出すと、（1または2、3または4、5または6）＝（2、1、0）、（1、0、2）の2通りしかない。そこで、この2通りの目が出る確率をそれぞれ求める。

（2、1、0）の目の出方になる確率は$\left(\dfrac{1}{3}\right)^2 \times \dfrac{1}{3} = \dfrac{1}{27}$である。そのタイミングを考えると、3回中2回1または2が出て、残り1回中1回3または4が出るタイミングの組合せなので、${}_3C_2 \times {}_1C_1 = 3$（通り）ある。

したがって、その確率は$\dfrac{1}{27} \times 3 = \dfrac{1}{9}$である。

（1、0、2）の目の出方になる確率は$\dfrac{1}{3} \times \left(\dfrac{1}{3}\right)^2 = \dfrac{1}{27}$である。そのタイミングを考えると、3回中1回1または2が出て、残り2回中2回5または6が出るタイミングの組合せなので、${}_3C_1 \times {}_2C_2 = 3$（通り）ある。

したがって、その確率は$\dfrac{1}{27} \times 3 = \dfrac{1}{9}$である。

よって、求める確率は$\dfrac{1}{9} + \dfrac{1}{9} = \dfrac{2}{9}$

問題3 裁判所職員（2017年度） ··· 本冊P.125

　　正解：1

2枚の硬貨を投げるとき、2枚とも表が出る確率は$\dfrac{1}{4}$、少なくとも1枚裏が出る確率は$\dfrac{3}{4}$である。

硬貨を4回投げて「＊」の位置に行くには「上へ1マス進む」ことを2回、「右へ1マス進む」ことを2回行えばよい。

2枚とも表が2回、少なくとも1枚裏が2回起こる確率は$\left(\dfrac{1}{4}\right)^2 \times \left(\dfrac{3}{4}\right)^2 = \dfrac{9}{256}$である。そのタイミングを考えると、4回中2回2枚とも表が出て、残り2回中2回少なくとも1枚裏が出るタイミングの組合せなので、${}_4C_2 \times {}_2C_2 = 6$（通り）ある。

よって、その確率は$\dfrac{9}{256} \times 6 = \dfrac{27}{128}$である。

問題4 国家一般職（2017年度） ··· 本冊P.125

　　正解：1

反復試行と同様に、「誰に勝つか」の組合せを計算すればよい。

（ⅰ）AがBに勝つとき $\left(\text{確率}\dfrac{1}{3}\right)$

残りの5チームの対戦で

3勝2敗となる確率は、${}_5C_3\left(\dfrac{1}{2}\right)^3\left(\dfrac{1}{2}\right)^2=\dfrac{10}{32}$

4勝1敗となる確率は、${}_5C_4\left(\dfrac{1}{2}\right)^4\left(\dfrac{1}{2}\right)^1=\dfrac{5}{32}$

5勝となる確率は、$\left(\dfrac{1}{2}\right)^5=\dfrac{1}{32}$

よって、Bに勝って、4勝以上する確率は、$\dfrac{1}{3}\times\left(\dfrac{10}{32}+\dfrac{5}{32}+\dfrac{1}{32}\right)=\dfrac{1}{6}$

（ⅱ）AがBに負けるとき $\left(\text{確率}\dfrac{2}{3}\right)$

残りの5チームの対戦で4勝1敗となる確率は、${}_5C_4\left(\dfrac{1}{2}\right)^4\left(\dfrac{1}{2}\right)^1=\dfrac{5}{32}$

5勝となる確率は、$\left(\dfrac{1}{2}\right)^5=\dfrac{1}{32}$

よって、Bに負けて、4勝以上する確率は、$\dfrac{2}{3}\times\left(\dfrac{5}{32}+\dfrac{1}{32}\right)=\dfrac{1}{8}$

（ⅰ）、（ⅱ）より、求める確率は、

$\dfrac{1}{6}+\dfrac{1}{8}=\dfrac{7}{24}$

問題5 国家一般職（2021年度） ················· 本冊P.126

正解：3

トーナメント全体で4試合あるから、5回のじゃんけんで優勝者が決定するには、1回だけあいこがある。

2人がじゃんけんをするときの手の出し方は $3^2＝9$（通り）あり、あいこになるのは（グー、グー）（チョキ、チョキ）（パー、パー）と同じ手を出す3通りなので、あいこになる確率は $\dfrac{3}{9}＝\dfrac{1}{3}$、どちらかが勝つ確率は $1-\dfrac{1}{3}＝\dfrac{2}{3}$ である。

4試合のうち、3試合はすぐに勝負が決まり、1試合はあいこになってから勝負が

決まるので、その確率は $\left(\dfrac{2}{3}\right)^3 \times \left(\dfrac{1}{3} \times \dfrac{2}{3}\right) = \dfrac{16}{243}$ である。

ただし、4試合のうちどの試合であいこが挟まるかによって4通りあるので、その

確率は $\dfrac{16}{243} \times 4 = \dfrac{64}{243}$ となる。

問題6　国家専門職（2022年度） ・・・ 本冊P.126

　　正解：1

債券投資で運用した場合、1年後には元金と利子を合わせて、
$100 \times 1.1 = 110$（万円）になる。
株式投資で運用した場合、元金が増加する確率をpとすると、
元金が減少する確率は$1 - p$と表せる。
このとき、株式投資により得られる金額の期待値は、
$100 + 25p - 15(1 - p) = 40p + 85$（万円）である。
この金額が110万円を上回るとき、
$40p + 85 > 110$
が成り立ち、この不等式を解くと、$p > 0.625$
よって、62.5％より大きいと予想するときである。

4 1 整数の性質

問題1 警察官Ⅰ類（2017年度） ················· 本冊P.134

正解：2

連続する2数は整数nを用いて、n、$n+1$と表せる。

ただし、$100 \leqq n \leqq 499$ ……①

2数の和は29で割り切れるから、kを整数として、

$n+(n+1)=29k$

$2n+1=29k$

左辺は2の倍数＋1で必ず奇数なので、右辺の29kも奇数である。しかし、kに偶数が入ると29kは偶数になってしまうので、kは奇数に限定される。

また、①より、

$200+1 \leqq 2n+1 \leqq 998+1$

$201 \leqq 29k \leqq 999$

$\dfrac{201}{29} \leqq k \leqq \dfrac{999}{29}$

$6.9\cdots \leqq k \leqq 34.4\cdots$

$7 \leqq k \leqq 34$を満たすkの個数を確認すると、7から34まで数字は$34-6=28$（個）あり、そのうち半分が奇数なので、$28 \div 2 = 14$（個）である。

1つのkの値に対して、nの値が定まるから、

求める組み合わせの数は、14組である。

問題2 裁判所職員（2018年度） ················· 本冊P.134

正解：5

異なる4つの整数を大きい順に、a、b、c、dとする。

$a>b>c>d$より、

最大の数は$a+b$、2番目に大きい数は$a+c$、2番目に小さい数は$b+d$、最小の数は$c+d$だから、

$a+b=72$ ……①、$a+c=61$ ……②、$b+d=38$ ……③、$c+d=27$ ……④

①－②より、$b-c=11$ ……⑤

$b+c$は3番目に大きい数か4番目に大きい数かのどちらかである。

（ⅰ）$b+c=50$のとき

この式と⑤より、$b=30.5$

bは整数だから不適。

（ⅱ）$b+c=49$のとき

この式と⑤より、$b=30$　$c=19$

これらを①、③に代入して、$a=72-30=42$、$d=38-30=8$

以上から、4つの整数は、42、30、19、8となり、2番目に小さい数は19である。

問題3　東京都Ⅰ類（2021年度）　·· 本冊P.135

　　正解：5

$x>y$とする。条件より、

$1000\leqq xy\leqq10000$ ······①

$x^2-y^2=441$を変形すると、

$(x+y)(x-y)=21^2$

$(x+y)(x-y)=3^2\times7^2$

$x+y$、$x-y$は自然数であり、$x+y>x-y$だから

$(x+y,\ x-y)$となる組合せを書き出すと、$(441,\ 1)$、$(147,\ 3)$、$(63,\ 7)$、$(49,\ 9)$となる。

それぞれの場合について、連立方程式を解くと、以下のようになる。

$\begin{cases} x+y=441 \\ x-y=1 \end{cases}$　のとき、$x=221$、$y=220$　①を満たさない。

$\begin{cases} x+y=147 \\ x-y=3 \end{cases}$　のとき、　$x=75$、$y=72$　①を満たす。

$\begin{cases} x+y=63 \\ x-y=7 \end{cases}$　のとき、　$x=35$、$y=28$　①を満たさない。

$\begin{cases} x+y=49 \\ x-y=9 \end{cases}$　のとき、　$x=29$、$y=20$　①を満たさない。

よって、$x=75$、$y=72$である。ゆえに、大きい方の数は、75である。

問題4　国家専門職（2017年度）　·· 本冊P.135

　　正解：2

$$\frac{11n-13}{n^2+3n+2}=\frac{11n-13}{(n+1)(n+2)}$$

この値が正の整数となるには、

$n^2+3n+2 \leq 11n-13$

となるから、この不等式を解くと、

$n^2-8n+15 \leq 0$

$(n-3)(n-5) \leq 0$

これを満たすのは、$3 \leq n \leq 5$ である。

$n=3$ のとき、$\dfrac{11 \times 3-13}{4 \times 5}=1$

$n=4$ のとき、$\dfrac{11 \times 4-13}{5 \times 6}=\dfrac{31}{30}$

$n=5$ のとき、$\dfrac{11 \times 5-13}{6 \times 7}=\dfrac{42}{42}=1$

よって、正の整数になるのは $n=3$、5 の 2 個。

問題5 消防官Ⅰ類（2021年度） ································ 本冊P.136

正解：1

イをアに代入して、$A+B=2D$

$B=2D-A$ ……①

①をエに代入して、

$2(2D-A)-C=A$

$4D-3A-C=0$ ……②

ウより、$D=C-A$ ……③

③を②に代入して

$4(C-A)-3A-C=0$

$7A=3C$ ……④

④を満たす 1 桁の整数 A、C は、$A=3$、$C=7$

よって、$A+C+D=(A+D)+C=2C=14$

問題6 警察官Ⅰ類（2019年度） ································ 本冊P.136

正解：2

3 桁の整数の合計を、各位ごとの和で求める。

（ⅰ）一の位が 1 のとき

百の位が 2 である整数（2〇1）は、十の位が 1 か 2 以外の 3 通りあるから、3 個ある。

同様に、百の位が 3、4、5 である整数もそれぞれ 3 個ずつある。

よって、百の位だけの和は、

$200 \times 3+300 \times 3+400 \times 3+500 \times 3=4200$

同様に、十の位だけの和は、

20×3＋30×3＋40×3＋50×3＝**420**

以上より一の位が1となる整数は、3×4＝**12**（個）あるから、

一の位だけの和は、12×1＝**12**

したがって、一の位が1である整数の合計は、4200＋420＋12＝**4632**

（ⅱ）一の位が3のとき

百の位の和は、100×3＋200×3＋400×3＋500×3＝**3600**

十の位の和は、10×3＋20×3＋40×3＋50×3＝**360**

一の位の和は、12×3＝**36**

したがって、一の位が3である整数の合計は、3600＋360＋36＝**3996**

よって、差は4632－3996＝**636**

問題7　警察官Ⅰ類（2018年度） ·· 本冊P.137

　正解：5

5ⓐ8ⓑ＝1000×5＋100×ⓐ＋10×8＋ⓑ

＝（**999＋1**）×5＋（**99＋1**）×ⓐ＋（**9＋1**）×8＋ⓑ

＝999×5＋5＋99×ⓐ＋ⓐ＋9×8＋8＋ⓑ

＝9（111×5＋11×ⓐ＋8）＋（5＋ⓐ＋8＋ⓑ）

よって、5ⓐ8ⓑが9で割り切れるとき、

（5＋ⓐ＋8＋ⓑ）は9の倍数である。

また、ⓐ、ⓑは0以上9以下の整数だから、

0≦ⓐ＋ⓑ≦18である。

これらから、該当するものを書き出してみると、

5＋ⓐ＋8＋ⓑ＝18のとき、ⓐ＋ⓑ＝**5**

5＋ⓐ＋8＋ⓑ＝27のとき、ⓐ＋ⓑ＝**14**

よって、ⓐ、ⓑに入る数字の和は、**5**または**14**である。

問題8　国家一般職（2017年度） ·· 本冊P.138

　正解：2

$a < b < c$ であり、a、b、cは異なる素数だから、

$2 \leqq a$、$3 \leqq b$、$5 \leqq c$ ……①

$a^2 + ab + ac + bc - 315 = 0$

$(a+b)(a+c)=315$

$(a+b)(a+c)=3^2×5×7$ ……②

①より、$5≦a+b$、$7≦a+c$だから
②を満たす$a+b$と$a+c$の値の組は、②の素因数の組合せから次のように書き出せる。

$a+b=5$、$a+c=63$のとき
これを満たすのは、$(a,\ b,\ c)=(2,\ 3,\ 61)$

$a+b=7$、$a+c=45$のとき
これを満たすのは、$(a,\ b,\ c)=(2,\ 5,\ 43)$

$a+b=9$、$a+c=35$のとき
これを満たすa、b、cの値の組はない。

$a+b=15$、$a+c=21$のとき
これを満たすのは、$(a,\ b,\ c)=(2,\ 13,\ 19)$

よって、a、b、cの組み合わせは**3**通りある。

問題 9 **国家一般職（2021年度）** ··· 本冊P.139

正解：**2**

Aが思い浮かべた二桁の
整数をnとする。
質問の①より、kを整数と
して、$n=k^2-3$ ……Ⓐ

10≦n≦40		40<n≦99	
偶数	奇数	偶数	奇数
$n=22$	$n=13,\ 33$	$n=46,\ 78$	$n=61,\ 97$

②、③の質問より、nが40より大きいか小さいか、偶数か奇数かで分けて書き出
してみる。

$10≦n≦40$のとき
　偶数でⒶを満たすのは、$k=5$のとき、$n=5^2-3=22$
　奇数でⒶを満たすのは、$k=4$のとき、$n=4^2-3=13$
　　　　　　　　　　　　$k=6$のとき、$n=6^2-3=33$

$40<n≦99$のとき
　偶数でⒶを満たすのは、$k=7$のとき、$n=7^2-3=46$
　　　　　　　　　　　　$k=9$のとき、$n=9^2-3=78$
　奇数でⒶを満たすのは、$k=8$のとき、$n=8^2-3=61$

$$k=10のとき、n=10^2-3=97$$

数の候補が複数あるのは、（13，33）または（46，78）または（61，97）である。
このうち、④の質問をして1つに絞れるのは、（61，97）の場合のみである。
しかし、Aは②、③の質問に嘘で答えているから、nは40以下であり偶数である。
このとき、$n=22$である。

4 2 約数と倍数

問題1 　裁判所職員（2019年度）……………………………………………… 本冊P.144

正解：1

24との最大公約数が6で、25との最大公約数が5である自然数をnとする。
nは6の倍数かつ5の倍数、すなわち、30の倍数だから、
整数kを用いて、$n=30k$と表せる。
また、24＝6×4、25＝5×5より、
kと4、kと5は共通の約数が1しかない。……①
さらに、$1\leqq n\leqq 300$より、$1\leqq 30k\leqq 300$、$1\leqq k\leqq 10$ ……②
①、②を満たすkの値は、1、3、7、9だから、
条件を満たす自然数は、30、90、210、270の4個ある。

問題2 　裁判所職員（2017年度）……………………………………………… 本冊P.144

正解：3

2桁の3つの整数（15，40，X）の最大公約数は5だから、
$X=5a$（aは整数、Xは2桁なので$2\leqq a\leqq 19$ ……①）と表せる。
また、ある数の最小公倍数は、ある数の素因数の指数を最大にしてかけたものになる。

> たとえば、12と16の最小公倍数を考える。$12=2^2\times 3$、$16=2^4$であり、
> 2の指数の最大は4、3の指数の最大は1である。そこで、$2^4\times 3$を計算すると
> 12と16の最小公倍数は48であることがわかる。

それぞれ素因数分解すると、$15=3\times 5$、$40=2^3\times 5$、$X=a\times 5$、最小公倍数
$600=2^3\times 3\times 5^2$となる。ここから、2の指数は最大3、3の指数は最大1、5の
指数は最大2でなければならない。2と3の指数はよいが、5の指数は今のままで
は最大1なので、これを2にするために$a=2^x\times 3^y\times 5$（$0\leqq x\leqq 3$、$0\leqq y\leqq 1$）と
なる必要がある。
このうち、①を満たすのは、$a=5$、2×5、3×5である。

このとき、X＝25、50、75であるから、条件を満たすXは3個ある。

問題3 特別区Ⅰ類（2020年度） ････････････････････････････ 本冊P.145

正解：2

$2^2×3^a×4^b＝2^2×3^a×2^{2b}＝2^{2b+2}×3^a$
だから、正の約数の個数は、
$(2b+2+1)(a+1)＝(a+1)(2b+3)$ ……①
$a+b＝4$を満たす正の整数a、bの組は、
$(a,\ b)＝(1,\ 3)、(2,\ 2)、(3,\ 1)$
これらを①に代入すると、
$(a,\ b)＝(1,\ 3)$のとき、$(a+1)(2b+3)＝2×9＝18$
$(a,\ b)＝(2,\ 2)$のとき、$(a+1)(2b+3)＝3×7＝21$
$(a,\ b)＝(3,\ 1)$のとき、$(a+1)(2b+3)＝4×5＝20$

よって、最小となる個数は、18個である。

問題4 特別区Ⅰ類（2017年度） ････････････････････････････ 本冊P.145

正解：3

午後6時から午後11時45分まで、5時間45分間＝345分あり、秒で表せば、
$345×60＝2^2×3^2×5^2×23$（秒）となる。
素因数の集まりを見ると、この数は、3の倍数かつ4の倍数かつ5の倍数かつ6の
倍数かつ9の倍数だから、
3秒、4秒、5秒、6秒、9秒の周期で点灯するランプは、午後11時45分に点灯し、
7秒、8秒の周期で点灯するランプは、点灯しない。
よって、5種類である。

問題5 国家一般職（2021年度） ････････････････････････････ 本冊P.146

正解：2

7と11の最小公倍数は77だから、
4桁の数2 $\boxed{a}$ $\boxed{b}$ 4は77の倍数である。
2 $\boxed{a}$ $\boxed{b}$ 4＝$77k$（kは整数）とする。
$2000≦77k<3000$より、$25.9…≦k<38.9$……、$26≦k≦38$ ……①
また、7の段で一の位が4になるのは$7×2＝14$しかないので77とkの積の一の位
が4になるようなkの一の位は2である。

①より、$k=32$のとき、$2\boxed{a}\boxed{b}4=77\times32=2464$
よって、$a+b=4+6=10$

問題6 特別区Ⅰ類（2021年度） ……………………………………… 本冊P.146
    正解：5

4桁の整数$abc6$は、3、7、11のいずれでも割り切れるから
$3\times7\times11=231$の倍数である。kを整数として、
$abc6=231k$と表せる。

231とkの積の一の位は6であり、1の段の一の位が6になるのは$1\times6=6$しかないので、kの一の位は**6**になる。
$k=6$のとき、$abc6=231\times6=1386$だから、$a+b+c=12$
$k=16$のとき、$abc6=231\times16=3696$だから、$a+b+c=18$
$k=26$のとき、$abc6=231\times26=6006$だから、$a+b+c=6$
$k=36$のとき、$abc6=231\times36=8316$だから、$a+b+c=12$
$k=46$のとき、$abc6=231\times46=10626$となり、4桁の整数でないから不適

以上より、$a+b+c$の最大は**18**である。

問題7 消防官Ⅰ類（2017年度） ……………………………………… 本冊P.147
    正解：2

次に出席番号1から8の生徒が掃除当番になるとき、その前日に、42人がちょうど同じ回数だけ掃除当番になっている。

その回数をn回とすると、延べ人数は**42n**人で、1日あたり**8**人でおこなうから、かかる日数は、

$$\frac{42n}{8}=\frac{21n}{4}\ （日）$$
この値を整数にする最小のnは、$n=4$である。
このことから、21日間で、42人がちょうど**4**回ずつ掃除当番になり、22日目に、出席番号1から8の生徒に戻る。
月曜から金曜までは**5**日間だから、

$$22\div5=4余り2$$

よって、**火曜日**になる。

本冊P.147

問題8　国家専門職（2019年度）

正解：1

水槽Xに入れたA群の量をa、B群の量をbとする。
24時間後のA群の量は、$24 \div 4 = 6$より、$2^6 = 64$倍に増殖し、$64a$である。
B群の量は、$24 \div 6 = 4$より、$2^4 = 16$倍に増殖し、$16b$である。
24時間後に増殖をやめたときの、A群とB群の量の和は、$64a + 16b$ ……①

次に、水槽Yに入れたA群の量は$2a$であり、24時間後の、A群の量は、
$64 \times 2a = 128a$ ……②
ちょうどこのとき、増殖をやめるから、①の値と②の値は等しく
$64a + 16b = 128a$
整理して、$b = 4a$

さらに、水槽Zに入れたB群の量は$b = 4a$である。
増殖をやめるのは、$128a$まで増える、つまり、最初の量から、
$128a \div 4a = 32 = 2^5$（倍）になるときである。
B群は6時間ごとに2倍に増殖するから、
増殖をやめるのは、$6 \times 5 = 30$（時間後）である。

4 3 商と余り

問題1　消防官Ⅲ類（2021年度）

本冊P.152

正解：2

「5で割ると2余る数」は「5で割り切れるには3足りない数」であり、（5の倍数）
-3と表せる。
「6で割ると3余る数」は「6で割り切れるには3足りない数」であり、（6の倍数）
-3と表せる。
「8で割ると5余る数」は「8で割り切れるには3足りない数」であり、（8の倍数）
-3と表せる。
（5の倍数）-3、（6の倍数）-3、（8の倍数）-3を全て満たす数は（5、6、8の公倍数）
-3である。5、6、8の公倍数は5、6、8の最小公倍数120の倍数なので、（120
の倍数）-3を考えればよい。
（120の倍数）-3で最小の3桁の自然数は$120 \times 1 - 3 = 117$なので、各位の数の
和は$1 + 1 + 7 = 9$である。

問題 2 国家専門職（2022年度） ··· 本冊P.152

正解：3

「4で割ると3余る数」は「4で割り切れるには1足りない数」であり、(4の倍数)
-1と表せる。
「11で割ると5余る数」は「11で割り切れるには6足りない数」であり、(11の倍数)
-6と表せる。
不足でも揃わないので、さらに不足を増やしていく。
「4で割り切れるには1足りない数」の不足を割る数の分ずつ増やしていくと、「5
足りない」「9足りない」「13足りない」「17足りない」…となる。
「11で割り切れるには6足りない数」の不足を割る数の分ずつ増やしていくと、「17
足りない」となる。
「17足りない」ところで揃ったので、「4で割り切れるには1足りない数」の不足
を増やして「4で割り切れるには17足りない数」、つまり (4の倍数) -17と表せる。
同様に「11で割り切れるには6足りない数」の不足を増やして「11で割り切れる
には17足りない数」、つまり (11の倍数) -17と表せる。
(4の倍数) -17、(11の倍数) -17をどちらも満たす数は (4と11の公倍数) -
17である。4と11の公倍数は4と11の最小公倍数44の倍数なので、(44の倍数)
-17を考えればよい。
2022以下の自然数は1以上2022以下で、(44の倍数) -17を$44n-17$と表すと
以下の不等式が成り立つ。
$1 \leqq 44n-17 \leqq 2022$
左辺を解くと$0.40\cdots \leqq n$、右辺を解くと$n \leqq 46.3\cdots$となるので、nは1以上46以
下である。よって、1～46の個数は46個である。

問題 3 警察官Ⅰ類（2021年度） ··· 本冊P.153

正解：2

不足を揃えやすいものから先に検討する。
「6で割ると4余る数」は「6で割り切れるには2足りない数」であり、(6の倍数)
-2と表せる。
「11で割ると9余る数」は「11で割り切れるには2足りない数」であり、(11の倍数)
-2と表せる。
(6の倍数) -2、(11の倍数) -2をどちらも満たす数は (6と11の公倍数) -2である。
6と11の公倍数は6と11の最小公倍数66の倍数なので、(66の倍数) -2と表せる。
そのうち、さらに7で割ると3余る数を考える。最も小さい数を考えればよいので、
実際に書き出して検討するのがよい。
(66の倍数) -2を満たす正の整数を書き出して、それぞれ7で割っていくと以下

のようになる。
66×1−2＝64の場合、64÷7＝9…1
66×2−2＝130の場合、130÷7＝18…4
66×3−2＝196の場合、196÷7＝28…0
66×4−2＝262の場合、262÷7＝37…3
よって、**262**がこれを満たすので、各位の和は2＋6＋2＝**10**である。

問題4　裁判所職員（2020年度）　‥‥‥‥‥‥‥‥‥‥‥‥‥‥‥ 本冊P.153

正解：3

ある自然数をnとし、nを7で割ったときの商をaとする。
$n = 7a + 3$ ……①
aを5で割ったときの商をbとする。
$a = 5b + 2$ ……②
②を①に代入して、
$n = 7(5b + 2) + 3$
$= 7 \times 5b + 17$
$= 5(7b + 3) + 2$
よって、nを5で割ったときの余りは**2**である。

問題5　裁判所職員（2022年度）　‥‥‥‥‥‥‥‥‥‥‥‥‥‥‥ 本冊P.154

正解：3

条件より、$A = 3a$、$B = 3b + 1$と表せる。
$A^2 - B^2 = (3a)^2 - (3b + 1)^2$
$= 9a^2 - (9b^2 + 6b + 1)$
$= 3(3a^2 - 3b^2 - 2b) - 1$
$= 3(3a^2 - 3b^2 - 2b - 1) + 2$
よって、$A^2 - B^2$を3で割った余りは**2**である。

問題6　消防官Ⅰ類（2022年度）　‥‥‥‥‥‥‥‥‥‥‥‥‥‥‥ 本冊P.154

正解：4

まずは余りが出るものから確認する。
「3で割ると1余る数」は「3で割り切れるには2足りない数」であり、（3の倍数）
−2と表せる。
「5で割ると2余る数」は「5で割り切れるには3足りない数」であり、（5の倍数）

－3と表せる。

不足でも揃わないので、さらに不足を増やしていく。

「3で割り切れるには2足りない数」の不足を割る数の分ずつ増やしていくと、「5足りない」「8足りない」「11足りない」「14足りない」…となる。

「5で割り切れるには3足りない数」の不足を割る数の分ずつ増やしていくと、「8足りない」となる。

「8足りない」ところで揃ったので、「3で割り切れるには2足りない数」の不足を増やして「3で割り切れるには8足りない数」、つまり（3の倍数）－8と表せる。同様に「5で割り切れるには3足りない数」の不足を増やして「5で割り切れるには8足りない数」、つまり（5の倍数）－8と表せる。

（3の倍数）－8、（5の倍数）－8をどちらも満たす数は（3と5の公倍数）－8である。3と5の公倍数は3と5の最小公倍数15の倍数なので、（15の倍数）－8を考えればよい。

さらにそこから「4で割り切れる数」、つまり4の倍数であるものを考える。

（15の倍数）－8のうち、8は4の倍数であり、（4の倍数）－（4の倍数）であれば、引いた結果も4の倍数になる。4の倍数でもある15の倍数は、4と15の公倍数である60の倍数であるので、（15の倍数）－8でも4の倍数でもある数は（60の倍数）－8となる。

1から300までの中で（60の倍数）－8がいくつあるかを考えると、（60の倍数）－8を$60n-8$と表して、以下の不等式で検討すればよい。

$1 \leqq 60n-8 \leqq 300$

左辺は$0.15 \leqq n$、右辺は$n \leqq 5.13\cdots$となるので、nは1以上5以下である。

よって、求める和は

（60×1－8）＋（60×2－8）＋…＋（60×5－8）
＝60×（1＋2＋…＋5）－8×5＝900－40＝860

問題7 警察官Ⅲ類（2022年度） ··· 本冊P.155

正解：4

条件を満たす正の整数をnとする。

余り3は割る数より小さいから、$n \geqq 4$ ……①である。

98をnで割ると2余るから、96をnで割ると割り切れる。

75をnで割ると3余るから、72をnで割ると割り切れる。

よって、nは96と72の公約数である。

ある数の最大公約数は、ある数の素因数の指数を共通する限度でかけたものになる。

たとえば、12と16の最大公約数を考える。12＝2^2×3、16＝2^4であり、2の指数で共通する限度は2、3の指数は全く共通していない。そこで、2^2を計算すると12と16の最大公約数は4であることがわかる。

つまり、96＝2^5×3、72＝2^3×3^2より、96と72の最大公約数は、指数が共通する限度でかけると2^3×3＝24
したがって、nは24の約数である。
24の約数の和は、
$(2^0+2^1+2^2+2^3)(3^0+3^1)$
＝$(1+2+2^2+2^3)(1+3)$
＝15×4＝60
このうち、①より、1、2、3は除かれるから、求める和は、
60－（1+2+3）＝54

4 4 n進法

問題1 東京都Ⅰ類（2018年度） ……………………………… 本冊P.160

正解：5

2進法で1010110と表す数を10進法で表すと、
$1010110_{(2)}=1×2^6+0×2^5+1×2^4+0×2^3+1×2^2+1×2^1+0=86$

3進法で2110と表す数を10進法で表すと、
$2110_{(3)}=2×3^3+1×3^2+1×3^1+0=66$

```
5) 152
5)  30 … 2
5)   6 … 0
     1 … 1
```

これらの和86+66＝152を5進法で表すと、1102となる。

問題2 消防官Ⅲ類（2020年度）類題 ……………………………… 本冊P.160

正解：2

6進法で表されている数字を10進法で表すと、
$21_{(6)}=2×6^1+1=13$
$22_{(6)}=2×6^1+2=14$
$24_{(6)}=2×6^1+4=16$
$31_{(6)}=3×6^1+1=19$
$35_{(6)}=3×6^1+5=23$

$44_{(6)} = 4 \times 6^1 + 4 = 28$
$54_{(6)} = 5 \times 6^1 + 4 = 34$
$121_{(6)} = 1 \times 6^2 + 2 \times 6^1 + 1 = 49$

13、14、16、19、23、28、34、（　　）、49、…
となり、数の増え方が、1、2、3、4、5、6、…
なので（　　）に入る数字は、34＋7＝41
これを6進法で表すと、105となる。

$$6 \underline{)\,41}$$
$$6 \underline{)\,6} \cdots 5$$
$$1 \cdots 0$$

問題3　消防官Ⅰ類（2022年度） ·· 本冊P.161

　　正解：4

5進法で$4ab$、6進法で$b5a$と表されるから、
整数a、bは、
$0 \leqq a \leqq 4$、$1 \leqq b \leqq 4$ ……①
を満たす。
5進法で$4ab$と表す数を10進法で表すと、
$4ab_{(5)} = 4 \times 5^2 + a \times 5^1 + b \times 5^0 = 5a + b + 100$
6進法で$b5a$と表す数を10進法で表すと、
$b5a_{(6)} = b \times 6^2 + 5 \times 6^1 + a \times 5^0 = a + 36b + 30$
これらは、同じ数だから、
$5a + b + 100 = a + 36b + 30$
$4a = 35b - 70$
$4a = 35(b - 2)$ ……②

①、②を満たすa、bの値は、$a = 0$、$b = 2$であるから、
$5a + b + 100$に代入すると、この数は$5 \times 0 + 2 + 100 = 102$
である。
102を8進法で表すと、146となる。

$$8 \underline{)\,102}$$
$$8 \underline{)\,12} \cdots 6$$
$$1 \cdots 4$$

問題4　消防官Ⅰ類（2018年度） ·· 本冊P.161

　　正解：2

5進法で表された数2222を10進法で表すと、
$2222_{(5)} = 2 \times 5^3 + 2 \times 5^2 + 2 \times 5^1 + 2 \times 5^0 = 312$

3進法で表された数2222を10進法で表すと、
$2222_{(3)} = 2 \times 3^3 + 2 \times 3^2 + 2 \times 3^1 + 2 \times 3^0 = 80$

この2数の差は、312−80＝**232**

6)	232	
6)	38	… 4
6)	6	… 2
	1	… 0

232を6進法で表すと、**1024**となる。

4 5 数列・規則性

問題1 東京都Ⅲ類（2020年度） ·· 本冊P.166

正解：1

m行n列のマス目に入る数を、＜m行n列＞と表す。
1行14列のマス目に入る数は、13行1列のマス目に入る数より**1**大きく、
m行1列のマス目に入る数は、m^2であるから、

＜1行14列＞＝＜13行1列＞＋1
＝13^2＋1＝170
＜10行14列＞＝＜1行14列＞＋9＝170＋9＝**179**

問題2 刑務官（2020年度） ·· 本冊P.166

正解：3

連続する2つの整数を、n、$n+1$と表す。
1から20までの整数の和は、

$1+2+\cdots+20＝\dfrac{1}{2}×20×(20+1)＝$**210**

n、$(n+1)$を除いた後の、数の和は183だから、
$n+(n+1)＝210−183＝27$
$2n＝26$

$n=13$

よって、13と14である。

問題3 東京都Ⅲ類（2021年度） ⸻⸻⸻⸻⸻⸻⸻⸻⸻ 本冊P.167

正解：3

1段の図形に必要な棒の本数は、1×3（本）
2段の図形に必要な棒の本数は、1×3＋2×3＝（1＋2）×3（本）
3段の図形に必要な棒の本数は、1×3＋2×3＋3×3＝（1＋2＋3）×3（本）
…
10段の図形に必要な棒の本数は、
1×3＋2×3＋3×3＋…＋10×3
＝（1＋2＋3＋…＋10）×3（本）
＝55×3＝165（本）

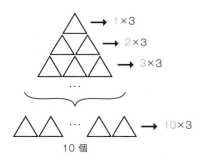

問題4 警察官Ⅰ類（2020年度） ⸻⸻⸻⸻⸻⸻⸻⸻⸻ 本冊P.167

正解：2

m から始まり、n 個連続する正の整数は、m，$m+1$、$m+2$、…、$m+n-1$ と表せる。ただし、$m \geqq 1$、$n \geqq 2$ である。
これらの和が30のとき、
$m+(m+1)+(m+2)+\cdots+(m+n-1)=30$
これは等差数列なので、和の公式を使うと、
$\dfrac{1}{2}n(2m+n-1)=30$
$n(2m+n-1)=60$
n、$2m+n-1$ は正の整数であり、
$2 \leqq n \leqq 2m+n-1$ を考慮して、実際に代入する。

$n=2$ のとき、$2m+2-1=30$　$2m+1=30$　これを満たす整数 m はない。
$n=3$ のとき、$2m+3-1=20$　$2m+2=20$　$m=9$
$n=4$ のとき、$2m+4-1=15$　$2m+3=15$　$m=6$

$n=5$のとき、$2m+5-1=12$　$2m+4=12$　$m=4$
$n=6$のとき、$2m+6-1=10$　$2m+5=10$　これを満たす整数 m はない。

以上から、9＋10＋11、6＋7＋8＋9、4＋5＋6＋7＋8の3通りである。

問題5　裁判所職員（2022年度）⋯⋯⋯⋯⋯⋯⋯⋯⋯⋯⋯⋯⋯⋯⋯ 本冊P.168

正解：5

26→13→38→19→B→28から、$a→b$ の規則は、
a が偶数のとき、$b=a÷2$、
a が奇数のとき、$b=3a-1$ である。
この規則に従うと、
Aが偶数のとき、A＝26×2＝52となるが、Aは一桁の整数だから不適。
Aは奇数で、A＝（26＋1）÷3＝9
B＝19×3－1＝56
C＝28÷2＝14
D＝7×3－1＝20
E＝10÷2＝5

よって、A＋C＋E＝9＋14＋5＝28
以上から、一の位は8である。

問題6　東京都Ⅰ類（2022年度）⋯⋯⋯⋯⋯⋯⋯⋯⋯⋯⋯⋯⋯⋯⋯ 本冊P.168

正解：2

右図のように
$4=2^2$ は、2×2のマスの左下隅
$16=4^2$ は、4×4のマスの左下隅
$36=6^2$ は、6×6のマスの左下隅となるから、
$400=20^2$ は、20×20のマスの左下隅にある。
また、一番外側のマスは、たとえば6×6
のマスの時は、次のページの図のように
5×4＝20個の数字が並ぶ。
同様に考えると、
20×20のマスの一番外側には
19×4＝76個の数字が並び、
400の右隣の数は、
400より75（＝76－1）小さいから

3	2
4	1

2マス（縦）／2マス（横）

13	12	11	10
14	3	2	9
15	4	1	8
16	5	6	7

4マス（縦）／4マス（横）

$400-75=325$
となる。

31	30	29	28	27	26
32	13	12	11	10	25
33	14	3	2	9	24
34	15	4	1	8	23
35	16	5	6	7	22
36	17	18	19	20	21

6マス / 6マス

問題7 国家一般職（2022年度） ……………………………… 本冊P.169

正解：1

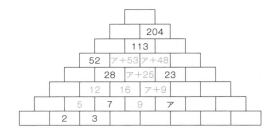

上図は、規則に従って数字を入れたものである。
（ア＋53）＋（ア＋48）＝113
2×ア＝113−53−48
2×ア＝12
ア＝6

問題8 特別区Ⅰ類（2022年度） ……………………………… 本冊P.169

正解：3

$$\frac{5}{26}=0.1\underline{923076}923\cdots\cdots$$

小数点第2位以下923076の6個が繰り返されているので、
99÷6＝16余り3だから、
小数第100位は、923076が16回繰り返されて、3番目の数だから、3である。

4 6 覆面算・魔方陣

問題1 消防官Ⅰ類（2019年度） ··· 本冊P.174

正解：3

一の位の計算で、D＋E＝Dだから、E＝0
0～9のうち異なる2数の和は、17以下であるから、
繰り上げは1になる。
千の位の計算で、繰り上げは1だから、D＝1となり、
A＋D＝DEから、A＋1＝10となる。
よって、Aは9か、百の位から1繰り上げた場合の8である。

```
  A B C 1
+   1 A B 0
─────────
1 0 C A 1
```

A＝9のとき、百の位の計算B＋A＝B＋9はBが2以上だから、必ず繰り上げが
起きる。
このとき、千の位の計算と合わないから不適。
よって、A＝8である。

以上をまとめると、右図になる。
十の位の計算で、C＋B＝8だから、
CとBの組み合わせは、
(C, B) ＝ (2, 6)、(6, 2)、(3, 5)、(5, 3)
この中で、百の位の計算が合うのは、
(C, B) ＝ (3, 5) のときである。

```
  8 B C 1
+   1 8 B 0
─────────
1 0 C 8 1
```

よって、B＝5である。

問題2 警察官Ⅲ類（2022年度） ··· 本冊P.174

正解：4

右辺の分母を素因数分解すると、$2875 = 5^3 \times 23$
左辺の2桁の分母と3桁の分母を通分すると2875になるから、
左辺の分母の組み合わせは、素因数の選び方から (23と125) または (25と
115) となる。
実際に、左辺をそれぞれ計算すると、

$$\frac{1}{23} - \frac{1}{125} = \frac{125 - 23}{2875} = \frac{102}{2875}$$ これは、右辺と適する。

$$\frac{1}{25} - \frac{1}{115} = \frac{115-25}{2875} = \frac{90}{2875}$$ これは、右辺と適さない。

よって、7つの□に入る数の総和は
（2＋3）＋（1＋2＋5）＋（1＋2）＝16

問題3 東京都Ⅰ類（2021年度） ··· 本冊P.175

正解：4

1から9までの自然数の和は45である。
正方形AGICと正方形DHFBの頂点の数の和はそれぞれ20だから、
中央のEの数は、E＝45－20×2＝5
正方形ADEBにおいて、
A＋D＋E＋B＝20にA＝3、E＝5を代入すると、
3＋D＋5＋B＝20
D＋B＝12 ……①
正方形BDHFにおいて、
B＋D＋H＋F＝20に①を代入すると、
12＋H＋F＝20
H＋F＝8 ……②
正方形EHIFにおいて、E＝5と②より、
E＋H＋I＋F＝20にE＝5と②を代入すると、
5＋8＋I＝20
I＝7

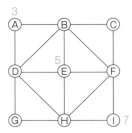

3、5、7を除く1～9の6つの自然数から、②のH＋F＝8を満たすF、Hの自然数
の組合せは、（F，H）＝（2，6）、（6，2）のいずれかである。
次に、2、3、5、6、7以外の自然数で、①のD＋B＝12を満たすB、Dの自然数
の組合せは、
（B，D）＝（4，8）、（8，4）である。
したがって、残りの数は1と9であるから、
（C，G）＝（1，9）、（9，1）となる。

これを書き出してみると、次図のようになる。

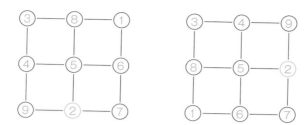

以上より、2が入る場所として考えられるのは、FとHの2か所である。

問題4　刑務官（2022年度）‥‥‥‥‥‥‥‥‥‥‥‥‥‥‥‥‥‥‥‥‥‥‥‥‥ 本冊P.176

正解：3

㋐	15	17	24	1
14	16	23	5	㋕
㋑	22	4	6	13
21	㋒	㋓	12	19
2	9	11	㋔	25

1から25までの自然数の和は、

$$1+2+\cdots+25=\frac{1}{2}\times25\times(25+1)=25\times13=325$$

と表せるから、ひとつの行または列の数字の和は、
$$325\div5=65$$

よって、
㋐＝65－（15＋17＋24＋1）＝8
㋑＝65－（22＋4＋6＋13）＝20
㋒＝65－（15＋16＋22＋9）＝3
㋓＝65－（17＋23＋4＋11）＝10
㋔＝65－（24＋5＋6＋12）＝18
㋕＝65－（14＋16＋23＋5）＝7
となる。

よって、正しい数字の組合せは、㋐8㋓10㋔18㋕7である。

問題1　国家一般職高卒（2020年度） ･････････････････････････････････ 本冊P.184

正解：3

1等の景品の金額をx円とすると、2等の景品の金額は、$\dfrac{1}{2}x$（円）、

3等の景品の金額は、$\dfrac{1}{2}x \times \dfrac{1}{3} = \dfrac{1}{6}x$（円）、

4等の景品の金額は、$\dfrac{1}{6}x \times \dfrac{1}{4} = \dfrac{1}{24}x$（円）、

5等の景品の金額は、$\dfrac{1}{24}x \times \dfrac{1}{5} = \dfrac{1}{120}x$（円）である。

景品の合計金額は14500円だから、

$$x \times 1 + \dfrac{1}{2}x \times 1 + \dfrac{1}{6}x \times 3 + \dfrac{1}{24}x \times 6 + \dfrac{1}{120}x \times 20 = 14500$$

$$\dfrac{29}{12}x = 14500$$

$$x = 6000$$

よって、1等の景品の金額は6000円である。

問題2　東京都Ⅰ類（2022年度） ･････････････････････････････････ 本冊P.184

正解：2

S席、A席、B席、それぞれのチケットの料金を、s円、a円、b円（$s > a > b$）とする。

アより、$s - a = 4(a - b)$ ……①

イより、$60s + 300a + 900b = 7500000$ ……②

ウより、$900b = 5 \times 60s$ ……③

③より、$s = 3b$ ……④

④を①に代入して、整理すると、$5a = 7b$ ……⑤

②を10で割って、$6s + 6 \times 5a + 90b = 750000$

この式に、④、⑤を代入して、

$6 \times 3b + 6 \times 7b + 90b = 750000$

$150b = 750000$

$b = 5000$

よって、$s = 3 \times 5000 = 15000$（円）

問題3 国家専門職（2020年度） ·· 本冊P.185

正解：**4**

今日、200円で売ったのは全体の$\dfrac{3}{8}$、100円で売ったのは全体の$\dfrac{1}{8}$だから、

150円で売ったのは全体の、$1-\left(\dfrac{3}{8}+\dfrac{1}{8}\right)=1-\dfrac{4}{8}=\dfrac{1}{2}$

今日150円で売った個数と昨日半額で販売した個数が等しいから、

昨日半額で販売した個数は、全体の$\dfrac{1}{2}$であり、すなわち、**24**個である。

よって、毎日作っているパンの数は、24×2＝**48**（個）である。

以上から、昨日の売上金額の合計は、

200×24＋100×24＝**7200**（円）

今日の売上げ金額の合計は、

$200\times\left(48\times\dfrac{3}{8}\right)+150\times\left(48\times\dfrac{1}{2}\right)+100\times\left(48\times\dfrac{1}{8}\right)$

＝200×18＋150×24＋100×6

＝**7800**（円）

よって、売り上げの差は、7800－7200＝**600**（円）

問題4 刑務官（2021年度） ····································· 本冊P.185

正解：**5**

x℃（$6\leqq x\leqq 10$）のときの、A、B、Cの3人のタイムは、

20＋0.5（**10**$-x$）＝25－0.5x（分）

Dのタイムは、**30＋1×**（$x-6$）＝x＋24（分）

よって、A～Dの4人の合計タイムは、

3（25－0.5x）＋（x＋24）＝99－0.5x

この値が最も小さくなるのは、0.5xが最も**大きく**なるときだから、

x＝**10**

よって、**10**℃である。

正解：1

9800円の不足分を、男性だけ追加で500円ずつ集めると、200円余ったから、
追加で、9800＋200＝10000（円）集めたことになる。
このことから、男性の人数は、10000÷500＝20（人）、
女性の人数は、20－5＝15（人）となり、全員で35人である。
不足分の9800円を35人で均等に割ると、
9800÷35＝280（円）
よって、求める会費は、4500＋280＝4780（円）

正解：2

Aが解答した数をx問とすると、Bが解答した数は、$(2x-10)$問である。
Aの正答数は、$0.8x$問
Bの正答数は、$0.6(2x-10)$問だから、
$0.6(2x-10)=0.8x+10$
$1.2x-6=0.8x+10$
$0.4x=16$
$x=40$
よって、Aの正答数は、$0.8×40=32$（問）

正解：3

1回目について、まず、消しゴム、付せん紙、ガムテープをそれぞれ1個ずつ購入
すると、合計金額は、110＋170＋290＝570（円）である。
1回目の合計金額が1200円だから、残り1200－570＝630（円）をちょうど使
うには、付せん紙170円×2個とガムテープ290円×1個を再度購入すればよい。
よって、1回目に購入した消耗品の個数は、次ページの表のようになる。
3回目について、最初に、4種類の消耗品を1個ずつ購入すると、合計金額は、
110＋170＋290＋530＝1100（円）である。
3回目の合計金額が1500円だから、残り、1500－1100＝400（円）をちょう
ど使うには、消しゴム110円×1個とガムテープ290円×1個を再度購入すればよい。
よって、3回目に購入した消耗品の個数は、次ページの表のようになる。

2回目に購入した消耗品の個数は、必要個数から残りを求めると、下表のようになる。

このときの合計金額は、
110×4＋170×1＋290×4＋530×1＝2300（円）
となり、問題の条件と合う。

	消しゴム	付せん紙	ガムテープ	クリアファイル
1回目	1	3	2	0
2回目	4	1	4	1
3回目	2	1	2	1
合計	7	5	8	2

上表より、確実にいえるのは、「2回目に付せん紙を1個購入した」である。

5 2 二次方程式・不等式

問題1　特別区Ⅰ類（2018年度）　……………………………………………… 本冊P.196

　　正解：1

長椅子の数を x 脚とすると、グループの人数は、$3x+10$（人）と表せる。
1脚に5人ずつ座った場合、5人が座っている長椅子は $(x-4)$ 脚あり、
1脚に、1人以上3人以下が座っている。

グループの人数の関係から、
$5(x-4)+1 \leqq 3x+10 \leqq 5(x-4)+3$ が成り立つ。
$5(x-4)+1 \leqq 3x+10$ より、
$2x \leqq 29$
$x \leqq 14.5$ ……①
$3x+10 \leqq 5(x-4)+3$ より、
$2x \geqq 27$
$x \geqq 13.5$ ……②
①、②を満たす整数 x は、$x=14$ なので、
このとき、グループの人数は、$3×14+10＝52$（人）

正解：2

屋外でのヤギの数をa匹とすると、
ヒツジの数は$5a$匹、屋内でのヒツジ
の数をb匹とすると、ヤギの数は$4b$
匹と表せる。

	ヒツジ	ヤギ	合計
屋外	$5a$	a	$6a$
屋内	b	$4b$	$5b$
合計	$5a+b$	$a+4b$	$6a+5b$

屋外での、ヤギとヒツジの合計は
1000匹未満なので、

$5a+a<1000$

$6a<1000$ ……①

屋外と屋内の家畜の合計は、

それぞれ、ヒツジは$(5a+b)$匹、ヤギは$(a+4b)$匹で、

ヒツジの数はヤギの4倍だから、$5a+b=4(a+4b)$ ……②

また、全部の家畜の合計は1000匹を超えるから、$6a+5b>1000$ ……③

②より、$a=15b$

これを、①に代入して、$6×15b<1000$、$b<\dfrac{1000}{90}=11.\cdots$

③に代入して、$90b+5b>1000$、$b>\dfrac{1000}{95}=10.\cdots$

すなわち、$10.\cdots<b<11.\cdots$

bは整数だから、$b=11$となる。

よって、求めるヒツジの数は、11匹である。

正解：1

7人掛けの長椅子の数をx脚とすると、5人掛けの長椅子の数は$(30-x)$脚と表
せる。また、出席者の人数をn人とする。

7人掛けの長椅子だけを使って7人ずつ着席させると85人以上着席できないから、

$n≧7x+85$ ……①

7人掛けの長椅子に4人ずつ着席させ、5人掛けの長椅子に3人ずつ着席させると、
67人以上着席できないから、

$n≧4x+3(30-x)+67$

$n≧x+157$ ……②

7人掛けの長椅子に7人ずつ着席させ、5人掛けの長椅子に5人ずつ着席させると、
全員が着席できて、5人掛けの長椅子が1脚余るから、

$n≦7x+5(30-x)-5$

$n \leqq 2x + 145$ ……③

①、③より、

$7x + 85 \leqq 2x + 145$

$x \leqq 12$

②、③より、

$x + 157 \leqq 2x + 145$

$x \geqq 12$

よって、7人掛けの長椅子の数は12脚である。

このとき、①、②、③より、

$n \geqq 7 \times 12 + 85 = 169$

$n \geqq 12 + 157 = 169$

$n \leqq 2 \times 12 + 145 = 169$

これらを満たすnは169なので、出席者の人数は169人である。

問題4 国家専門職（2021年度） ···················· 本冊P.197

正解：3

$a < b < c$より、$\dfrac{1}{c} < \dfrac{1}{b} < \dfrac{1}{a}$ ……①

$\dfrac{3}{a} > \dfrac{1}{a} + \dfrac{1}{b} + \dfrac{1}{c} = \dfrac{9}{10} > \dfrac{1}{a}$ $10 < 9a < 30$ $\dfrac{10}{9} < a < \dfrac{30}{9}$

$1.1\cdots < a < 3.3\cdots$

この不等式を満たす自然数aは、$a = 2$、3

$a = 2$のとき、$\dfrac{1}{2} + \dfrac{1}{b} + \dfrac{1}{c} = \dfrac{9}{10}$

$\dfrac{1}{b} + \dfrac{1}{c} = \dfrac{9}{10} - \dfrac{1}{2} = \dfrac{2}{5}$

①より、$\dfrac{2}{b} > \dfrac{1}{b} + \dfrac{1}{c} = \dfrac{2}{5}$ $b < 5$、また、$2 = a < b$

これらの不等式を満たす自然数bは、$b = 3$、4

$b = 3$のとき、$\dfrac{1}{3} + \dfrac{1}{c} = \dfrac{2}{5}$ $\dfrac{1}{c} = \dfrac{2}{5} - \dfrac{1}{3} = \dfrac{1}{15}$ よって、$c = 15$

$b = 4$のとき、$\dfrac{1}{4} + \dfrac{1}{c} = \dfrac{2}{5}$ $\dfrac{1}{c} = \dfrac{2}{5} - \dfrac{1}{4} = \dfrac{3}{20}$

これを満たす自然数cは存在しない。

$a = 3$のとき、$\dfrac{1}{3} + \dfrac{1}{b} + \dfrac{1}{c} = \dfrac{9}{10}$

$$\frac{1}{b}+\frac{1}{c}=\frac{9}{10}-\frac{1}{3}=\frac{17}{30}$$

①より、$\dfrac{2}{b}>\dfrac{1}{b}+\dfrac{1}{c}=\dfrac{17}{30}$　$b<\dfrac{60}{17}=3.5\cdots$、また、$3=a<b$

これらの不等式を満たす自然数 b は存在しない。

よって、$a=2$、$b=3$、$c=15$

問題5　国家一般職（2020年度）　・・ 本冊P.198

　　正解：1

フルーツ A の個数を x 個、フルーツ B の個数を y 個とする。
栽培費の総額の上限は240万円（＝2400千円）だから、
$0\leqq8x+6y\leqq2400$ ・・・・・・①
輸送費の総額の上限は160万円（＝1600千円）だから、
$0\leqq4x+5y\leqq1600$ ・・・・・・②
①、②の表す領域は、右図の網掛け部分である。
2直線の交点 P の座標は、
$8x+6y=2400$ と $4x+5y=1600$ の連立方程式を解いて、
$(x,\ y)=(150,\ 200)$
である。

また、フルーツ A、B の販売額の合計は、
$18x+15y$ で表せる。
$18x+15y=k$ ・・・・・・③とすると、
k が最大となるのは、右図より、
直線③が点 P を通るときで、
このときの販売額の合計は、
$18×150+15×200=5700$（千円）
よって、570万円である。

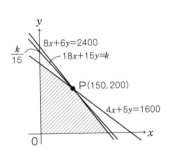

問題6　東京都Ⅰ類（2018年度）　・・ 本冊P.198

　　正解：3

x ヶ月後のトラック1台の、販売価格は $(400-5x)$ 万円であり、販売台数は $(4000+100x)$ 台である。

このときの、売上額 y は、
$y=(400-5x)(4000+100x)$

$=5（80-x）\times 100（40+x）$
$=-500（x-80）（x+40）$
ここで、この2次関数はx^2の係数がマイナスの値なので、上に凸の放物線である。この2次関数を平方完成して、$a（x-p）^2+q$のかたちにすれば、放物線の頂点すなわちyの最大値がわかる。
$-500（x-80）（x+40）$を平方完成すると、
$-500\{x^2-40x-3200\}$
$=-500\{x^2-40x+400-3600\}$
$=-500\{（x-20）^2-3600\}$

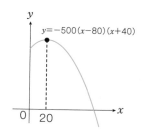

よって、$x=20$のとき、yは最大値をとる。
このとき、販売価格は、$400-5\times 20=300$（万円）

問題7 東京都Ⅰ類（2017年度） ·· 本冊P.199

正解：2

6人掛けの長椅子の数をx脚とすると、4人掛けの長椅子の数は（$21-x$）脚と表せる。また、出席者の人数をn人とする。

6人掛けの長椅子だけを使って6人ずつ着席させると36人以上着席できないので、
$n\geqq 6x+36$ ……①
6人掛けの長椅子に5人ずつ着席させ、4人掛けの長椅子に4人ずつ着席させると、12人以上着席できないので、
$n\geqq 5x+4（21-x）+12$
$n\geqq x+96$ ……②
6人掛けの長椅子に6人ずつ着席させ、4人掛けの長椅子に4人ずつ着席させると、全員が着席できて、余りもないので、
$n=6x+4（21-x）$
$n=2x+84$ ……③
①、③より、
$6x+36\leqq 2x+84$
$x\leqq 12$
②、③より、
$x+96\leqq 2x+84$
$x\geqq 12$
よって、6人掛けの長椅子の数は12脚である。
このとき、①、②、③より、
$n\geqq 6\times 12+36=108$

$n \geqq 12 + 96 = 108$

$n \leqq 2 \times 12 + 84 = 108$

これらを満たす n は**108**なので、出席者の人数は**108**人である。

問題8 国家専門職（2017年度） ················· 本冊P.199

正解：2

製品Aの製造ラインを x 本、製品Bの製造
ラインを y 本とする。スペースの関係から、

$300x + 600y \leqq 9000$

$y \leqq -\dfrac{1}{2}x + 15$ ······①

作業員数の関係から、

$40x + 30y \leqq 600$

$y \leqq -\dfrac{4}{3}x + 20$ ······②

また、利益を k 百万円とすると、$k = 15x + 20y$
と表せるから、

$y = -\dfrac{3}{4}x + \dfrac{k}{20}$ ······③

不等式①、②、$x \geqq 0$、$y \geqq 0$ が表す領域は右図

の四角形OPQRの内部および周であり、$\dfrac{k}{20}$ が最大、

すなわち、k が最大となるのは、直線③が点Q（6、12）を
通るときである。このとき、$x = 6$

よって、利益を最大にするには、製品Aの製造ラインを**6**本にするとよい。

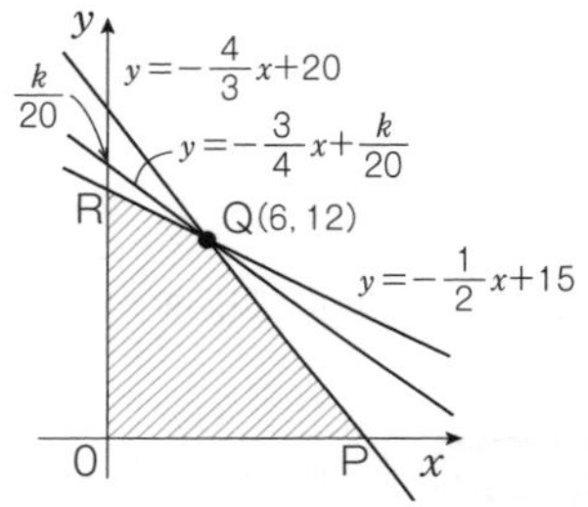

5 3 仕事算・ニュートン算

問題1 特別区Ⅲ類（2022年度） ················· 本冊P.204

正解：2

プールが満水の状態を1とする。また、排水ポンプA、Bの1分間の排水量を、それぞれ、a、b とする。

A3台、B2台で排水すると60分かかるから、$3a + 2b = \dfrac{1}{60}$ ······①

A3台、B5台で排水すると40分かかるから、$3a + 5b = \dfrac{1}{40}$ ······②

②－①より、$3b=\dfrac{1}{40}-\dfrac{1}{60}=\dfrac{1}{120}$ $b=\dfrac{1}{360}$

これを、①に代入して、$3a=\dfrac{1}{60}-\dfrac{2}{360}=\dfrac{1}{90}$ $a=\dfrac{1}{270}$

A2台とBx台で50分以内に空にするには、1分間あたりの排水量の合計が

$\dfrac{1}{50}$以上であればよい。すなわち、

$2a+bx\geqq\dfrac{1}{50}$

$\dfrac{2}{270}+\dfrac{1}{360}x\geqq\dfrac{1}{50}$

$x\geqq360\left(\dfrac{1}{50}-\dfrac{2}{270}\right)$

$x\geqq\dfrac{68}{15}=4.53\cdots$

よって、**5**台あればよい。

問題2　消防官Ⅰ類（2022年度） ································· **本冊P.204**

　　正解：1

全体の仕事量を**1**とする。また、大人1人、子供1人の1時間の仕事量を、
それぞれ、a、bとする。

大人4人で3時間かかるから、$a=\dfrac{1}{3}\div4=\dfrac{1}{12}$

子供6人で8時間かかるから、$b=\dfrac{1}{8}\div6=\dfrac{1}{48}$

大人3人と子供4人での1時間の仕事量の合計は、

$3a+4b=\dfrac{3}{12}+\dfrac{4}{48}=\dfrac{1}{3}$

よって、$1\div\dfrac{1}{3}=$**3**時間かかる。

問題3　裁判所職員（2018年度） ································· **本冊P.205**

　　正解：5

全体の仕事量を**1**とする。また、A、B、Cの1日の仕事量を、それぞれ、a、b、c
とする。

A、B、Cの3人では**5日**かかるから、$a+b+c=\dfrac{1}{5}$ ……①

AとBの2人では**8日**かかるから、$a+b=\dfrac{1}{8}$ ……②

BとCの2人では**10日**かかるから、$b+c=\dfrac{1}{10}$ ……③

②を①に代入して、$c=\dfrac{1}{5}-\dfrac{1}{8}=\dfrac{3}{40}$ ……④

④を③に代入して、$b=\dfrac{1}{10}-\dfrac{3}{40}=\dfrac{1}{40}$

よって、Bが1人で行うと、$1\div\dfrac{1}{40}=$ **40日**かかる。

問題4 特別区 I 類（2018年度） ·· 本冊P.205

正解：2

全体の仕事量を**1**とする。また、A、B、Cの1分間の仕事量を、それぞれ、a、b、cとする。

AとBの2人では25分かかるから、$a+b=\dfrac{1}{25}$ ……①

BとCの2人では30分かかるから、$b+c=\dfrac{1}{30}$ ……②

A、B、Cの3人で**10分**作業した後、Bだけが**22分**作業して、仕事を終えるので、
$10a+10b+10c+22b=1$
$10(a+b)+10(c+b)+12b=1$

この式に、①、②を代入して、$\dfrac{10}{25}+\dfrac{10}{30}+12b=1$、

$12b=\dfrac{4}{15}$、$b=\dfrac{1}{45}$

よって、Bが1人で行うと、$1\div\dfrac{1}{45}=$ **45**（分）かかる。

問題5 警察官 I 類（2021年度） ·· 本冊P.206

正解：3

15分間の間に、$3\times15=$ **45**（人）増えるから、合計で**545人**の客を入場させることになる。

受付の数をaとすると、1分間に$5a$人が入場できる。
545人が入場するのにかかる時間の関係から、

$545 \div 5a \leqq 15$

$545 \leqq 15 \times 5a$

$a \geqq \dfrac{109}{15} = 7\dfrac{4}{15}$

よって、受付の数は8あればよい。

問題6 特別区Ⅰ類（2022年度）······ 本冊P.206

正解：3

全体の仕事量を1とする。また、A、Bの1日の仕事量をそれぞれa、bとし、AとBの2人で行うときにかかる日数をx日とする。

AとBの2人で行うとき、$a + b = \dfrac{1}{x}$ ……①

Aだけで行うときのかかる日数は、x日より4日多いので、$a = \dfrac{1}{x+4}$ ……②

Bだけで行うときのかかる日数は、x日より9日多いので、$b = \dfrac{1}{x+9}$ ……③

②、③を①に代入して、

$\dfrac{1}{x+4} + \dfrac{1}{x+9} = \dfrac{1}{x}$

両辺に、$x(x+4)(x+9)$をかけて、

$x(x+9) + x(x+4) = (x+4)(x+9)$

整理すると、$x^2 = 36$

$x > 0$より、$x = 6$

よって、$a = \dfrac{1}{10}$、$b = \dfrac{1}{15}$

AとBの2人が4日間で行う作業量は、

$4(a+b) = 4\left(\dfrac{1}{10} + \dfrac{1}{15}\right) = \dfrac{2}{3}$

残りの作業量、$1 - \dfrac{2}{3} = \dfrac{1}{3}$をBだけで行うと、かかる日数は、

$\dfrac{1}{3} \div \dfrac{1}{15} = \dfrac{1}{3} \times 15 = 5$（日）

よって、かかった日数は、$4 + 5 = 9$（日）である。

問題7 裁判所職員（2021年度） ································ 本冊P.207

正解：5

全体の仕事量を1とする。また、A、B、Cの1日の仕事量を、それぞれ、a、b、cとする。

AとBの2人では18日かかるから、$a+b=\dfrac{1}{18}$ ……①

BとCの2人では9日かかるから、$b+c=\dfrac{1}{9}$ ……②

AとCの2人では12日かかるから、$a+c=\dfrac{1}{12}$ ……③

①、②、③を全て足すと、

$$2(a+b+c)=\frac{1}{18}+\frac{1}{9}+\frac{1}{12}=\frac{1}{4}$$

$$a+b+c=\frac{1}{8}$$

よって、3人で行うと、$1\div\dfrac{1}{8}=8$（日）かかる。

問題8 警察官Ⅰ類（2017年度） ································ 本冊P.207

正解：5

全体の仕事量を1とする。12人での1日の仕事量は$\dfrac{1}{15}$なので、

1人が行う1日の仕事量は、$\dfrac{1}{15}\div12=\dfrac{1}{180}$

この仕事を1人で行うと、$1\div\dfrac{1}{180}=180$（日）かかるから、

20日間で完了するには、$180\div20=9$（人）必要である。

最初に、9人で12日間行ったときの仕事量は、$\dfrac{1}{180}\times9\times12=\dfrac{3}{5}$となるから、

残りの仕事量は、$1-\dfrac{3}{5}=\dfrac{2}{5}$である。

この仕事量を3日で完了させるのに必要な1日あたりの人数をx人とすると、

$\dfrac{1}{180}\times x\times3=\dfrac{2}{5}$が成り立つ。

$$x=\frac{2}{5}\times60=24（人）$$

よって、増やす人数は、24-9=15（人）

問題9 消防官Ⅰ類（2017年度） ···················· 本冊P.208
正解：2

最初にたまっている水の量をaLとし、毎分bLの水が湧き出るとする。
毎分20Lのポンプで水をくみ上げると15分で水がなくなるから、
$a+15b=20×15$ ……①
毎分30Lのポンプで水をくみ上げると9分で水がなくなるから、
$a+9b=30×9$ ……②
①-②より、$6b=30$、$b=5$
②に代入して、$a+9×5=270$、$a=225$
毎分25Lのポンプを使って水をくみ上げるとき、x分で水がなくなるとすると、
$225+5x=25x$が成り立つ。
$x=\dfrac{45}{4}=11\dfrac{1}{4}$（分）
よって、求める時間は、11分15秒である。

問題10 国家一般職（2018年度） ···················· 本冊P.209
正解：2

製品Bを担当した作業員の人数をb人とする。
製品Bは、4時間（240分）で35個できたから、
$\left(6+\dfrac{30}{b}\right)×35=240$が成り立つ。
$\dfrac{210}{b}=6$、$b=35$
これより、製品Aを担当した作業員の人数は、60-35=25（人）であり、
製品Aを1個製造するのにかかる時間は、$4+\dfrac{20}{25}=\dfrac{24}{5}$（分）である。
4時間（240分）で、$240÷\dfrac{24}{5}=50$（個）できたから、
再開してから、2時間20分（140分）で、80-50=30（個）製造したことになる。
このとき、1個製造するのにかかった時間は、$140÷30=\dfrac{14}{3}$（分）だから、
必要な作業員の人数をa人とすると、
$4+\dfrac{20}{a}=\dfrac{14}{3}$が成り立つ。
これを解いて、$a=30$

よって、追加した後の、作業員の人数は**30**人である。

5 4 平均算・年齢算・時計算

問題 1 警察官Ⅲ類（2020年度） ································· 本冊P.214

正解：5

姉の年齢を x 歳とすると、母の年齢は、$(x+30)$ 歳、妹の年齢は、$(x-2)$ 歳と表せる。
また、父の年齢は、母の年齢より2歳上なので、$(x+32)$ 歳である。
4人の年齢の合計は80歳なので、
$x+(x+30)+(x-2)+(x+32)=80$
$4x=20$
$x=5$
したがって、姉は**5**歳、妹は**3**歳、父は**37**歳である。
y 年後に姉妹の年齢の和と父の年齢が等しくなるとすると、
$(5+y)+(3+y)=37+y$
$y=29$
よって、**29**年後である。

問題 2 警察官Ⅰ類（2018年度） ································· 本冊P.214

正解：1

3桁の整数は、全部で${}_4P_3=4\times3\times2=24$（個）できる。これらの整数の和を、各位ごとの和で求める。
百の位が**2**である整数（2○○）は、${}_3P_2=3\times2=6$（個）ある。
同様に、百の位が3、6、7である整数もそれぞれ6個ずつある。
よって、百の位の和は、
$200\times6+300\times6+600\times6+700\times6=10800$
同様に、十の位の和は、
$20\times6+30\times6+60\times6+70\times6=1080$
一の位の和は、
$2\times6+3\times6+6\times6+7\times6=108$
したがって、3桁の整数の和は、
$10800+1080+108=11988$

よって、平均は、$\dfrac{11988}{24}=\dfrac{999}{2}=499.5$

問題3 　**東京都Ⅰ類（2017年度）** ··· 本冊P.215

　正解：5

弟の年齢を x 歳とする。
Ａより、姉の年齢は（$x+4$）歳である。
Ｂより、父の年齢は、3（$x+4$）＝$3x+12$（歳）である。
Ｃより、5年前の母の年齢は、5（$x-5$）＝$5x-25$（歳）だから、
現在の年齢は、（$5x-20$）歳である。
Ｄより、年齢の関係を方程式で表すと、
$(3x+14)+(5x-18)=3\{(x+6)+(x+2)\}$
$8x-4=6x+24$
$2x=28$
$x=14$
よって、今年の年齢は、弟は14歳、姉は18歳、父は3×14+12＝54（歳）
母は、5×14-20＝50（歳）である。
これらの和は、14+18+54+50＝136（歳）となる。

問題4 　**特別区Ⅰ類（2021年度）** ··· 本冊P.215

　正解：3

生徒全員の人数を x 人とする。ア～オをまとめると、次の表のようになる。

完走時間	45分未満	45分以上 1時間未満	1時間以上 1時間30分未満	1時間30分以上	全生徒
人数（人）	20	$0.4x$	$0.4x-20$	$0.2x$	x
平均（分）	43	54	75	105	71
合計（分）	20×43	0.4x×54	（0.4x-20）×75	0.2x×105	x×71

ここから合計に着目すると、20×43+0.4x×54+（0.4x-20）×75+0.2x×
105＝x×71が成り立つ。
$860+21.6x+30x-1500+21x=71x$
$72.6x-640=71x$
$1.6x=640$
$x=400$

よって、完走時間が1時間以上の生徒は、
（$0.4x-20$）+$0.2x$＝$0.6x-20$＝0.6×400-20＝220（人）である。

正解：2

現在の両親の年齢の和を X、長男と次男の年齢の和を Y とする。
現在の年齢の関係から、
X＝6Y ……①
2年後の年齢の関係から、
X＋2×2＝5（Y＋2×2）
X－5Y＝16 ……②
①を②に代入して、Y＝16 ……③
①に代入して、X＝96 ……④
次に、現在の父の年齢を a とすると、母の年齢は（$a-2$）歳と表される。
④より、$a+$（$a-2$）＝96、a＝49
よって、父の年齢は49歳で、次男の7倍だから、次男の年齢は49÷7＝7（歳）である。
③より、長男の年齢は、16－7＝9（歳）となる。
長男と次男の年齢の差は、9－7＝2（歳）である。

正解：3

現在の2人の年齢を x 歳、y 歳とおくと、1年後の年齢は、それぞれ（$x+1$）歳、
（$y+1$）歳と表せる。現在と1年後の2人の年齢の積の差が90だから、
（$x+1$）（$y+1$）$-xy$＝90
$x+y$＝89 ……①
n 年前の2人の年齢の積が1100であるとすると、
（$x-n$）（$y-n$）＝1100＝$2^2×5^2×11$ ……②
①より、2数の和が奇数の89なので、x と y のどちらか一方が偶数で、もう一方が
奇数でなければならない。
したがって、$x-n$、$y-n$ のどちらか一方が偶数で、もう一方が奇数である。
また、（$x-n$）＋（$y-n$）＜89 ……③である。

ここで、$x-n$ を偶数として②、③を満たすような（$x-n$）と（$y-n$）の値の組を
素因数の組合せから考えると（$x-n$、$y-n$）＝（20、55）、（44、25）のどちら
かに絞られる。
（ⅰ）$x-n$＝20、$y-n$＝55のとき
両者の式を足すと $x+y-2n$＝20＋55　　89－2n＝75　　n＝7となる。
このとき、x＝27、y＝62となる。3年後の年齢は、30歳と65歳で問題に合致する。
よって、30×65＝1950

（ⅱ）$x-n=44$、$y-n=25$のとき

両者の式を足すと、$x+y-2n=44+25$　　$89-2n=69$　　$n=10$となる。

このとき、$x=54$、$y=35$となる。3年後の年齢は、57歳と38歳で年齢の十の位が1増加しないから、不適である。

よって、3年後の2人の年齢の積は、1950である。

問題7　国家専門職（2021年度）　……………………………………………… 本冊P.217

　正解：4

この学生が受けた理解度チェックテストの回数をx回とし、

最高点をM点、最低点をm点とする。

最高点と最低点の差は56点だから、$M-m=56$ ……①

平均×回数＝合計より、最高点を除いた平均点は54.7点だから、すべての回の合計点数は、

$54.7(x-1)+M$（点）と表せる。

一方、最低点を除いた平均点は57.5点だから、すべての回の合計点数は、

$57.5(x-1)+m$（点）と表せる。

これらは等しいから、

$54.7(x-1)+M=57.5(x-1)+m$

$2.8(x-1)=M-m$

①を代入して、

$2.8(x-1)=56$

$x-1=20$

$x=21$

よって、21回である。

問題8　警察官Ⅲ類（2018年度）　……………………………………………… 本冊P.217

　正解：2

角度に着目して式を立てるのがよい。

長針は1時間で360°回転するから、1分間当たり、

$360\div60=6$（°）回転する。

また、短針は1時間で30°回転するから、

1分間当たり、$30\div60=0.5$（°）回転する。

右図で、7時x分における$\angle a$の大きさは、

$(0.5x+30)$°であり、

$\angle b$の大きさは、$(180-6x)$°である。

$\angle a=\angle b$より、

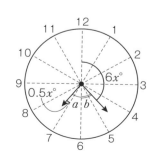

$0.5x+30=180-6x$

$6.5x=150$

$x=\dfrac{150}{6.5}=\dfrac{300}{13}=23\dfrac{1}{13}$

よって、7時$23\dfrac{1}{13}$分である。

問題9 国家専門職（2018年度）······································ 本冊P.218

正解：3

A、B、Dの3人それぞれについて、5日間の交通費の合計を求めると、

Aは（1640＋ア）円、Bは（1780＋イ）円、Dは（1760＋エ）円である。

Aの交通費の平均値は、Bの交通費の平均値を上回るから、

（1640＋ア）＞（1780＋イ）が成り立つ。

すなわち、アーイ＞1780－1640＝140

これを満たすアとイの組合せを探すと、

（ア，イ）＝（660，500）、（660，440）のいずれかである。

イが440円のとき、Bの中央値は440円、

Cの中央値は、ウが何円であろうと、440円以上になる。

しかし、これはBの中央値がCの中央値を上回ることに反する。

よって、アは660円、イは500円となる。

このとき、Bの中央値は500円となり、Cの中央値を上回るから、ウは440円となる。

また、Cの最大値は580円となるから、Dの最大値は、580－80＝500（円）である。

よって、エには500円が入る。

このとき、Dの交通費の平均値は、Bの交通費の平均値を下回ることが確認できる。

以上から、ア＋イ＋ウ＋エ＝660＋500＋440＋500＝2100（円）である。

6 1 三角形と多角形

問題 1 特別区Ⅲ類（2018年度） ┈┈┈┈┈┈┈┈┈┈┈┈┈┈┈┈ 本冊P.230

正解：1

角Ｆの頂点と角Ｇの頂点とを結ぶ。
右図で、三角形①の内角と外角の性質から、
∠a＝B＋D
三角形②の内角と外角の性質から、
∠b＋∠c＝B＋D
よって、角度Ａ～Ｇの和は、
五角形③の内角の和と等しいから、
540°である。

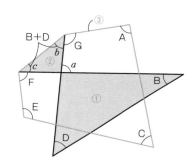

問題 2 特別区Ⅲ類（2019年度） ┈┈┈┈┈┈┈┈┈┈┈┈┈┈┈┈ 本冊P.230

正解：1

∠ABC＝x°とすると、△BEDは二等辺三角形なので∠BDE＝x°となる。
△BEDの内角と外角の性質から、∠DEF＝x＋x＝$2x$
△BFDの内角と外角の性質から、∠ADF＝x＋$2x$＝$3x$
△BFAの内角と外角の性質から、∠AFC＝x＋$3x$＝$4x$
△AFCは二等辺三角形であり、内角の和から、∠CAF＝180°－$4x$×2＝180°
－$8x$
∠BAC＝∠BAF＋∠CAF＝$3x$＋（180°－$8x$）＝180°－$5x$
よって、180°－$5x$＝100°が成り立つので、
x＝16°

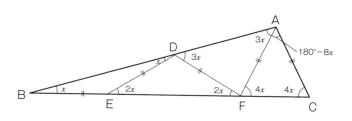

問題3　特別区Ⅲ類（2018年度）　　　　　　　　　　　　　　　　　　　　本冊P.231

問題3 特別区Ⅲ類（2018年度）

正解：2

1辺が20cmのマットは
横に、300÷20＝15（枚）
縦に、200÷20＝10（枚）並ぶ。

15：10＝3：2より、
横に3枚、縦に2枚マットを並べた
長方形の場合、中央にない場合は、
直線は4枚のマットを通過し、
中央にある場合は、直線は6枚の
マットを通過する。
よって、4×8＋6＝38（枚）

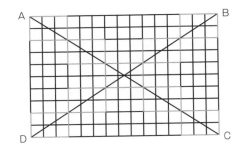

問題4 警察官Ⅲ類（2020年度）　　　　　　　　　　　　　　　　　　　本冊P.231

正解：2

Iは△ABCの内心だから、
∠BAD＝∠CAD
△ABCで、角の二等分線と比の定理から、
BD：DC＝AB：AC＝8：4＝2：1

$$BD＝\frac{2}{2+1}BC＝\frac{2}{3}×7＝\frac{14}{3}$$

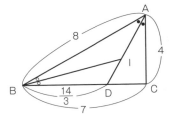

同様にして、
∠ABI＝∠DBI
△BDAで、角の二等分線と比の定理から、

$$AI：ID＝BA：BD＝8：\frac{14}{3}＝12：7$$

問題5 東京都Ⅰ類（2018年度） ·································· 本冊P.232

正解：2

右図で、頂点A、Dから辺BCにそれぞれ
垂線AE、DFを引くと、
AE＝DF＝h
また、BE＝xとおくと、CF＝BC－BF＝
11－$(x+5)$＝$6-x$
△ABEと△DFCのそれぞれに、三平方の
定理を使うと、
$h^2＝AB^2－BE^2＝CD^2－CF^2$

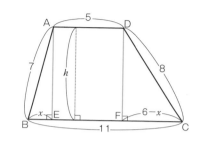

$7^2-x^2＝8^2-(6-x)^2$

$12x＝21$、$x＝\dfrac{7}{4}$

このとき、$h^2＝7^2-\left(\dfrac{7}{4}\right)^2＝49-\dfrac{49}{16}＝\dfrac{49\times16}{16}-\dfrac{49}{16}$

$＝\dfrac{49\times15}{16}＝\dfrac{7^2\times15}{4^2}$と表せる。

$h＞0$より、$h＝\dfrac{7\sqrt{15}}{4}$

問題6 裁判所職員（2018年度） ·································· 本冊P.232

正解：5

△ABCで、2点P、Qはそれぞれ辺AB、
ACの中点だから、

中点連結定理より、PQ＝$\dfrac{1}{2}$BC＝8 (cm)

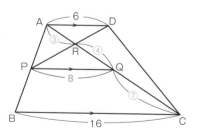

また、PQ//BC//ADより、△ADRと△
QPRは相似であり、対応する辺の比が等
しいので、
RA：RQ＝AD：QP＝6：8＝3：4
AQ＝QCより、
RA：RQ：QC＝RA：RQ：AQ
＝3：4：(3＋4)＝3：4：7
よって、RQ：QC＝4：7

問題 7 特別区Ⅰ類（2020年度） ·· 本冊P.233

正解：3

$CE = BC - BE = 3 - 1 = 2$
$AC^2 = AB^2 + BC^2 = 1^2 + 3^2 = 10$
$AC > 0$ より、$AC = \sqrt{10}$

$AD /\!/ EC$ より $\triangle ADF$ と $\triangle CEF$
は相似であり、
$AF : CF = AD : CE = 3 : 2$

$CF = \dfrac{2}{2+3}AC = \dfrac{2}{5}\sqrt{10}$

次に、$\triangle AEC$ と $\triangle EFC$ において、
共通な角だから、$\angle ACE = \angle ECF$ ……①

$AC : EC = \sqrt{10} : 2$ ……②

$EC : FC = 2 : \dfrac{2}{5}\sqrt{10} = 10 : 2\sqrt{10} = \sqrt{10} : 2$ ……③

②、③より、$AC : EC = EC : FC$ ……④
したがって、①、④より、2組の辺の比とその間の角がそれぞれ等しいから、
$\triangle AEC$ と $\triangle EFC$ は相似である。
対応する角の大きさは等しいから、
$\angle CFE = \angle CEA = 180° - \angle AEB = 180° - 45° = 135°$

問題 8 裁判所職員（2021年度） ·· 本冊P.233

正解：4

線分 AD は $\triangle ABC$ の $\angle BAC$ の二等分線だから、
$BD : DC = AB : AC = 15 : 5 = 3 : 1$

$DC = \dfrac{1}{3+1}BC = \dfrac{1}{4} \times 12 = 3$

また、C から AE と平行な線を引いて、AB との交点を F とする。

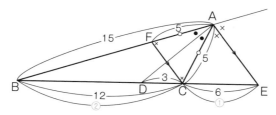

このとき、同位角、錯角より∠AFC＝∠ACFなので△AFCは二等辺三角形であり、AF＝5となる。

ここで△ABEと△FBCは相似なので、BA：BF＝BE：BC＝15：(15−5)＝15：10＝③：②となる。したがって、CEは③−②＝①なので、CE＝6である。

よって、DE＝DC＋CE＝3＋6＝9

問題9 裁判所職員（2017年度） ······················· 本冊P.234

正解：4

頂点Aから辺BCに垂線AFを引く。

折り返しだから、A′D＝AD＝6

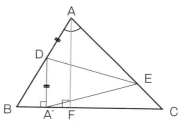

$BA′：A′D＝2\sqrt{3}：6＝1：\dfrac{6}{2\sqrt{3}}$

$＝1：\sqrt{3}$より、

△DBA′は、直角をはさむ2辺の比が1：$\sqrt{3}$だから、

∠BDA′＝30°、∠DBA′＝60°の直角三角形となることがわかる。

よって、BD＝2BA′＝2×2$\sqrt{3}$＝4$\sqrt{3}$

また、△ABFも同様に、30°、60°、90°の直角三角形だから、

$BF＝\dfrac{1}{2}AB＝\dfrac{1}{2}(AD＋DB)＝\dfrac{1}{2}(6＋4\sqrt{3})＝3＋2\sqrt{3}$

$AF＝\sqrt{3}BF＝\sqrt{3}(3＋2\sqrt{3})＝3\sqrt{3}＋6$

さらに、∠BAF＝30°より、∠CAF＝75°−30°＝45°となるから、△AFCはAF＝FCの直角二等辺三角形である。

よって、BC＝BF＋FC＝BF＋AF＝(3＋2$\sqrt{3}$)＋(3$\sqrt{3}$＋6)＝9＋5$\sqrt{3}$

正解：4

右図のようにP～Tを振る。

$a：b＝2：1$より、$a＝2b$

正方形Bの1辺の長さQSは、

直角二等辺三角形の辺の比を利用して、

$QS＝QT＋TS$

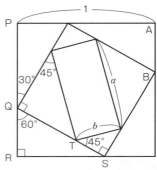

$＝\dfrac{a}{\sqrt{2}}＋\dfrac{b}{\sqrt{2}}＝\dfrac{3b}{\sqrt{2}}$ となる。

正方形Aの1辺の長さPRは、

30°、60°、90°の直角三角形の辺の比を

利用して、$PR＝PQ＋QR$

$＝\dfrac{\sqrt{3}}{2}×\dfrac{3b}{\sqrt{2}}＋\dfrac{1}{2}×\dfrac{3b}{\sqrt{2}}＝\dfrac{3(\sqrt{3}+1)b}{2\sqrt{2}}$ となる。

$PR＝1$より、

$$\dfrac{3(\sqrt{3}+1)b}{2\sqrt{2}}＝1$$

$$b＝\dfrac{2\sqrt{2}}{3(\sqrt{3}+1)}＝\dfrac{2\sqrt{2}(\sqrt{3}-1)}{3(\sqrt{3}+1)(\sqrt{3}-1)}＝\dfrac{\sqrt{2}(\sqrt{3}-1)}{3}$$

$$a＝2b＝2×\dfrac{\sqrt{2}(\sqrt{3}-1)}{3}＝\dfrac{2\sqrt{6}-2\sqrt{2}}{3}$$

正解：4

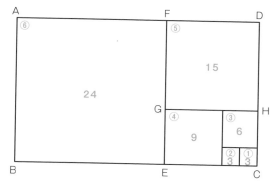

図のように、例図の一番小さい正方形の1辺の長さを3とする。
正方形の1辺の長さを小さい順に並べると、

①＝3
②＝3
③＝3＋3＝6
④＝3＋6＝9
⑤＝6＋9＝15
⑥＝9＋15＝24

となる。

このように、正方形の1辺の長さは、前2つの正方形の1辺の長さの和になる。
また、5回目の操作で正方形は6個でき、9回目の操作で正方形は10個できる。
10番目の正方形の1辺の長さは、

3、3、6、9、15、24、39、63、102、165、

より、165となる。
長方形Xの長いほうの長さは、9番目と10番目の正方形の1辺の長さの和となるから

102＋165＝267

問題1 刑務官（2020年度） ··· 本冊P.240

正解：**2**

$\stackrel{\frown}{AB}$ に対して、円周角の定理から、

$\angle ACB = \dfrac{1}{2}\angle AOB = \dfrac{1}{2}\times 110° = 55°$

AD//BC より、錯角は等しいから、

$\angle CAD = \angle ACB = 55°$

問題2 特別区Ⅲ類（2018年度） ································· 本冊P.240

正解：**5**

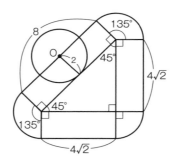

円の中心Oが描く軌跡は、上図のように、3本の線分と3つのおうぎ形の弧を合わせた図形になる。

3本の線分の和は、直角二等辺三角形の周の長さと等しい。この直角三角形の斜辺の長さは8だから、残りの辺の長さは、$8\div\sqrt{2}=4\sqrt{2}$ である。

また、3つのおうぎ形は、いずれも半径が2cmで、中心角はそれぞれ135°、90°、135°となるから、3つのおうぎ形の弧の長さの和は、半径2cmの円の円周と等しい。

よって、求める軌跡の長さは、

$(8+4\sqrt{2}\times 2)+2\pi\times 2=8+8\sqrt{2}+4\pi$

なお、上記で出てきた円周の長さの求め方などは、section3（本冊248ページ）で解説する。

問題3 警察官Ⅲ類（2022年度） ································· 本冊P.241

正解：**2**

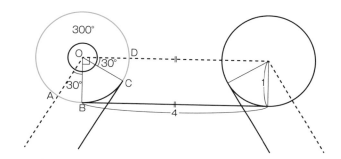

ひもの全長は、6本の線分と6つのおうぎ形の弧の長さの和である。

1本の線分の長さは、破線の長さと等しいから4である。

また、正六角形の1つの内角は、

720°÷6＝120°だから

∠AOB＝∠AOD－∠BOD

＝120°－90°＝30°

同様にして、∠COD＝30°

よって、おうぎ形の中心角は300°となる。

したがって、ひもの全長は、

$$4 \times 6 + \left(2\pi \times 1 \times \frac{300}{360}\right) \times 6 = 24 + 10\pi$$

問題4　警察官Ⅰ類（2020年度）　⋯⋯⋯⋯⋯⋯⋯⋯⋯⋯⋯⋯⋯⋯　本冊P.242

正解：3

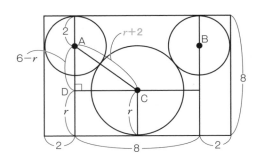

円Cの半径をrとする。

図の直角三角形ACDにおいて、円Aと円Cは接するから、

AC＝$r+2$

また、この図形は左右対称なので、長方形の横の辺に着目すると、

DC＝（12－2×2）÷2＝4

また、長方形の縦の辺に着目するとAD＝8－（2＋r）＝$6-r$

三平方の定理から、

$(r+2)^2=4^2+(6-r)^2$

$16r=48$

$r=3$（cm）　　よって、円Cの半径は**3.0**cmである。

問題5　裁判所職員（2019年度）　⋯⋯⋯⋯⋯⋯⋯⋯⋯⋯⋯⋯⋯⋯⋯　本冊P.243

正解：5

左側の円について、**方べきの定理**から、

PA×PB＝PC×PD

$6x=8×12$

$x=16$

同様に、右側の円について、**方べきの定理**から、

PA×PB＝PC×PD

$2(2+y)=3(3+3)$

$y+2=9$

$y=7$

問題6 東京都Ⅰ類（2018年度） ···················· 本冊P.244

正解：4

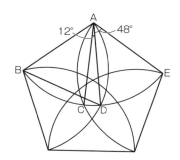

求める周の長さは、上図のおうぎ形ACDの弧の長さの5個分である。

正五角形の1つの内角の大きさは

$540° \div 5 = 108°$である。

また、△ABDは正三角形だから、

$\angle BAD = 60°$

同様に、$\angle CAE = 60°$

したがって、$\angle DAE = \angle BAE - \angle BAD = 108° - 60° = 48°$

$\angle CAD = \angle CAE - \angle DAE = 60° - 48° = 12°$

よって、おうぎ形ACDの半径は20cm、中心角は12°である。

求める周の長さは、$\overset{\frown}{CD} \times 5 = 2\pi \times 20 \times \dfrac{12}{360} \times 5 = \dfrac{20}{3}\pi$ (cm)

正解：3

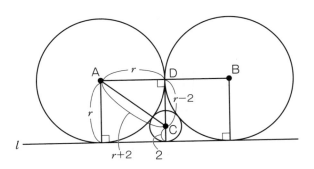

円Aの半径をrとする。
上図の直角三角形ACDにおいて、
円Aと円Cは接するから、
AC＝$r+2$
DC＝$r-2$
ADは半径だから、AD＝r
三平方の定理から、
$(r+2)^2 = (r-2)^2 + r^2$
$r^2 - 8r = 0$
$r(r-8) = 0$
$r > 0$より、$r = 8$　　よって、円Aの半径は8である。

6 3 面積

問題1 東京都Ⅲ類（2020年度） 本冊P.252

正解：2

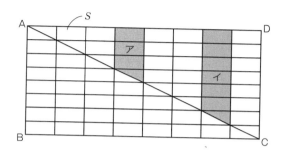

上図のように、長方形ABCDを辺ADに平行な線で8等分すると、8×8＝64（個）の小さな長方形に分けられる。この小さな長方形の面積をSとすると、アの面積は$3.5S$、イの面積は$6.5S$と表せる。

よって、ア：イ＝3.5S：6.5S＝7：13

問題2 警察官Ⅲ類（2019年度） 本冊P.252

正解：5

BR//ADより、△PBRと△PADは相似であり、BR：AD＝PB：PA＝1：3となるから、

AD：CR＝3：（3−1）＝3：2

また、AD//RCより、△AQDと△CQRは相似であり、
相似比はAD：CR＝3：2だから、面積比は、
△AQD：△CQR＝3^2：2^2＝9：4

問題3　警察官Ⅲ類（2017年度）　・・・　本冊P.253

正解：4

高さが等しい三角形に着目する。
△ABDの面積をSとすると、△ADC＝$2S$と表せる。

$$\triangle AFE = \frac{1}{3}\triangle ADE = \frac{1}{3}\times\frac{2}{3}\triangle ADC = \frac{1}{3}\times\frac{2}{3}\times 2S = \frac{4}{9}S$$

よって、△ABD：△AFE＝$S:\frac{4}{9}S=9:4$

問題4　消防官Ⅰ類（2019年度）　・・　本冊P.253

正解：1

右図で、直角二等辺三角形**OCB**と
直角二等辺三角形**ODA**は**合同**なので、
斜線部分の面積は、おうぎ形**OAB**の
面積と等しい。

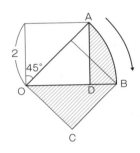

OA＝$2\sqrt{2}$、∠AOB＝$45°$より、
求める面積は、

$$\pi(2\sqrt{2})^2\times\frac{45}{360}=\pi\times 8\times\frac{1}{8}=\pi$$

問題5 東京都Ⅰ類（2021年度） ⋯⋯⋯⋯⋯⋯⋯⋯⋯⋯⋯⋯⋯⋯⋯⋯⋯⋯ 本冊P.254

正解：2

右図の、△AFIと△AGJで、
AF＝AG、∠AFI＝∠AGJ＝45°
∠FAI＝90°－∠IAG＝∠GAJ
より、1組の辺とその両端の角がそれぞれ
等しいから、
△AFIと△AGJは合同である。
よって、（四角形AIGJ）＝△AIG＋△AGJ
＝△AIG＋△AFI＝△AFG

$$＝\frac{1}{4}×（正方形EFGH）$$

よって、求める面積は、$\frac{3}{4}×（正方形EFGH）＋（正方形ABCD）$

$$＝\frac{3}{4}×(3a)^2＋(4a)^2＝\frac{91}{4}a^2$$

問題6 特別区Ⅰ類（2019年度） ⋯⋯⋯⋯⋯⋯⋯⋯⋯⋯⋯⋯⋯⋯⋯⋯⋯⋯ 本冊P.255

正解：4

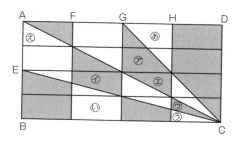

△CDGは直角二等辺三角形だから、
CD＝DG＝24÷2＝12（cm）
また、上図のように、辺ADに平行な線で、長方形を4等分すると、
4×4＝16（個）の長方形に分けられる。
この小さな長方形の縦は3cm、横は6cmである。

上図で、直角二等辺三角形⑦とⓐは
合同なので、⑦をⓐに当てはめる。

台形⑦と①は下底、上底、高さがそれぞれ等しいので、面積は等しい。
⑦を①に当てはめる。

三角形⑦と⑨は、底辺、高さがそれぞれ等しいので、面積は等しい。
⑦を⑨に当てはめる。
直角三角形①と⑦は合同なので、①を⑦に当てはめる。

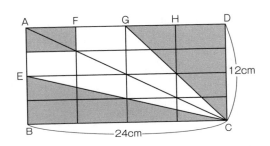

上図から、求める面積は、三角形2個と長方形1個の面積の和なので、

$$\frac{1}{2} \times 12 \times 12 + \frac{1}{2} \times 24 \times 6 + 3 \times 6$$
$$= 72 + 72 + 18 = 162 \ (\text{cm}^2)$$

問題7 警察官Ⅰ類（2021年度） ··· 本冊P.255

正解：3

高さが等しい三角形に着目すると、
BM＝MCより、△ABC＝2△ABM
AN＝NBより、△ABM＝2△ANM

点Gは△ABCの重心となるから、
AG：GM＝2：1である。
よって、高さが等しい三角形に着目
すると、△ANM＝3△GNM
以上より、

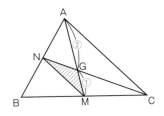

△ABC＝2×2×3△GNM＝12△GNM
したがって、△GNM：△ABC＝1：12

正解：4

次図の△ACEと△BFEで、
∠CAE＝∠FBE＝90° ‧‧‧‧‧‧①
∠AEC＝∠BEF（対頂角）‧‧‧‧‧‧②
OA＝OBより、∠OAB＝∠OBAとなるから、
∠EAB＝∠OAB－45°
＝∠OBA－45°＝∠EBA
よって、AE＝BE ‧‧‧‧‧‧③

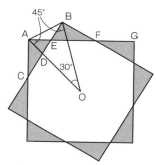

①、②、③から、1組の辺とその両端の角が
それぞれ等しいので、
△ACEと△BFEは合同である。

また、△OBDの内角と外角の性質から、
∠ADE＝30°＋45°＝75°
△ADEの内角の和から、∠AEC＝180°－（45°＋75°）＝60°
したがって、色の付いている三角形は、いずれも、
30°、60°、90°の合同な直角三角形である。
AE＝xとすると、EF＝EC＝$2x$、FG＝CA＝$\sqrt{3}x$と表せる。
AG＝AE＋EF＋FG＝$x+2x+\sqrt{3}x$＝$(3+\sqrt{3})x$
であり、AG＝6cmなので、
$(3+\sqrt{3})x=6$

$$x=\frac{6}{3+\sqrt{3}}=\frac{6(3-\sqrt{3})}{(3+\sqrt{3})(3-\sqrt{3})}=3-\sqrt{3}$$

求める面積は、正方形の面積から、△ACEの面積を4つ分引けばよいので、

$$6^2-4\times\triangle ACE=36-4\times\frac{1}{2}\times\sqrt{3}x^2$$
$$=36-2\sqrt{3}(3-\sqrt{3})^2=24(3-\sqrt{3})\ (\text{cm}^2)$$

正解：4

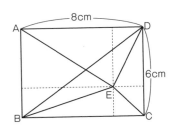

長方形ABCDの面積は、6×8＝48（cm²）

△BCEの面積と△ADEの面積の和は、長方形ABCDの面積の半分なので、

△BCE＋△ADE＝24

条件より、△BCE：△ADE＝1：2

よって、△BCE＝$\frac{1}{1+2}$×24＝8（cm²）

同様にして、

△CDE＋△ABE＝24

△CDE：△ABE＝1：3

より、△CDE＝$\frac{1}{1+3}$×24＝6（cm²）

△BDE＝△BCD－（△BCE＋△CDE）＝24－（8＋6）＝10（cm²）

正解：3

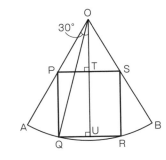

直線OTと辺QRの交点をUとする。

△OPTは30°、60°、90°の直角三角形だから、

OT＝$\sqrt{3}$PT＝$\sqrt{3}$×（6÷2）

　　　＝3$\sqrt{3}$

直角三角形OQUにおいて、

OU＝OT＋TU＝3$\sqrt{3}$＋6

QU＝3

より、三平方の定理から、

$OQ^2 = (3\sqrt{3}+6)^2+3^2$
$= 72+36\sqrt{3}$

また、△OPTと△OSTは合同なので、∠AOB＝2×∠POT＝60°

よって、おうぎ形OABの面積は、

$\pi \times OQ^2 \times \dfrac{60}{360} = \pi (72+36\sqrt{3}) \times \dfrac{1}{6} = (12+6\sqrt{3})\pi$

問題11 国家一般職（2018年度） ……………………………………… 本冊P.257

正解：1

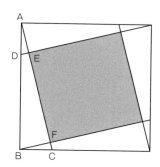

上図で、DE//BFより、△ADEと△ABFは相似となる。

相似比は、$AD:AB = \dfrac{1}{4}:1 = 1:4$ だから、

面積比は、$1^2:4^2 = 1:16$ となり、

△ADE＝Sとすると、△ABF＝$16S$となる。

また、△ADEと△BCFは合同なので、

△ABC＝△ABF＋△BCF＝16S＋S＝17S

したがって、$\dfrac{1}{2} \times BC \times AB = 17S$、$\dfrac{1}{2} \times \dfrac{1}{4} \times 1 = 17S$、$S = \dfrac{1}{8 \times 17}$

△ABF＝16S＝$16 \times \dfrac{1}{8 \times 17} = \dfrac{2}{17}$

よって、求める面積は1辺の長さが1の正方形の面積から△ABFの面積を4つ分引いて、

$1^2 - 4 \times △ABF = 1 - 4 \times \dfrac{2}{17} = \dfrac{17-8}{17} = \dfrac{9}{17}$

6 4 変化する図形

問題1 国家一般職高卒（2021年度） ·· 本冊P.262

正解：4

2点P、Qはそれぞれ毎秒1cm、毎秒2cmの速度で移動するから、x秒後のとき、
PF＝$x$cm、BQ＝$2x$cmである。

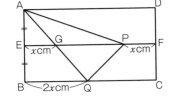

また、EG//BQより△AEGと△ABQは相似であり、AE：AB＝1：2より、

EG：BQ＝1：2だから、EG＝$\dfrac{1}{2}$BQ＝x（cm）

よって、GP＝EF－（EG＋PF）＝$21-2x$（cm）

△APQ＝△APG＋△GPQ

$$=\dfrac{1}{2}\times GP\times AE+\dfrac{1}{2}\times GP\times EB=\dfrac{1}{2}\times GP\times(AE+EB)=\dfrac{1}{2}\times GP\times AB$$

$$=\dfrac{1}{2}\times(21-2x)\times12=6(21-2x)$$

△APQの面積が長方形ABCDの面積の$\dfrac{1}{7}$になるとき、

$$6(21-2x)=\dfrac{1}{7}\times12\times21$$

これを解くと、$x=\dfrac{15}{2}=7.5$

よって、7.5秒後である。

問題2 東京都Ⅰ類（2018年度） ·· 本冊P.262

正解：2

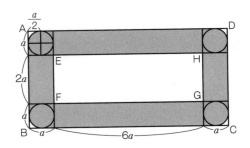

求める面積は、図の網掛け部分の面積である。
長方形ABCDの面積から、4隅の部分の面積と長方形EFGHの面積を引いて求める。

4つの隅の部分の和は、1辺の長さがaの正方形の面積から、半径$\dfrac{a}{2}$の円の面積を引けばよい。よって、

$$4a \times 8a - \left\{ a^2 - \pi \times \left(\dfrac{a}{2} \right)^2 \right\} - 2a \times 6a$$

$$= 32a^2 - a^2 + \dfrac{\pi}{4} a^2 - 12a^2 = \left(19 + \dfrac{\pi}{4} \right) a^2$$

問題3 東京都Ⅰ類（2021年度） ·················· 本冊P.263

正解：3

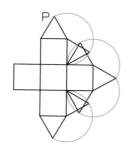 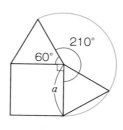

上図は正三角形が図形の周りを半周したときの、頂点Pが描く軌跡を表したものである。
軌跡の長さは、半周で、半径a、中心角210°のおうぎ形の弧の長さの4個分だから、1周では倍の8個分になる。
よって、その長さは、

$$\left(2 \pi a \times \dfrac{210}{360} \right) \times 8 = \dfrac{28 \pi a}{3}$$

正解：**2**

3点P、Q、Rは、出発してから3秒後までは、
それぞれ、辺AB、BC、CD上にある。
x秒後（$0 \leqq x \leqq 3$）のとき、
PB＝**6－x**（cm）、BQ＝**2x**（cm）、
QC＝**6－2x**（cm）、CR＝**2x**（cm）、
RD＝**6－2x**（cm）
となるから、

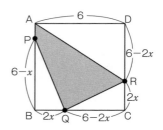

（斜線部分の面積）
＝（正方形ABCDの面積）－△PBQ－△QCR－△ARD

$$=6^2-\frac{1}{2}\times PB\times BQ-\frac{1}{2}\times QC\times CR-\frac{1}{2}\times RD\times DA$$

$$=36-\frac{1}{2}\times(6-x)\times2x-\frac{1}{2}\times(6-2x)\times2x-\frac{1}{2}\times(6-2x)\times6$$

$$=3x^2-6x+18$$

ここで、この2次関数はx^2の係数がプラスであるから、下に凸の放物線であり、
平方完成して$a(x-p)^2+q$のかたちにすれば、放物線の頂点の値がわかり、最小
値を求めることができる。
$3x^2-6x+18$を平方完成すると、$3(x^2-2x)+18=3(x^2-2x+1)-3+18$
$=3(x-1)^2+15$
よって、最小値は、$x＝1$のときで、15cm^{2}である。

本冊P.265

問題5 東京都Ⅰ類（2020年度）

正解：**2**

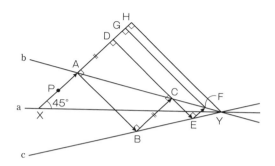

上図で、動点PがX～Cまで進む距離は、四角形ABCDが長方形となるように点Dをとると、AB＝DC、BC＝ADだから、

XA＋AB＋BC＝XA＋DC＋AD
＝XD＋DC

となる。さらに、動点PがC～Fと進む場合も、長方形DEFGとなる点Gをとることによって、X～Fまで進む距離は、

XD＋DC＋CE＋DG＝（XD＋DG）＋（DC＋CE）
＝XG＋GF

となる。これを繰り返すと、動点PがYに限りなく近づくとき、動点Pの進む距離は、XH＋HYと等しくなる。

△XHYはXH＝HYの直角二等辺三角形で、斜辺XY＝8cmだから、

$$XH＋HY＝2XH＝2×\frac{8}{\sqrt{2}}＝8\sqrt{2}（cm）$$

6 5 立体図形

問題1 警察官Ⅲ類（2018年度） 本冊P.270

正解：3

直円すいの母線をAB、底面の円の中心をH、内接する球の中心をO、半径をrとする。

△ABHで三平方の定理から、

$$AH^2＝AB^2－BH^2＝10^2－6^2＝64$$

AH＞0より、AH＝8（cm）

また、AO＝AH－OH＝8－r（cm）

△ABOの面積に着目すると、

$$\frac{1}{2}×AB×r＝\frac{1}{2}×AO×BH$$

$$\frac{1}{2}×10×r＝\frac{1}{2}(8－r)×6$$

これを解くと、$r＝3$

よって、内接する球の体積は、

$$\frac{4}{3}×\pi×3^3＝36\pi（cm^3）$$

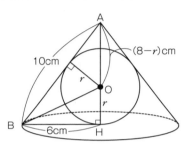

問題2 裁判所職員（2018年度） 本冊P.270

正解：2

AD＝$x$cmとする。

△ABDは直角二等辺三角形だから、

BD＝AD＝$x$cm

△ADCは、30°、60°、90°の直角三角形だから、

AD：DC＝1：$\sqrt{3}$

DC＝$\sqrt{3}x$（cm）

△BCDに着目すると、三平方の定理より、

$$x^2＋(\sqrt{3}x)^2＝12^2$$

$$x^2＋3x^2＝144$$

$x^2＝36$　$x＞0$より、$x＝6$

よって、三角すいの体積は、

$$\frac{1}{3}×△BCD×AD＝\frac{1}{3}×\left(\frac{1}{2}×6×6\sqrt{3}\right)×6＝36\sqrt{3}（cm^3）$$

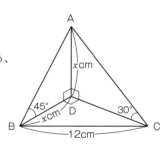

正解：4

直線ABと直線CDを上に延長させた交点を
Oとする。
AD//BCより、△OADと△OBCは相似な
ので**OA：OB＝AD：BC**
OA：（OA＋8）＝3：9＝**1：3**
この比例式を解くと、OA＝**4**cmであり、
OB＝4＋8＝**12**（cm）である。
また、△OADは辺の比が**3：4：5**の
直角三角形となるから、OD＝**5**cmであり、
OD：OC＝**1：3**より、OC＝3×OD＝**15**（cm）
次に、△OBCを1回転させてできる立体は、
底面の半径が9cm、高さ12cmの円すいであり、
台形ABCDを120°回転させてできる立体は
その一部で、右図の網掛け部分である。
また、円すいの側面のおうぎ形の中心角をa°と
すると、弧の長さは、底面の円周の長さと等し
いから、
$2\pi \times OC：360＝2\pi \times BC：a$

$a＝\dfrac{BC}{OC}\times 360＝\dfrac{9}{15}\times 360＝216$

よって、中心角は**216°**であり、網掛け部分は、

その$\dfrac{120}{360}＝\dfrac{1}{3}$だから、216°×$\dfrac{1}{3}＝$**72°**である。

求める立体の表面積は、
半径3cm、中心角**120°**のおうぎ形**ADD´**、
半径9cm、中心角**120°**のおうぎ形**BCC´**、
台形**ABCD**、台形**ABC´D´**、
図形**DCC´D´**の**面積の和**である。
よって、

$$\pi \times 3^2 \times \frac{120}{360}＋\pi \times 9^2 \times \frac{120}{360}＋\left\{\frac{1}{2}(3＋9)\times 8\right\}\times 2$$

$$＋\left(\pi \times 15^2 \times \frac{72}{360}－\pi \times 5^2 \times \frac{72}{360}\right)$$

$$＝3\pi ＋27\pi ＋96＋（45\pi －5\pi）$$

$$＝70\pi ＋96 \ (cm^2)$$

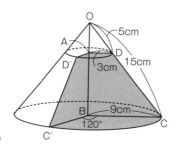

円すいの側面は以下のような
おうぎ形になる。↓

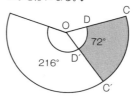

正解：5

右図のように、3つの辺を延長して、
三角すいをつくる。
アの上にできた三角すいOABCをエとする。
三角すいOABCと三角すいODEFは相似で、
相似比は、BC：EF＝4：5なので、
体積比は、4^3：5^3＝64：125となる。
よって、エ：ア＝64：（125－64）
　　　　　　　＝64：61 ……①
次に、三角すいODEFと三角すいOGHIは
相似で、相似比は、EF：HI＝5：8なので、
体積比は、5^3：8^3＝125：512となる。
よって、
（エ＋ア）：イ＝125：（512－125）
　　　　　　　　＝125：387 ……②
さらに、三角すいOGHIと三角すいOJKLは

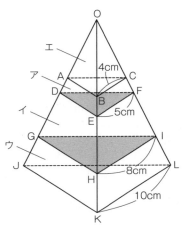

相似で、相似比は、HI：KL＝8：10なので、体積比は、8^3：10^3＝512：1000となる。
よって、（エ＋ア＋イ）：ウ＝512：（1000－512）＝512：488 ……③
①、②、③より、
エ：ア：イ：ウ＝64：61：387：488
したがって、ア：ウ＝61：488＝1：8

問題5 警察官Ⅰ類（2020年度） ･･････････････････････････････ 本冊P.272

正解：1

切り取ったときにできる円すいをP、その体積を V_P、もと
の円すいをQ、その体積を V_Q とすると、PとQは相似で、
その相似比は、

$$\left(1-\frac{1}{4}\right):1=3:4 \text{なので、体積比は、}3^3:4^3=27:64$$

である。

よって、Pと円すい台の体積の比は、

$$V_P:(V_Q-V_P):(Q-P)=27:(64-27)=27:37$$

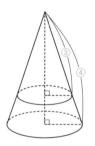

問題6 国家専門職（2020年度） ･･････････････････････････････ 本冊P.272

正解：2

新たにできた円すいをP、その体積を V_P、もとの円すいを
Q、その体積を V_Q、Pの高さを a、Qの高さを h とする。
PとQは相似で、その相似比は、$a:h$ だから、
体積比は、$a^3:h^3$ である。
よって、$V_P:V_Q=a^3:h^3$ ……①

一方、体積は $V_P=\frac{1}{8}V_Q$ だから、$V_P:V_Q=1:8$ ……②

①、②より、$a^3:h^3=1:8$ が成り立つ。

$$a^3=\frac{1}{8}h^3$$

$$a=\frac{1}{2}h$$

したがって、円すい台の高さは、$h-\frac{1}{2}h=\frac{1}{2}h$

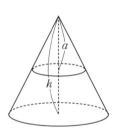

正解：4

図1の水面の高さをh、図2の水面の高さをh'とする。

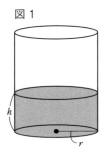

図1

図2

円柱形の容器の半径をrとすると、容器に入れた円柱の底面の半径は、

$\dfrac{2}{3}r$と表せる。

図1と図2で水の体積は等しいから、

$$\pi r^2 h = \pi r^2 h' - \pi \left(\dfrac{2}{3}r\right)^2 h'$$

式全体をπr^2で割ると、$h = h' - \dfrac{4}{9}h' = \dfrac{5}{9}h'$

よって、$h : h' = 5 : 9$

正解：4

四角形ABCDはAD//BCの台形である。
また、底面は1辺6cmの正六角形であり、
正六角形は正三角形6個で構成されるので、
AD＝2×6＝12（cm）、BC＝6cmである。
側面は全て正方形であり、ABやCDは側面
の一辺6cmの正方形の対角線なので、
AB＝CD＝6$\sqrt{2}$cmである。
頂点Bから辺ADに垂線BHを引く。
AH＝（12−6）÷2＝3（cm）

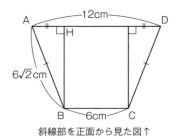

斜線部を正面から見た図↑

△ABHで三平方の定理から、
$BH^2 = AB^2 - AH^2 = (6\sqrt{2})^2 - 3^2 = 63$
BH＞0より、BH$= 3\sqrt{7}$ (cm)

よって、四角形ABCDの面積は、
$\dfrac{1}{2}$ (AD＋BC) ×BH$=\dfrac{1}{2}$ (12＋6) $\times 3\sqrt{7} = 27\sqrt{7}$ (cm²)

問題9　特別区Ⅰ類（2020年度）　⋯⋯⋯⋯⋯⋯⋯⋯⋯⋯⋯⋯⋯⋯ 本冊P.274

正解：4

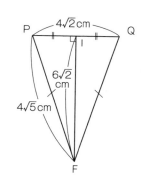

△PBQは直角二等辺三角形だから、
PQ$= \sqrt{2}$ PB$= 4\sqrt{2}$ (cm)
△PBFで三平方の定理から、
$FP^2 = PB^2 + BF^2 = 4^2 + 8^2 = 80$
FP＞0より、FP$= 4\sqrt{5}$ (cm)
同様に、FQ$= 4\sqrt{5}$ cmだから、
△FPQはFP＝FQの二等辺三角形である。

頂点Fから底辺PQに垂線FIを引く。
△FIPで三平方の定理から、
$FI^2 = FP^2 - PI^2 = (4\sqrt{5})^2 - (2\sqrt{2})^2 = 72$
FI＞0より、FI$= 6\sqrt{2}$ (cm)

△FPQを底面とするときの三角すいBFPQの高さをhとすると、
三角すいBFPQの体積の関係から、
$\dfrac{1}{3}$△FPQ$\times h = \dfrac{1}{3}$△BPQ×BF が成り立つ。

$\dfrac{1}{3} \times \left(\dfrac{1}{2} \times PQ \times FI \right) \times h = \dfrac{1}{3} \times \dfrac{1}{2} \times BP \times BQ \times BF$

$\dfrac{1}{3} \times \dfrac{1}{2} \times 4\sqrt{2} \times 6\sqrt{2} \times h = \dfrac{1}{3} \times \dfrac{1}{2} \times 4 \times 4 \times 8$

$h = \dfrac{8}{3}$

よって、求める三角すいの高さは、$\dfrac{8}{3}$ cmである。

問題 10 国家専門職（2017年度）‥‥‥‥‥‥‥‥‥‥‥‥‥‥‥‥‥‥ 本冊P.274

正解：3

水と球の体積の合計を$a$cm³とする。
球を取り出すと、水面の高さが**4％**下がる、すなわち、**体積は全体の4％下がる**から、球の体積は、**$0.04a$cm³**と表せる。
一方、球の半径は**3**cmだから、その体積は、

$$\frac{4}{3}\pi \times 3^3 = 36\pi \ (\text{cm}^3)$$

よって、$0.04a = 36\pi$　これを解くと、$a = 900\pi \ (\text{cm}^3)$
したがって、容器に入っている水の体積は、$900\pi - 36\pi = 864\pi \ (\text{cm}^3)$

問題 11 消防官Ⅰ類（2021年度）‥‥‥‥‥‥‥‥‥‥‥‥‥‥‥‥‥‥ 本冊P.275

正解：3

右図で、辺BC、DEの中点をそれぞれM、Nとし、
頂点Aから底面BCDEに垂線AHを引く。
また、内接する球の中心をO、半径をrとする。
△ABCは正三角形なので、△ABMは90°、
60°、30°の直角三角形であり、

$$\text{AM} = \text{AN} = \sqrt{3} \ \text{BM} = \frac{\sqrt{3}}{2}a$$

△AMHで**三平方の定理**から、
$$\text{AH}^2 = \text{AM}^2 - \text{MH}^2$$

$$= \left(\frac{\sqrt{3}}{2}a\right)^2 - \left(\frac{1}{2}a\right)^2 = \frac{1}{2}a^2$$

AH＞0より、$\text{AH} = \dfrac{a}{\sqrt{2}}$

$$\text{AO} = \text{AH} - \text{OH} = \frac{a}{\sqrt{2}} - r$$

△AMOの面積の関係から、
$$\frac{1}{2} \times \text{AM} \times r = \frac{1}{2} \times \text{AO} \times \text{MH} \ \text{が成り立つ。}$$

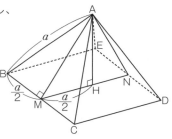

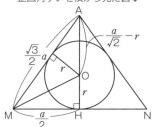

正四角すいを横から見た図↓

$$\frac{1}{2} \times \frac{\sqrt{3}}{2}\,a \times r = \frac{1}{2}\left(\frac{a}{\sqrt{2}} - r\right) \times \frac{a}{2}$$

$$\sqrt{3}\,r = \frac{a}{\sqrt{2}} - r$$

$$(\sqrt{3}+1)\,r = \frac{\sqrt{2}\,a}{2}$$

$$r = \frac{\sqrt{2}\,a}{2(\sqrt{3}+1)} = \frac{\sqrt{2}\,a(\sqrt{3}-1)}{2(\sqrt{3}+1)(\sqrt{3}-1)} = \frac{\sqrt{6}\,a - \sqrt{2}\,a}{2\{(\sqrt{3})^2 - (1)^2\}} = \frac{\sqrt{6}-\sqrt{2}}{4}\,a$$

問題12 消防官Ⅰ類（2018年度） ·· 本冊P.275

正解：4

右図は円すいの側面を展開図にした
おうぎ形であり、
最短の長さは直線距離なので線分AB
の長さになる。

おうぎ形の中心角を$a°$とすると、
弧ABの長さは、円すいの底面の
円周の長さと等しいので、
$2\pi \times 12 : 360 = 2\pi \times 4 : a$

$$a = \frac{2\pi \times 4}{2\pi \times 12} \times 360 = 120$$

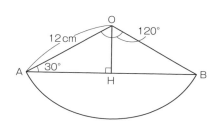

よって、中心角は120°である。
頂点Oから辺ABに垂線OHを引くと、
△OAHは30°、60°、90°の直角三角形なので、
$AH : OA = \sqrt{3} : 2$

$$AH = \frac{\sqrt{3}}{2} \times OA = 6\sqrt{3}\ (cm)$$

よって、$AB = 2AH = 12\sqrt{3}\ (cm)$

正解：4

糸の通り方としては、右の3通りが考えら
えるので、それぞれ展開図にして検討する。
糸が辺BC（辺EH）を通るとき、
最短となるのは図1のときである。
このとき、$AG^2 = (3+5)^2 + 2^2 = 68$

糸が辺DC（辺EF）を通るとき、
最短となるのは図2のときである。
このとき、$AG^2 = (2+5)^2 + 3^2 = 58$

糸が辺BF（辺DH）を通るとき、
最短となるのは図3のときである。
このとき、$AG^2 = (3+5)^2 + 5^2 = 50$
以上より、最も短いのは図3のときで、
$AG = \sqrt{50} = 5\sqrt{2}$

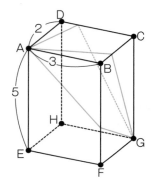

図1

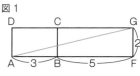

図2

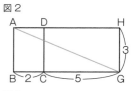

図3

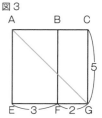

問題 14 消防官Ⅰ類（2017年度） ……………………………………… 本冊P.277

正解：5

正面と裏から見たときは、
4×3＋1＝13（cm²）
右側と左側から見たときは、
3×3＋4＝13（cm²）
上と下から見たときは、
3×4＋1＝13（cm²）
よって、求める表面積は、
13×6＝78（cm²）

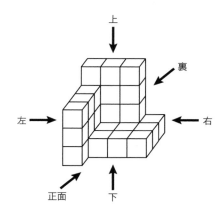